MÜNSTERISCHE BEITRÄGE ZUR RECHTS- UND STAATSWISSENSCHAFT

HERAUSGEGEBEN VON DER

RECHTS- UND STAATSWISSENSCHAFTLICHEN FAKULTÄT DER WESTFÄLISCHEN WILHELMS-UNIVERSITÄT IN MÜNSTER

8

Berlin 1964

WALTER DE GRUYTER & CO.

vormals G. J. Göschen'sche Verlagshandlung / J. Guttentag, Verlagsbuchhandlung / Georg Reimer / Karl J. Trübner / Veit & Comp.

DIE KRIMINALITÄT IN DEN USA UND IHRE BEHANDLUNG

von

PROFESSOR DR. WALTER C. RECKLESS

Columbus, Ohio / USA

Berlin 1964

WALTER DE GRUYTER & CO.

vormals G. J. Göschen'sche Verlagshandlung / J. Guttentag, Verlagsbuchhandlung / Georg Reimer / Karl J. Trübner / Veit & Comp.

Dieses Buch ist eine gekürzte, nicht wörtliche Übersetzung der amerikanischen Ausgabe von Walter C. Reckless „The Crime Problem“, Third Edition, 1961, Appleton-Century-Crofts, Inc., New York.

Archiv-Nr. 2 700 64 1

Satz und Druck: Walter de Gruyter & Co., Berlin 30

VORWORT

Dieses Buch enthält Vorlesungen, die ich im Sommersemester 1960 als Gastprofessor an der Rechts- und Staatswissenschaftlichen Fakultät der Westfälischen Wilhelms-Universität Münster gehalten habe. Obwohl ich in ihnen überwiegend die Erscheinungsformen des Verbrechens und seine Behandlung in den Vereinigten Staaten darstelle, lassen sich viele Schlüsse und Befunde unmittelbar auf die Länder Westeuropas übertragen.

Als amerikanischer Soziologe lege ich bei meinen kriminologischen Vorlesungen besonderes Gewicht auf die Behandlung folgender Probleme:

1. Die Beziehungen zwischen den verschiedenen Verbrechensdefinitionen in Gesetzen, Moral und Wertmaßstäben der Gesellschaft.
2. Die Bedeutung der Strafanzeige für die Kriminalitätsstatistik.
3. Soziale und regionale Unterschiede in der Anfälligkeit gegenüber dem Verbrechen.
4. Die verschiedenen Arten der Kriminalität als besondere Verhaltenssysteme; z. B. Kriminalität der Frauen, Verbrecherkarrieren, organisierte Kriminalität, „white-collar-crime" usw.
5. Theorien über die Ursachen der Kriminalität.
6. Bekämpfung der Erwachsenenkriminalität.
7. Die Behandlung der Verbrecher in den Polizeigefängnissen, Strafanstalten und in der Freiheit.

An den amerikanischen Universitäten wird die Kriminologie in den soziologischen Abteilungen gelehrt. Deren Professoren haben die meisten kriminologischen Lehrbücher geschrieben, und sie sind auch maßgebend an der Erforschung der Kriminalität und der Jugendverwahrlosung beteiligt. In den soziologischen Vorlesungen und Übungen werden vor allem behandelt: die Grundbegriffe der Soziologie und der Sozialordnung, Probleme der kleinen sozialen Gruppen und der sozialen Schichtung, Betriebssoziologie, Industriesoziologie, Großstadtsoziologie, Rassenprobleme, Soziologie der Ehe und Familie, Kriminologie, theoretische

Soziologie und Forschungsmethoden. — Ein Grund dafür, daß die Kriminologie in Amerika ein integraler Bestandteil der Soziologie geworden ist, mag darin liegen, daß die Kriminalität von den Amerikanern als soziales Problem aufgefaßt wird. Dies entspricht einer optimistischen Grundeinstellung der Bevölkerung eines Landes, in dem die soziale Struktur beweglich ist und jeder sich emporarbeiten kann.

Ich bin der United States Educational Commission (Fulbright Commission) sehr verbunden, daß sie mir die Reise nach Münster ermöglichte. Der Westfälischen Wilhelms-Universität danke ich herzlich dafür, daß sie mich im Sommersemester 1960 als Gast empfangen hat. Daß diese Arbeit in die Schriftenreihe der Rechts- und Staatswissenschaftlichen Fakultät der Westfälischen Wilhelms-Universität aufgenommen wurde, betrachte ich als besondere Anerkennung. Vielen Dank schulde ich auch der Gesellschaft zur Förderung der Westfälischen Wilhelms-Universität für die Gewährung eines Druckkostenbeitrages. Meine geschätzten Kollegen von Münster, der ehemalige Direktor des Instituts für Strafprozeß und Strafvollzug, Herr Professor Dr. Karl Peters (jetzt Tübingen), sowie die Herren Professoren Dr. Wolfgang Fikentscher und Dr. Rudolf Gmür, haben sich um die Veröffentlichung dieser Arbeit in selbstloser Weise bemüht. — Frau Felicitas Goodman verfertigte die erste Übersetzung meiner Vorlesungen aus dem englischen Original, was in dankenswerter Weise von der Ohio State University finanziert wurde. Das Manuskript wurde von Herrn Dr. Klaus Meyer, meinem Assistenten während des Sommersemesters 1960, mit großer Sorgfalt revidiert. Das Sach- und Personenregister wurde von Herrn Wolfgang Bender zusammengestellt.

Columbus, im März 1964 Walter C. Reckless

INHALTSVERZEICHNIS

1. KAPITEL

Normverletzung und Anzeige als Kriterien der Kriminalität

Eine moderne Gesellschaft wie die unsrige setzt sich aus vielen verschiedenen Gruppen zusammen, die durch ihre Regeln und Vorschriften das Verhalten ihrer Mitglieder lenken. Familien, Schulen, Kirchen, Gewerkschaften und Berufsorganisationen haben alle ihre besonderen Regeln, die in ihrer Gesamtheit ein System von Verhaltensnormen bilden. Manche Verletzungen von Gruppenregeln stellen zugleich strafbare Handlungen dar; aber nicht jede Zuwiderhandlung gegen eine Gruppennorm verstößt zugleich gegen Strafvorschriften.

Nach einer zu sehr vereinfachenden Ansicht soll kriminelles Verhalten allein durch die Tatbestände des Strafgesetzbuches definiert werden, da sie als verbindliche Definitionen kriminellen Verhaltens von Gesellschaft und Gesetzgeber aufgestellt worden seien. Jede Handlung, die in Form der Begehung oder Unterlassung den Strafgesetzen zuwiderläuft, könnte hiernach als Straftat oder als kriminelles Verhalten im legalen Sinn aufgefaßt werden. Viele Straftatbestände, die noch heute in den Strafgesetzbüchern enthalten sind, haben ihren Ursprung jedoch im Altertum. Man kann sie bis in die Zeiten zurückverfolgen, in der unsere Gesellschaft noch ungeschriebenen Gesetzen, nämlich den Stammessitten, folgte. Diese ungeschriebenen Gesetze wurden als Bräuche, Traditionen und Institutionen des Volkes von Generation zu Generation weitergereicht und später, nachdem die Gesellschaft schriftkundig geworden war, in Gesetzen kodifiziert, soweit sie nicht inzwischen untergegangen waren. Tatbestände wie Mord, Ehebruch, Blutschande und Diebstahl gehen sicher bis in das Altertum zurück. Man kann sie in den Zehn Geboten des mosaischen Gesetzes erkennen; sie waren aber schon lange vor den Zeiten Moses bekannt. Sobald eine Gesellschaft Gesetzgebungskörperschaften einrichtet, werden neue Tatbestände kriminellen Verhaltens entwickelt und jede Tätigkeit, die eine Änderung der geltenden Rechtsordnung anstrebt, wird geächtet oder unter Strafe gestellt.

Für die zwischen 1900 und 1930 in verschiedenen Staaten der USA erfolgten Ergänzungen der Strafgesetze stellten Sutherland und Gehlke fest, daß sie in erster Linie den Schutz von Moral, Gesundheit, Sicherheit oder der Naturschätze zum Gegenstand hatten und außerdem versuchten, betrügerisches und unlauteres Geschäftsgebaren zu unterbinden oder einzudämmen, sowie deutlich die Tendenz zu einer allgemeinen Regelung des Verhaltens erkennen ließen[1].

Beinahe mit jeder kritischen Lage entstehen neue Schutz- oder Vorbeugungsgesetze, die Strafvorschriften enthalten und so neue Definitionen kriminellen Verhaltens den bereits vorhandenen hinzufügen. Die ungeheuere Zahl von Regelungen, die durch den zweiten Weltkrieg nötig wurden, ließ gleichzeitig auch die Umgehungskriminalität besonders in der Form der Schwarzmarktgeschäfte und der Verstöße gegen die festgesetzten Höchstpreise merklich ansteigen.

Die Billigung der Strafrechtsnormen durch die Öffentlichkeit

Die Einstellung der Öffentlichkeit bildet in einer wirklichen Demokratie einen Faktor, der jede Regelung des Gesetzgebers wirksam oder unwirksam machen kann. Die meisten von uns kennen das Versagen des Alkoholverbotes (Prohibition) in den Vereinigten Staaten. Die Anordnungen der Gesetzgeber konnten nicht wirksam durchgeführt werden, weil die Mehrheit das neue Gesetz nicht unterstützte.

Jede Einführung eines neuen Straftatbestandes bedarf in den meisten Demokratien einer zuverlässigen Unterstützung durch die Billigung der Öffentlichkeit, um überhaupt als kriminelles Verhalten berücksichtigt zu werden und so Wirksamkeit entfalten zu können. Wenn eine Anordnung des Gesetzgebers in der Öffentlichkeit nicht wirksam ist, kann, selbst wenn einer entsprechenden Bestimmung zuwider gehandelt wird, soziologisch nicht von einer Straftat gesprochen werden; denn in der allgemeinen Einstellung wird das rechtswidrige Verhalten nicht als verboten angesehen. Die Grundlage der alten Straftatbestände unseres Strafgesetzbuches sind die Normen der Sitte (mores), von denen die Gesellschaft annimmt, daß sie unverletzlich und für ihre Wohlfahrt wichtig sind. Diese Normen der Sitte bilden in Wirklichkeit das ungeschriebene Gesetz, das sozusagen in schriftliche Form übertragen wurde. Die modernen Gesetzeswerke bedürfen, soweit sie Straftatbestände neu schaffen, der Unterstützung durch die öffentliche Meinung. Die Öffentlichkeit muß die neuen Vorschriften und die Grundgedanken, die sie vertreten, als für das allgemeine Wohl förderlich ansehen. Wenn neu eingeführte Strafvorschriften sich erst einmal in der Einstellung der Öffentlichkeit niedergeschlagen haben, verwandeln sie sich im Laufe der Jahre zu Normen der Sitte, die bestimmte Verhaltensweisen als notwendig für die Wohlfahrt der Gesellschaft fordert und andere als schädlich ablehnt. Die Sitte um-

---

[1] Edwin H. Sutherland and C. E. Gehlke, „Crime and Punishment", in *Recent Social Trends in the United States*, ed. W. F. Ogburn (New York, Mc Graw-Hill Book Co., Inc., 1933), Ch. 22 pp. 1116—1120.

faßt Gebots- und Verbotsnormen; sie kann bestimmte Verhaltensweisen — immer im Hinblick auf den Bestand und die Wohlfahrt der Gesellschaft — billigen oder mißbilligen.

Die Rolle der sozialen Wertsysteme

Hinter den Sitten steht in jeder Gesellschaft ein System sozialer Wertmaßstäbe. Es ist die in jeder Gesellschaft herrschende Rangordnung der sozialen Werte, die die Wichtigkeit oder Nichtigkeit, die Ehrwürdigkeit oder Profanität jeglichen Verhaltens bestimmt. Alle Vorkommnisse und Tätigkeiten in der menschlichen Gesellschaft haben ihren bestimmten Ort in der Rangordnung der betreffenden Gesellschaft. In den modernen Zivilisationen sind selbst die einfachsten Erscheinungen wie Daumenlutschen und Fingernägelbeißen genau so wie regelmäßiger Schulbesuch oder der Anspruch eines Unterhaltsberechtigten in die Rangordnung der sozialen Wertsysteme eingeordnet.

Die sozialen Werte, die einzelnen Verhaltensweisen zugeordnet werden, sind lokalen und zeitlichen Veränderungen unterworfen. Dies trifft auch auf die in den Strafgesetzen als kriminell gekennzeichneten Verhaltensweisen zu. Ein polnischer Kriminologe zeigte zum Beispiel kurz vor der deutschen Invasion eine große Überraschung über die Bedeutung, die man der Vergewaltigung in den Vereinigten Staaten beimißt: In Polen betrachte man eine Vergewaltigung als geringes Vergehen, das vielleicht mit einem halben Jahr Gefängnis geahndet würde. Im Süden der Vereinigten Staaten wird dagegen das gleiche Delikt, wenn die Verletzte einer anderen Rasse angehört, als eines der schwersten Verbrechen angesehen. Nach dem in Sowjetrußland neu eingerichteten Wertsystem werden Verletzungen der alten Straftatbestände als Anzeichen mangelnder Überwindung kapitalistischer Motivationen angesehen, die eine Umerziehung des Delinquenten erforderlich macht.

In der ersten Phase nach der Revolution galt dort als schwerstes Verbrechen konterrevolutionäres Verhalten; es führte zur Liquidierung der Schuldigen. Die Frage, ob die Konterrevolution ein größeres Verbrechen als die Vergewaltigung sei oder die Vergewaltigung ein größeres als die Konterrevolution, kann nur unter Berücksichtigung des jeweils gültigen Wertsystems der betreffenden Gesellschaft beantwortet werden.

Wenn eine Gesellschaft das Gemeinschaftseigentum in ihrer Wertskala hoch einschätzt, so wird sie es mit einer Mauer von Schutzmaßnahmen umgeben und für seine Beeinträchtigung schwere Strafen androhen; erscheint dagegen der Gesellschaft die Wohlfahrt des Einzelnen wichtiger als das Gemeinschaftseigentum, dann wird sie Maßnahmen ergreifen, um die Rechte des Bürgers zu schützen und wird alle Eingriffe in seine Rechte als schwere Rechtsverletzungen behandeln. Diese Erscheinungen variieren nach dem jeweils in einer Gesellschaft geltenden Wertsystem. Es sollte deshalb immer die dynamische Natur der Gesellschaft beachtet werden, die sich in den Veränderungen der Wertsysteme im Laufe der Jahrhunderte ausdrückt.

Die Einstellung des Beobachters und des Opfers

Schließlich ist bei einer Darstellung des kriminellen Verhaltens auch die Einstellung des Beobachters und des Opfers einer Straftat zu berücksichtigen. Manche Beobachter und Geschädigte beurteilen eine ihnen bekannt gewordene Straftat äußerst streng, andere wiederum sehr nachsichtig. Der Faktor der unterschiedlichen Einstellung gegenüber einer Straftat hängt eng mit den Umständen zusammen, die zu einer Anzeige führen oder die Tatzeugen oder Geschädigten von einer Anzeige absehen lassen. In vielen Fällen hat neben dem Täter auch der Geschädigte wenig Achtung vor den übertretenen Vorschriften. Ist die Situation derart, daß weder Geschädigte noch Zuschauer die verletzten Vorschriften achten, so wird in der Regel keine Anzeige erstattet werden. Es sind deshalb zwei Gründe zu unterscheiden, die Personen veranlassen können, von der Anzeige einer ihnen bekannt gewordenen Straftat abzusehen: nachsichtige Beurteilung der Straftat und Mißachtung der gesetzlichen Vorschriften. Die Personen der ersten Gruppe halten sich an das Gesetz, übersehen aber die Bedeutung der Straftat und erstatten deshalb keine Anzeige. In der zweiten Gruppe wird die Straftat ignoriert, weil die Beteiligten weder die gesetzlichen Vorschriften noch die soziale Wertordnung, auf der diese beruhen, achten. In beiden Fällen wird nichts unternommen, um eine Straftat den Strafverfolgungsbehörden zur Kenntnis zu bringen.

Obwohl jede Gesellschaft die Tatbestände des kriminellen Verhaltens in formeller Weise durch die Organe der Gesetzgebung bestimmen kann, besteht in keiner Gesellschaft Sicherheit für eine volle Mitarbeit der Bürger, und keine Gesellschaft kann sicher sein, daß alle Bürger den von ihnen beobachteten Gesetzesverletzungen dieselbe Bedeutung beimessen. Gesellschaften mit einem hohen Grad an Gleichförmigkeit erreichen dies nur auf Kosten der individuellen Freiheit, der Initiative und des Verantwortungsbewußtseins. Solche Gleichförmigkeit kann in einem Polizeistaat oder in einer strengen Sekte beobachtet werden.

Die Mitwirkung des Geschädigten

Eng verbunden mit der Einstellung, die ein Beobachter oder ein Geschädigter dem gesetzwidrigen Verhalten gegenüber einnehmen, ist die

Rolle des Geschädigten bei der Tatausführung. Bei manchen Straftaten fordert der Geschädigte das kriminelle Verhalten heraus. Von Hentig befaßt sich in seinen soziologischen Untersuchungen und seiner Deutung der Kriminalität sehr ausführlich mit der Rolle des Opfers. Nach seiner Darstellung gerät nur ein kleiner Ausschnitt des kriminellen Verhaltens in den Blickwinkel der Strafgesetze, weil sie — auf der Voraussetzung fußend, daß eine Straftat lediglich ein vom Täter verübtes Unrecht sei — sich in der Hauptsache nur mit dem Täter befassen. In Wirklichkeit beständen sehr subtile und verwickelte Beziehungen zwischen Täter und Opfer. *Die kriminelle Tat ist als Verhaltensweise nicht nur symptomatisch für den Täter, sondern auch für die Beziehungen zwischen Täter und Geschädigtem*; denn viele von einer Straftat betroffene Personen neigen dazu, selbst Veranlassung zu ihrer eigenen Schädigung zu geben und sind im gewissen Sinne für die Herausforderung verantwortlich. Es könnten Hunderte von Beispielen hierfür angeführt werden.

Personen, die, unbewußt oder bewußt, beim Parken auf der Straße den Zündschlüssel im Auto stecken lassen, laden zum Autodiebstahl ein. Eine Frau, die gedankenlos im Gedränge eines Kaufhauses ihre Handtasche offen am Arm trägt, zeigt dem Taschendieb den Weg und verleitet vielleicht sogar eine sonst ehrliche Person zum Diebstahl. Der Fahrige oder Nervöse, der dem Verkäufer einen Zwanzigmarkschein reicht und gleichzeitig mit einem Freund spricht oder anderweitig abgelenkt wird, gibt dem Verkäufer Gelegenheit, ihm zu wenig Geld zurückzugeben. Der Reisende, der leichtsinnig über sein Ziel, sein Geld und seine Wertsachen spricht, lädt den Dieb oder Räuber ein, ihn um seine Habe zu erleichtern. Ältere vermögende Frauen oder Witwen, die in Geldangelegenheiten ungeschickt sind, verleiten oft redliche Menschen zur Untreue oder üben eine starke Anziehungskraft auf betrügerische Rechtsanwälte, Ratgeber und Geschäftsagenten aus. Häufig fordern auch junge Mädchen durch Kleidung, Benehmen, Gesten und Unterhaltung Angriffe und Belästigungen heraus. Beim Totschlag wird der Täter oft von dem Opfer derart gereizt, daß er Zorn und Haß nicht mehr zügeln kann und die Nähe des Opfers ihn zu dem tödlichen Angriff hinreißt.

Nach von Hentig sollen folgende Personengruppen besonders leicht Straftaten zum Opfer fallen: Frauen, alte Leute, Geistesgestörte, Einwanderer, Angehörige von Minderheiten sowie schwermütige, habgierige, wollüstige, verzweifelte und andere Personen, die sich in ähnlichen Gemütslagen befinden[2].

---

[2] Hans von Hentig, *The Criminal and His Victim* (New Haven, Yale University Press, 1948), pp. 404—438.

Die Bedeutung der Strafanzeigen

Nur wenige Personen passen sich in ihrem Verhalten allen Regeln und Vorschriften der modernen Gesellschaft an. Die meisten verhalten sich, zumindest in geringem Ausmaß, abweichend; das bedeutet jedoch, daß sie genügend Anpassungsfähigkeit besitzen, um vor ernsten Konflikten mit dem Gesetz bewahrt zu werden. Wir dürfen also davon ausgehen, daß ein großer Kreis von Personen sich angepaßt verhält, jedenfalls soweit die strafbaren Verhaltensweisen in Betracht kommen. Von diesem Kreis hebt sich für uns deutlich erkennbar die Gesamtheit der Strafanzeigen ab, welche nach der Beteiligung an der angezeigten Tat eine oder mehrere Personen repräsentieren, die sich in strafrechtlich relevanter Weise unangepaßt verhalten haben. Das Verhältnis zwischen der Anzahl derjenigen Personen, die wegen abweichenden Legalverhaltens angezeigt wurden, und der Anzahl derer, die sich angepaßt verhalten, bleibt deshalb unbekannt. Man nimmt an, daß der Anteil der Straffälligen verhältnismäßig gering ist.

In der modernen amerikanischen Kriminologie gibt es einen besonderen Begriff für die bekannt gewordene Kriminalität: crimes known to the police. Unter diesen Begriff fallen alle Straftaten, die den Polizeibehörden angezeigt wurden und deshalb bekannt geworden sind. Auf die Frage, was eine Straftat ist, hat der moderne Kriminologe zu antworten, daß eine Straftat dann vorliegt, wenn eine Verletzung von Strafrechtsnormen angezeigt wurde. Ohne Strafanzeige handelt es sich für ihn lediglich um eine schlichte Zuwiderhandlung, von der sich nicht einmal mit Bestimmtheit sagen läßt, ob sie überhaupt vorgekommen ist. Ein Stern mag vom Himmel gefallen sein — wenn aber niemand den Vorgang wahrnahm, Angaben darüber machte und eine Bestätigung durch andere erlangte, die den Stern ebenfalls fallen sahen, dann ist der Stern eigentlich gar nicht gefallen. In gleicher Weise gehört zu einer Straftat auch die Anzeige. Alles andere ist keine Straftat im kriminologischen Sinne.

Verschiedene Umstände üben einen Einfluß darauf aus, ob eine Zuwiderhandlung angezeigt wird oder nicht. Der entscheidenste Umstand ist die Bereitschaft der Geschädigten oder Tatzeugen zur Anzeige. Ein anderer wichtiger Umstand, der die Anzeigehäufigkeit beeinflußt, ist der Grad der Erkennbarkeit des kriminellen Verhaltens[3]. Einige wenige Beispiele dürften genügen. Wenn eine Frau mit Erfolg den Präsidenten einer Handelsgesellschaft erpreßt hat, wird der Geschädigte in der Regel

---

[3] *Uniform Crime Reporting: A Complete Manual for Police*, Committee on Uniform Crime Records, International Association of Chiefs of Police (New York, 1929), p. 22.

aus geschäftlichen oder persönlichen Gründen zögern, die Erpressung anzuzeigen und die gesellschaftlichen Folgen auf sich zu nehmen. Er zieht es vor zu zahlen. Jemand, der in der eigenen Wohnung einen Selbstmordversuch begeht, wird häufig der einzige sein, der von dem Versuch etwas weiß. In beiden Fällen tritt die Tat ebensowenig durch eine Anzeige in Erscheinung, wie etwa unerlaubtes Waffentragen oder die heimliche Ausübung unsittlicher Gewohnheiten.

Das „Committee on Uniform Crime Reporting" fand in den zwanziger Jahren, daß bestimmte Straftaten in den USA einheitlich angezeigt wurden, während das bei anderen nicht der Fall war. Bei folgenden sieben Deliktsgruppen werden Strafanzeigen häufiger erstattet als bei anderen:

1. Totschlag und Mord
2. Vergewaltigung
3. Raub
4. Schwere Körperverletzung
5. Einbruch
6. Diebstahl
7. Autodiebstahl

Die Tatsache, daß kriminelles Verhalten sehr oft nicht angezeigt wird, läßt die Frage entstehen, wann eigentlich von einer Straftat gesprochen werden kann. Die Strafverteidiger bestehen darauf, erst dann von einer Straftat zu sprechen, wenn der strafbare Sachverhalt vor Gericht bewiesen wurde, d. h. erst nach einer Verurteilung des Angeklagten. Ohne Zweifel hat diese Ansicht im Bereich der Strafrechtspflege ihren Wert. Von soziologischen und wissenschaftlichen Gesichtspunkten aus gesehen erscheint diese formale Definition jedoch ein wenig wirklichkeitsfremd; denn in der Zeitspanne von der Anzeige bis zur Verurteilung herrscht unter den Fällen ein ungemein hoher Schwund. Van Vechten hat in den vierziger Jahren geschätzt, daß in den USA nur in etwa 25% der angezeigten schwereren Verbrechen eine Verhaftung und in nur etwa 5,5% eine gerichtliche Verurteilung erfolgte. Das bedeutet insgesamt einen Schwund von 94,5%[4].

Wenn einer Untersuchung des Umfanges der Kriminalität die gerichtlichen Verurteilungen zugrunde gelegt würden, dann wird in Wirklichkeit nicht die Straftat oder das kriminelle Verhalten in der Statistik erfaßt, sondern die Behandlung der angezeigten Fälle auf der Grundlage der durchgeführten Prozesse. Die Anklageerhebung und die Verurteilung sind

---

[4] Courtland C. Van Vechten, „Differential Criminal Case Mortality in Selected Jurisdictions", *American Sociological Review*, Vol. 7 (1942), pp. 833—839.

den angezeigten kriminellen Vorfällen schon so fern gerückt, daß sie für eine statistische oder wissenschaftliche Erfassung des Umfanges der Kriminalität ohne Wert sind. Am zuverlässigsten ist es, dann von dem Vorhandensein einer Straftat auszugehen, wenn die Mitteilung einer strafbaren Handlung zur Kenntnis der Behörden gelangt: gewöhnlich also schon dann, wenn eine Strafanzeige bei der Polizei erstattet worden ist. Bei diesem Verfahren wird erfaßt, daß jemand Kenntnis von strafbaren Vorgängen erlangt und sich dann entschlossen hat, etwas zu unternehmen. Die Anzeige mag der Geschädigte, ein zufälliger Zeuge des Vorfalles oder bei einer Verhaftung auf frischer Tat auch ein Polizeibeamter erstatten.

Die Gesetzesverletzungen, die nicht zur Anzeige gelangen, weil sie unentdeckbar sind oder den Behörden nicht zur Kenntnis gebracht wurden, zählen bei diesem Verfahren nicht zur Kriminalität. Sie werden als nicht angezeigte schlichte Zuwiderhandlungen nicht erfaßt.

In der Behandlung, die das angezeigte Verhalten erfährt, liegt die Anerkennung, durch die eine schlichte Zuwiderhandlung zur Straftat wird. Vom Blickpunkt der Wissenschaft, der Soziologie und der Gemeinschaft aus gesehen, kann nun davon ausgegangen werden, daß eine Straftat vorliegt, wenn auch aus guten Gründen im Bereich der Rechtspflege der angezeigte Vorfall noch nicht als Straftat im Sinne des Gesetzes behandelt werden darf. Es kann demnach gesagt werden, daß eine Straftat gegeben ist, wenn eine Gesetzesverletzung angezeigt wurde. Allerdings wird dabei in Kauf genommen, daß ein verhältnismäßig geringer Prozentsatz von Anzeigen als Straftaten erfaßt und gezählt wird, der sich später als gegenstandslos erweist. Aber die Anzahl der unbegründeten Anzeigen beeinflußt den wirklichen Kriminalitätsindex in einem viel geringeren Maße, als die 94,5% Schwund zwischen Anzeige und Gerichtsverhandlung. Im Staate Kalifornien wurden 1957 202681 schwere Straftaten angezeigt, von denen nur 8743 oder 4,3% gegenstandslos waren[5].

Die Unterschiede in der Verbrechensaufklärung

In den Kriminalstatistiken der Vereinigten Staaten wird eine Straftat als aufgeklärt erfaßt, wenn eine oder mehrere Personen ihretwegen angeschuldigt und angeklagt werden. Diese Fälle werden als „cleared by arrest" bezeichnet. Wenn jemand von der Polizei ohne förmliche Anklage wieder auf freien Fuß gesetzt wurde, ist die Straftat in diesem Sinne *nicht*

---

[5] State of California, Department of Justice, Division of Criminal Law and Enforcement, Bureau of Criminal Statistics, *Crime in California*, 1957, Sacramento, Cal. p. 25.

aufgeklärt. Wie die Verhaftung einer Person eine Anzahl von Straftaten aufklären kann, so kann auch die Verhaftung mehrerer Personen eine einzelne Straftat aufklären.

Es ist bekannt, daß bestimmte Straftatengruppen in geringerem Maße aufgeklärt werden als andere. Im allgemeinen ist der Anteil der aufgeklärten Straftaten an der Gesamtzahl der angezeigten für die schweren Verbrechen aus den Berichten der Polizeibehörden an die Bundespolizeibehörde in Washington (Federal Bureau of Investigation) ersichtlich. Gewöhnlich ist die Quote der aufgeklärten Delikte bei den Straftaten gegen die Person die höchste, während sie bei den Straftaten gegen das Vermögen die niedrigste ist.

Für das Vorkriegsjahr 1938 wurden in den Vereinigten Staaten für den Anteil der Aufklärungen bei den schweren Verbrechen folgende Prozentsätze errechnet: Mord 89,5%, Totschlag 87,1%, Vergewaltigung 87,1%, Körperverletzung 77,3%, Raub 42,5%, Einbruch 34,7%, Diebstahl 25,3%, Autodiebstahl 22,3%[6]. Obwohl sich 1958 die Prozentsätze etwas verändert hatten, war der Unterschied zwischen den hohen Prozentsätzen der Aufklärung bei den Straftaten gegen die Person und den niedrigen Prozentsätzen bei Straftaten gegen das Vermögen weiterhin unverkennbar: Mord 93,5%, Totschlag 89,8%, Vergewaltigung 73%, Körperverletzung 78,9%, Raub 42,7%, Einbruch 29,7%, Diebstahl 20,2%, Autodiebstahl 26,9%[7]. Diese Unterschiede in den Aufklärungsindizes werden durch ähnliche Statistiken des Staates Kalifornien bestätigt, der eines der gründlichsten Meldesysteme besitzt. Die Prozentsätze für die Verbrechensaufklärung in Kalifornien sind: Mord 86,3%, Körperverletzung 71,7%, Vergewaltigung 60,7%, Raub 38,3%, Autodiebstahl 29,7%, Einbruch 24,9%, schwerer Diebstahl (grand larceny) mit Ausnahme des Autodiebstahls 23,2%[8].

Das Ausmaß der nicht festgestellten Kriminalität

Es ist unmöglich, auf Grund statistischer Erhebungen ein genaues Bild von der Anzahl der Straftaten in einem Lande, einer Stadt, einem Staate oder in einem Gerichtsbezirk zu erhalten. Neben den oben aufgeführten Fehlerquellen ist zu beachten, daß auch die polizeiliche Strafverfolgungstätigkeit je nach Ort und Zeit von unterschiedlicher Intensität ist.

Wenn die Strafgesetze aller Länder und Gerichtsbezirke in allen Teilen der Erde sowie die Institutionen der Gesellschaft und ihre Wertmaßstäbe,

---

[6] US Department of Justice, Federal Bureau of Investigation, *Uniform Crime Reports*, Vol. 10, No. 1 (1939), p. 19.

[7] *Uniform Crime Reports*, 1958, *op. cit.*, p. 75.

[8] *Crime in California*, 1957, *op. cit.*, p. 25.

die Anzeigefreudigkeit wie die Strafverfolgungsmaßnahmen vergleichbar wären, dann könnten die verschiedenen Verbrechensarten bei vergleichenden kriminologischen Untersuchungen über die Unterschiede in der Kriminalität zu verschiedenen Zeiten und an verschiedenen Orten verwendet werden. Nur das zur Kenntnis der Behörden gebrachte kriminelle Verhalten, das überall in einheitlicher Weise angezeigt, definiert und verfolgt wird, kann als wirklichkeitsgetreues und universales Abbild das Ausmaß der Kriminalität darstellen.

Trotzdem werden innerhalb eines Landes häufig vergleichende Untersuchungen angestellt. Wenn zum Beispiel die Differenz in den Kriminalitätsziffern verschiedener Kapitalverbrechen erheblich höher ist als es erwartet werden kann, dann kann hieraus aber höchstens geschlossen werden, daß die Kriminalität in dem Gerichtsbezirk A größer zu sein scheint als im Bezirk B, oder daß etwa die Kriminalitätsziffer in einem bestimmten Zeitraum gestiegen oder gefallen ist.

Abschließend soll darauf hingewiesen werden, daß kein Widerspruch besteht zwischen den beiden wichtigsten Feststellungen dieses Kapitels:

1. daß von einer Straftat nur gesprochen werden kann, wenn eine Anzeige erfolgt ist und
2. daß auch die angezeigten Straftaten noch keinen sicheren Maßstab darstellen für einen Vergleich der Kriminalität nach Zeit und Ort, obwohl es zur Zeit noch der brauchbarste Index ist.

2. KAPITEL

Die Kriminalitätsanfälligkeit

Daß unsere Gesellschaft für jeden einzelnen verschiedene Arten des Risikos bietet, ist eine allgemein bekannte Erscheinung. Gegenüber der Sterblichkeit wie auch gegenüber Krankheiten, Unfällen, Arbeitslosigkeit, Erfolg oder Mißerfolg bei Examen und den vielen anderen Geschehnissen des Lebens, scheinen unterschiedliche Risiken zu bestehen. Manche Personen erscheinen gerade den ungünstigen Ereignissen stärker ausgesetzt zu sein als andere. Nicht zuletzt spielt auch die Kenntnis günstiger oder ungünstiger Kreditrisiken im Geschäftsleben eine beachtliche Rolle. Im ganzen gesehen kann man sagen, daß das Risiko ein viel beachtetes Element unserer Gesellschaft ist. Seine stärkste Wertschätzung hat es im Versicherungs- und Kreditgeschäft gefunden, während es in den anderen Bereichen des praktischen Lebens nicht in dem Maße beachtet wird.

Aus den Sammlungen der vielen einzelnen Begebenheiten in den Statistiken und Berichten läßt sich manchmal ersehen, daß bestimmte Personengruppen eine größere Chance hatten, in die beobachteten Ereignisse verstrickt und dadurch von der Zählung erfaßt zu werden als andere. Mathematisch und statistisch gesehen bedeutet das Risiko eine festgestellte reine Chance; soziologisch und praktisch ist es die beobachtete oder berichtete Verbreitung bestimmter Erscheinungen.

Für die Feststellung des Risikos, sich kriminell zu verhalten, fehlt es zur Zeit in den Vereinigten Staaten an geeigneten Unterlagen; denn über begangene Straftaten werden nur Akten angelegt, die auf die Tat und nicht auf die Person des Täters bezogen sind, und das auch nur nach Erstattung einer Anzeige. Dagegen läßt sich über das Risiko, im Zuge von Strafverfolgungsmaßnahmen verhaftet zu werden, einiges aussagen, weil die Akten über die Verhaftungen auf Personenbasis angelegt werden. Es ist möglich, festzustellen, in welchem Ausmaß bestimmte Personengruppen der Verhaftung ausgesetzt sind. In den Berichten des FBI über die Kriminalität (Uniform Crime Reports of the Federal Bureau of Investigation, Washington, D. C.), die eine Übersicht über die Verhältnisse des gesamten Bundes geben, werden zwar nur Geschlecht, Alter und Rassenzugehörigkeit der Verhafteten angeführt; doch können diese Berichte äußerst wichtige Angaben über die Kriminalität enthalten.

Zusätzlich zu den von den Uniform Crime Reports erfaßten Daten sollen mit Hilfe weiterer Informationsquellen die Merkmale Klassen- und Volkszugehörigkeit in ihrer Bedeutung für die Kriminalitätsanfälligkeit untersucht werden. Die Reihenfolge der Besprechung sei: Klasse, Geschlecht, Alter, Rasse und Volkszugehörigkeit.

Gesellschaftsklasse

Die Polizei- und Gefängnisstatistiken enthalten keine Angaben über die Zugehörigkeit des Straffälligen zu einer sozialen Klasse. Diesem Merkmal widmete Bonger in besonderem Maße seine Aufmerksamkeit, als er vor einigen Jahren in europäischen Großstädten Unterlagen für den Nachweis sammelte, daß Personen aus ärmeren Gesellschaftsklassen unverhältnismäßig stark in kriminelle Verhaltensweisen verwickelt sind. Bonger war an diesem Nachweis sehr interessiert, wollte er doch den von einem kapitalistischen System ausgehenden Druck auf die ärmeren Bevölkerungsklassen für die Entstehung der Kriminalität verantwortlich machen. Neben seinen sozialistischen Schlußfolgerungen fand er Daten für den Nachweis, daß die ungelernten Arbeiter, die Opfer der Arbeitslosigkeit und Armut sowie die Arbeitnehmer. die keinen Anteil an den

Produktionsmitteln haben, weit stärker der Kriminalität ausgesetzt sind als Angehörige höherer Gesellschaftsklassen[1].

Daß Angehörige unterer Gesellschaftsklassen einer intensiveren Polizeiüberwachung ausgesetzt sind als die Angehörigen der „besseren" und einflußreichen Gesellschaftsklassen, dürfte von allen Kriminologen eingeräumt werden, denen ähnliche Beobachtungen bekannt sind. Eine von der Polizei durchgeführte Analyse der beruflichen Verhältnisse bei großstädtischen Straffälligen bestätigte diese Ansicht.

Die Angehörigen der unteren Gesellschaftsklassen haben geringere Möglichkeiten der Verteidigung, haben weniger Mittel zur Verfügung und besitzen weniger Einfluß als die Angehörigen der oberen Gesellschaftsklassen. Unter sonst gleichen Umständen würde die Polizei eher einen Angehörigen der unteren Klasse als einen Angehörigen der höheren Klasse verdächtigen. Ein Angehöriger der unteren Klasse würde auch schneller verhaftet werden als ein Angehöriger der oberen Klasse. Hinzu tritt der Umstand, daß die Polizeiüberwachung gewöhnlich auf jene Zonen konzentriert ist, in denen die Angehörigen der unteren Gesellschaftsklassen wohnen.

Gleichfalls kann beobachtet werden, daß vor Gericht die Angehörigen der verschiedenen Gesellschaftsklassen unterschiedlich behandelt werden. Ein Angehöriger der unteren Klasse hat eine geringere Chance, ein Strafverfahren und die hieraus erwachsenden Folgen zu vermeiden, als ein Angehöriger der höheren Klassen. Die Angehörigen der hohen und der mittleren Gesellschaftsklasse sind wegen ihres größeren Einflusses und der ihnen zur Verfügung stehenden Mittel in der Lage, in vollem Maße die Vorteile rechtlich zulässiger Hintertüren und juristischer Kunstgriffe auszunützen. Unbewußt ist der ärmere Bürger in unserer Gesellschaft einem strengeren Gericht unterworfen.

Neben der strengeren Behandlung durch die Strafverfolgungsorgane dürfte das höhere Kriminalitätsrisiko der unteren Gesellschaftsklassen auch auf demoralisierende und zersetzende Einflüsse der Umgebung zurückzuführen sein. Die Angehörigen der unteren Schichten sind in einem größeren Ausmaße ungünstigen Lebensbedingungen wie Arbeitslosigkeit, Wohnungsnot, Unfällen, Krankheiten, mangelnder Ausbildung und den kriminellen Traditionen und Institutionen ausgesetzt.

Noch vor kurzem zeigten soziologische Untersuchungen eindringlich, wie in der amerikanischen Gesellschaft das Verhalten von den Gesellschaftsklassen her strukturiert wird. Die oberen Gesellschaftsklassen

---

[1] W. G. Bonger, *Criminality and Economic Conditions*, trans. Henry P. Horton (Boston, Little, Brown & Co., 1916), pp. 420—423, 433, 447.

bleiben beinahe gänzlich von Strafverfolgungsmaßnahmen und Polizeiaktionen verschont; die Angehörigen der mittleren Gesellschaftsklassen treten verhältnismäßig wenig durch kriminelles Verhalten in Erscheinung, während die unteren Gesellschaftsklassen am stärksten und am meisten von den Strafverfolgungs- und Polizeimaßnahmen betroffen werden. In einer Stadt in New England, mit etwa 17000 Einwohnern, wurde festgestellt, daß die oberen Gesellschaftsklassen mit nur 0,5% an den Verhaftungen beteiligt waren. Die beiden mittleren Gesellschaftsklassen waren mit etwa 9,5% und die beiden untersten mit etwa 90% vertreten. Die Gesamtverteilung der Einwohnerschaft in den drei Gruppen war jeweils etwa 3, 40 und 57%. Alle Verhaftungen in den höheren Gesellschaftsklassen und in den beiden mittleren erfolgten wegen Verkehrsstraftaten oder anderer unbedeutender Delikte[2].

Ähnliche Einblicke gewährt die Untersuchung der Jugendlichen einer Stadt im mittleren Westen der USA mit etwa 10000 Einwohnern. Der Untersuchung liegt eine Einteilung in fünf klar umrissene und unterscheidbare Gesellschaftsklassen zugrunde. Soweit die Eltern der erfaßten Jugendlichen den beiden obersten Gesellschaftsklassen angehörten, wurden bei ihnen keine Vorstrafen festgestellt. In Klasse III waren 4,4% der Väter vorbestraft. In Klasse IV waren 13,8% in der Zeit zwischen 1934 bis 1941 bestraft worden. Keine der Mütter in den bisher aufgeführten Klassen hatte eine Eintragung im Strafregister. In Klasse V, der untersten Gesellschaftsklasse, waren jedoch 46% der Väter und 8% der Mütter in derselben Zeitspanne wegen einer oder mehrerer Straftaten bestraft worden. Die vorbestraften Eltern waren im Durchschnitt etwa viermal verurteilt worden. Die Bestrafung der Eltern aus der untersten Gesellschaftsklasse erfolgte meistens wegen Trunkenheit, groben Unfugs (disorderly conduct), Unzucht und wegen Vernachlässigung der Unterhaltspflicht[3].

Obwohl wir nach unserer aus der allgemeinen Beobachtung stammenden Erfahrung gewohnt waren, anzunehmen, daß die untersten Klassen unserer Gesellschaft am stärksten kriminalitätsanfällig sind, zeigten neue Untersuchungen ein anderes Bild. In seiner Untersuchung des sogenannten „White-Collar"-Kriminellen stellte Sutherland fest, daß im großen Umfange ernst zu nehmende kriminelle Gesetzesverletzungen

---

[2] W. Lloyd Warner, and Paul S. Lunt, *The Social Life of a Modern Community* (New Haven, Yale University Press, 1941), p. 376.

[3] August B. Hollingshead, „Selected Characteristics of Classes in a Middle Western Community", *American Sociological Review*, Vol. 2, No. 4 (1947), pp. 393, 395.

im Geschäftsleben und im Bereich der gehobenen Vertrauensstellungen vorkommen[4]. Die Kriminalität dieses Bereiches umfaßt in der Hauptsache Urkundenfälschungen, Steuerhinterziehungen, Mißbrauch anvertrauter Gelder und verschleierte Diebstähle. Solche Gesetzesverletzungen waren im politischen Bereich schon früher bekannt, besonders auf der Ebene der örtlichen Behörden. Sie wurden aber nur unter Bezeichnungen wie Korruption und Schiebung (graft, boodling) gehandelt.

Es scheint, daß Personen in hohen politischen oder geschäftlichen Stellungen nicht sehr häufig wegen skrupelloser oder fragwürdiger Geschäfte angezeigt werden. Die Opfer ihrer oft groß angelegten Betrügereien bemerken häufig nicht einmal, daß sie geschädigt wurden. Vielfach sind spezielle Ermittlungen eigens hierfür ins Leben gerufener Kommissionen erforderlich, um den wirklichen Sachverhalt und den Umfang des Schadens festzustellen.

Diese Überlegungen und Beobachtungen legen die Auffassung nahe, daß die Kriminalitätskurve der höheren Gesellschaftsklassen einen steilen Anstieg verzeichnen würde, wenn die Praktiken im Geschäftsleben und in der Politik in stärkerem Maße Gegenstand von Strafanzeigen sein würden. Es kommt aber zu den illegalen Praktiken in Wirtschaft und Politik noch die Kriminalität hinzu, die im Zusammenhang mit den Ausschweifungen im Privatleben mancher Angehöriger der oberen Gesellschaftsklassen steht. Wegen ihres Reichtums und ihres Einflusses sind sie wahrscheinlich den Versuchungen zu einer sittenlosen Lebensführung stärker ausgesetzt als Angehörige unterer Gesellschaftsklassen. Jedoch kommen auch die ernst zu nehmenden Gesetzesverletzungen im Privatleben der höheren Gesellschaftsklassen seltener an das Tageslicht, weil sie durch die Hilfsmittel hoher und einflußreicher Stellungen leichter verschleiert werden können. Eine weitere Quelle der Kriminalität der höheren Gesellschaftsklassen dürfte wahrscheinlich auch der Anreiz sein, bei der Erledigung der Geld- und Vermögensangelegenheiten Geschäftskniffe und Kunstgriffe zu verwenden. Nach allem darf vermutet werden, daß die Kriminalität der oberen Gesellschaftsklassen sogar die der unteren übersteigen würde, wenn das private und öffentliche Leben der höheren Gesellschaftsklassen die gleiche Überwachung erfahren würde, wie es das private und öffentliche Leben der unteren Klassen schon erfährt. Natürlich würde dies voraussetzen, daß Polizei und Gerichte ihre Maßnahmen ohne Rücksicht auf die Zugehörigkeit zu einer Gesellschaftsklasse gleichmäßig durchführen. Diese Ausführungen sind keineswegs eine Anschuldigung gegen die amerikanische Gesellschaftsordnung, weil in jeder Ge-

[4] Im einzelnen siehe Kapitel 9.

sellschaft, in der es Klassenunterschiede gibt, dieselbe Tendenz nachgewiesen werden kann.

Die amerikanische Mittelklasse ist wahrscheinlich relativ kriminalitätsfrei. Ihr Lebensstil wird von Verhältnissen und Bedingungen bestimmt, die den einzelnen gegen die Kriminalität abschirmen. Sie scheint in Amerika die Gesellschaftsklasse mit der stärksten Moral und dem größten Interesse an sozialen Verbesserungen und guten Lebensverhältnissen zu sein.

Eine wirklichkeitsgetreue Darstellung des Kriminalitätsrisikos der Gesellschaftsklassen in Amerika müßte wahrscheinlich in folgendes Bild gekleidet werden: Ein hoher Gipfel bezeichnet das hohe Risiko für Angehörige der unteren Klassen, ein Tal das geringe Risiko der mittleren Klassen. Für das Risiko von Angehörigen der oberen Klassen wäre auch ein Gipfel zu zeichnen, wenn ihr Verhalten im vollen Umfange von den Strafverfolgungsorganen überwacht würde.

Unterschiede in der Kriminalitätsanfälligkeit der Geschlechter

Die Statistiken zeigen, daß Männer um ein Vielfaches häufiger in Straftaten verwickelt werden als Frauen. Eine gute Übersicht über die Beteiligung der Männer und Frauen an der amtlich erfaßten Kriminalität geben die Berichte, die dem FBI von den örtlichen Polizeibehörden über alle erkennungsdienstlich behandelten Verhaftungen erstattet wurden. (Maßgebend für die Erfassung eines Falles in dieser Gruppe ist die Abnahme der Fingerabdrücke.) Nach diesen Berichten schwankte vor dem zweiten Weltkrieg das Verhältnis der Anzahl der verhafteten Männer zu der Anzahl der verhafteten Frauen zwischen 10 zu 1 und 13 zu 1. Während der Kriegsjahre nahm das Verhältnis stetig ab, bis im Jahre 1944 ein Verhältnis von 5 zu 1 bestand. Im Jahre 1958 war mit dem Verhältnis von 8 zu 1 etwa wieder der Vorkriegszustand erreicht[5]. Die Anzahl der erwachsenen männlichen Strafgefangenen verhielt sich zu der Anzahl der weiblichen in den Vorkriegsjahren ungefähr wie 19 zu 1. 1958 bestand sogar ein Verhältnis von 21 zu 1[6].

Daß Männer mit solch einem unverhältnismäßig hohen Anteil an der amtlich erfaßten Kriminalität beteiligt sind, läßt sich zum Teil aus der Neigung der Bevölkerung erklären, eher Männer als Frauen anzuzeigen. Auch erwartet man von der Polizei, daß sie mit Frauen milder verfährt.

---

[5] US Department of Justice, Federal Bureau of Investigation, *Uniform Crime Reports*, 1958 (Washington D. C., 1959), p. 96.

[6] „Prisoners in State and Federal Institutions, 1958", *National Prisoner Statistics*, No. 21 (Washington, D. C., Bureau of Prisons, July 1959), Table 2.

In Amerika wird außerdem erwartet, daß in Strafprozessen Frauen nachsichtig behandelt werden. Daher haben weibliche Täter eine bessere Aussicht, nicht angezeigt und nicht verhaftet zu werden, weniger angeklagt und nicht überführt zu werden. Möglicherweise nimmt unsere moderne Gesellschaft den straffälligen Frauen gegenüber eine ritterlichere und schützendere Haltung ein als gegenüber straffälligen Männern. Obwohl die amerikanische Gesellschaft das ungebührliche Verhalten einer Frau streng tadelt, zögert man, amtliche Maßnahmen gegen sie einzuleiten.

Trotz alledem kann die unterschiedliche Beteiligung von Männern und Frauen an der Kriminalität nicht allein dadurch geklärt werden, daß die Gesellschaft und ihre Repräsentanten Männer und Frauen unterschiedlich behandeln. Zu einem nicht geringen Teil sind die Unterschiede zwischen der männlichen und weiblichen Kriminalitätsanfälligkeit auch auf den natürlichen Unterschied zwischen Mann und Frau und auf die unterschiedlichen Erwartungen, mit denen die Gesellschaft den Geschlechtern entgegentritt, zurückzuführen. Biologisch wie psychologisch erwartet man vom Mann mehr Aktivität, stärkere Bereitschaft zum Wagnis, größere Aggressivität und größere Beweglichkeit. Auf der anderen Seite bedeutet Weiblichkeit für uns ein größeres Maß von Untätigkeit und Passivität. Vom soziologischen Gesichtspunkt aus kann man auch sagen, daß in der modernen Gesellschaft den Männern größere Möglichkeiten und größere Bewegungsräume zugestanden werden, während von den Frauen erwartet wird, daß sie eine zurückgezogenere und passivere Rolle spielen.

Es bestehen aber nicht nur Unterschiede zwischen Männern und Frauen im Ausmaß der Kriminalität, sondern auch hinsichtlich der Kriminalitätsart. Die Unterschiede in der Art des kriminellen Verhaltens können aus folgender Tabelle ersehen werden:

Straftat	Verhältnisziffer
Einbruch	40
Autodiebstahl	31
Raub	21
Schwerer Diebstahl ($ 50 u. mehr)	6
Mord und Totschlag	4[7]

[7] Berechnet vom Verfasser nach den Daten der Uniform Crime Reports 1958, op. cit. p. 96, über die Verhaftungen in 1586 Städten in den USA mit über 2500 Einwohnern. Die Ziffern stellen die anteilige Beteiligung der Männer an den einzelnen Kriminalitätsarten dar, wobei das Gesamtverhältnis von 8 zu 1 des Jahres 1958 der Berechnung zugrunde gelegt wurde.

Die Anfälligkeit in den verschiedenen Altersstufen

Personen verschiedener Altersstufen sind einer unterschiedlichen Anfälligkeit gegenüber Kriminalität und Delinquenz ausgesetzt. Bei der Betrachtung der gesamten Kriminalität würde folgendes Bild von der Beteiligung der Alterstufen entstehen: Das erste delinquente Verhalten gelangt im späteren Kindesalter zur Kenntnis der Behörden. Der Umfang der in die Zuständigkeit des Jugendgerichts fallenden Straftaten nimmt bis zum 16. oder 17. Lebensjahr ständig zu. Die Kurve der amtlich erfaßten Kriminalität steigt noch weiter für die folgenden Altersgruppen, für die meistens die Strafgerichtsbarkeit für Erwachsene zuständig ist, und erreicht ihren Höhepunkt im frühen Erwachsenenalter.

Altersstufe	Verhaftungen[8] 1958 (1586 Städte)
unter 15	106892
15—19	298856
20—24	279906
25—29	260117
30—34	279461
35—39	275803
40—44	239538
45—49	211988
50 und darüber	387049

Man könnte die Beteiligung der Altersstufen an der Kriminalität mit einem Sturm vergleichen: Ein schnell aufziehender Sturm kommt zu einem heftigen Höhepunkt, eine Zeitlang wütet der Wind heftig, dann beruhigt er sich langsam. Der Höhepunkt ist im frühen Erwachsenenalter erreicht. Die Beruhigung kommt dann allmählich mit zunehmendem Alter.

Die Hauptgründe für die unterschiedliche Kriminalitätsanfälligkeit in den Altersstufen müssen in biologischen und soziologischen Faktoren gesucht werden. Mit zunehmendem Alter nehmen die biologischen Voraussetzungen für die menschliche Aktivität ab. Ältere Personen verhalten sich im allgemeinen gesetzter und beständiger und haben sich ihrer sozialen Umwelt meistens auch besser angepaßt. Die Jugendzeit ist in jeder Hinsicht, biologisch wie soziologisch, eine Zeit von Sturm und Drang.

Nach dem bisher Gesagten ist ohne weiteres verständlich, daß bestimmte Straftaten vorwiegend von jungen und andere vorwiegend von

[8] *Uniform Crime Reports*, 1958, op. cit., p. 93.

älteren Personen begangen werden. Für eine Übersicht mag der prozentuale Anteil der Personen unter 25 Jahren an den, dem FBI von den örtlichen Polizeibehörden berichteten, erkennungsdienstlich behandelten Verhaftungen des Jahres 1958 als Vergleichsnorm dienen. Jede Verbrechensart, bei der die prozentuale Beteiligung der Personen unter 25 Jahren geringer ist als die alle Verbrechen umfassende Vergleichsnorm, kann dann als eine Kriminalitätsform betrachtet werden, die stärker älteren als jüngeren Personen eigen ist. Der Gesamtanteil der Personen unter 25 Jahren an der Gesamtheit derer, die im Jahre 1958 verhaftet und erkennungsdienstlich behandelt wurden, betrug 1958 29,3%.

Nach diesem Verfahren wurden Autodiebstahl, Einbruch, schwerer Diebstahl, Raub, Vergewaltigung, Hehlerei und Waffenbesitz als den unter 25 Jahren alten Tätern eigen befunden. Die anteilmäßige Beteiligung der über 25jährigen überwog bei Trunkenheit, Glücksspiel, Trunkenheit am Steuer, Unterschlagung, Betrug und Verletzung der Unterhaltspflicht[9]. Wie zu erwarten war, erfordern die den jüngeren Altersgruppen eigenen Straftaten ein größeres Maß an Wagemut und Tatkraft.

Die Anfälligkeitsunterschiede der Rassen

Jeder, der die gegenwärtige amerikanische Gesellschaftsordnung zu untersuchen hat, wird sich darauf einstellen, noch erhebliche Unterschiede in den verschiedenen Lebensgebieten für Personen unterschiedlicher Hautfarbe berücksichtigen zu müssen. Unverkennbare Unterschiede finden sich zum Beispiel in bezug auf Gesundheit, Erziehung, Arbeitsverhältnisse, Freizeit, Ehe und vieles andere. Wegen dieser Unterschiede haben Farbige in den Vereinigten Staaten jeweils eine größere oder geringere Anfälligkeit für Schwierigkeiten, die diesen Gebieten entstammen.

So ist zum Beispiel der Selbstmord in den Vereinigten Staaten unter der weißen Bevölkerung erheblich häufiger als unter der farbigen. Gegenüber der Kriminalität zeigt sich dagegen der farbige Bevölkerungsteil erheblich anfälliger. Hiervon ausgehend könnte man zu der Auffassung gelangen, für eine farbige Person bestände ein größeres Risiko, von der Polizei verhaftet, vor Gericht gestellt und verurteilt zu werden, als für einen weißen Mitbürger. Daß der farbige Bevölkerungsteil stärker von

---

[9] Berechnet vom Verfasser auf Grund der Verhaftungen in 1586 Städten in den USA mit einer Bevölkerung über 2500, veröffentlicht in *Uniform Crime Reports*, 1958, op. cit., p. 94.

den Polizei- und Strafverfolgungsmaßnahmen betroffen wird, hängt aber weniger mit rassischen Unterschieden zusammen, sondern damit, daß die Farbigen weitgehend zu den ärmeren Gesellschaftsklassen gehören und deren hohes Kriminalitätsrisiko teilen. Es ist deshalb möglich, das in den Unterschieden der Hautfarbe begründete Risiko als Klassenrisiko zu deuten. Allerdings dürfte auch zum nicht geringen Teil das größere Kriminalitätsrisiko der farbigen Bevölkerung zu Lasten der Rassentrennung, besonderer Traditionen und der Spannungen gehen, die aus der besonderen Situation einer Minderheit folgen.

Daneben sind aber Faktoren zu berücksichtigen, die mit den Gesellschaftsklassen und der Rassentrennung nichts zu tun haben, die vielmehr in den kulturellen und geschichtlichen Bezügen der farbigen Bevölkerung wurzeln. In diesem Zusammenhang soll auf Besonderheiten ihres Familienlebens, der Religiosität und der Freizeitbeschäftigungen hingewiesen werden. Außerdem wird das Leben der farbigen Bevölkerung von Kulturmustern geprägt, deren Besonderheiten wie Glücksspiele, Verwendung des Rasiermessers bei tätlichen Auseinandersetzungen, uneheliche Geburten und mutterrechtliche Struktur des Familienverbandes, unter der weißen Bevölkerung nicht in diesem Ausmaß eine Rolle spielen. Auch Kulturmuster können unmittelbare Auswirkungen auf die Kriminalität und damit auf die Verhaftungsziffer haben.

Aus den Statistiken geht unverkennbar hervor, daß die farbige Bevölkerung unverhältnismäßig stark an der gesamten amtlich erfaßten Kriminalität beteiligt ist. Eine Untersuchung der Verteilung bei den einzelnen Delikten läßt für folgende Straftaten eine überwiegende Beteiligung Farbiger erkennen: Verbotenes Glücksspiel, Körperverletzung, Mord, verbotener Waffenbesitz, Rauschgiftdelikte, Raub und Prostitution. Dagegen zeigen folgende Deliktsgruppen eine überwiegende Beteiligung der weißen Bevölkerung: Fälschungen, Alkohol am Steuer, Autodiebstahl, Untreue und fahrlässige Tötung[10].

Daß Mord und Körperverletzung als typische Negerdelikte in Erscheinung treten, ist nicht eine Folge der Rassentrennung oder der Klassenunterschiede, sondern stellt eine Auswirkung bestimmter Verhaltensmuster dar, die die Lebensart der Neger bestimmen. Ebenfalls ist der verbotene Waffenbesitz unter den Negern weniger eine Folge der Rassentrennung, sondern auch der Ausdruck bestimmter kultureller Faktoren im Leben des Negers.

Es scheint, daß der Neger wegen seiner Zugehörigkeit zu den unteren Gesellschaftsklassen nicht in die Lage kommt, Betrügereien oder Fäl-

---

[10] *Uniform Crime Reports*, 1958, op. cit., p. 97.

schungen zu begehen. Tatsächlich übertrifft auf der Ebene komplizierterer Delikte der Weiße den Neger. Ebenfalls kommt der Neger wegen der Stellung seiner Klasse nicht in die Lage, durch Veruntreuungen mit dem Gesetz in Konflikt zu kommen. Es fehlen ihm sowohl Stellung wie auch Erfahrung dazu. Daß der Neger nicht in größerem Ausmaße an den Autodiebstählen beteiligt ist, dürfte gleichfalls auf seine Unerfahrenheit im Umgang mit Kraftfahrzeugen zurückzuführen sein.

Die Anfälligkeit der Einwanderer

Ein besonderes Problem stellen auch die zahlreichen und verschiedenen Einwanderergruppen dar. Die Verschiedenheit ihrer Kriminalitätsanfälligkeit läßt sich gut an den Unterschieden in der Kriminalität verschiedener Einwanderergruppen aus Europa zeigen. Manche von ihnen sind in hohem und andere in geringem Maße an der Kriminalität beteiligt. Nach Taft ist zum Beispiel — gemessen an den Einweisungen in die Strafanstalten unter Berücksichtigung der altersmäßigen Verteilung — die Kriminalität der Einwanderer aus Süd- und Osteuropa um 87% höher als die der Einwanderer aus Nord- und Westeuropa[11]. Selbst in der zweiten Generation, also bei den Kindern der Einwanderer, konnte Taft noch feststellen, daß die verhältnismäßige Beteiligung der Nachkommen süd- und osteuropäischer Einwanderer an der Anzahl der Strafgefangenen doppelt so groß war als die der Nachkommen von Einwanderern aus Nord- und Westeuropa, wiederum unter Berücksichtigung der altersmäßigen Beteiligung beider Gruppen[12]. Das größere Ausmaß der Kriminalität unter den Einwanderern aus Süd- oder Osteuropa sollte man dem großen Unterschied zwischen ihrer und der amerikanischen Kultur, ihrer geringen technischen Entwicklung, ihren schwächeren Organisationen bei der Einwanderung, der ungünstigen Auswahl aus unterdrückten und ärmeren Klassen sowie der konzentrierten Niederlassung in den Slums zuschreiben. Die Einwanderer aus Nord- und Westeuropa haben den Vorteil, den Amerikanern in kultureller Hinsicht viel ähnlicher zu sein, eine bessere Schulbildung zu haben, aus höheren Gesellschaftsklassen zu stammen und fähig zu sein, die Slums der amerikanischen Städte zu meiden. Da die Vereinigten Staaten nach dem zweiten Weltkriege noch immer eine äußerst strenge Einwanderungspolitik führen, nimmt die Bedeutung der im Ausland geborenen Amerikaner für die Kriminalität wie auch für die anderen Problemkreise, die mit der unter-

---

[11] Donald R. Taft, „Nationality and Crime", *American Sociological Review*, Vol. 1 (1936), p. 732.

[12] Donald R. Taft, *Criminology* (New York, The Macmillan Co., 1942), pp. 113, 115.

schiedlichen Volkszugehörigkeit zusammenhängen, ständig ab. Wenn diese Einwanderungspolitik aufrechterhalten wird, werden Bevölkerungsgruppen, die im Ausland geboren sind, bald nur noch in der Erinnerung leben.

3. KAPITEL

Räumliche Unterschiede in der Kriminalität

In einem so großen und heterogenen Land wie den Vereinigten Staaten bestehen beträchtliche örtliche Unterschiede in der Kriminalität, sowohl im Umfang wie — jedenfalls in gewissen Grenzen — auch in der Art. Diese Verschiedenheiten weisen auf das Vorhandensein bestimmter in ökologischen Faktoren begründeten Kriminalitätsrisiken hin.

Der größere oder geringere Umfang der amtlich erfaßten Kriminalität stellt aber nur zum Teil eine Auswirkung ökologischer Faktoren dar. Zum großen Teil beruhen örtliche Verschiedenheiten des Kriminalitätsausmaßes auf örtlichen Unterschieden in der Neigung der Bevölkerung, Straftaten anzuzeigen, sowie auf örtlichen Unterschieden in der Strafverfolgungsintensität. Die hohe Kriminalitätsrate eines Gebietes kann unter Umständen völlig auf eine stark ausgeprägte Neigung der Bevölkerung zurückgeführt werden, Straftaten zur Kenntnis der Behörde zu bringen oder auch auf eine sorgfältige Tätigkeit der Polizeibehörden und Polizeistreifen. Umgekehrt kann eine geringe Kriminalitätsrate aus einer örtlichen Gewohnheit folgen, den Behörden die Kenntnis der Straftaten möglichst vorzuenthalten oder das Ergebnis einer lockeren polizeilichen Überwachung sein. Häufig wird letzteres auf reine Wohngebiete zutreffen.

Zu Beginn einer vergleichenden Untersuchung der Kriminalität verschiedener Gebiete sind deshalb zunächst alle Faktoren auszuschalten, die einen Einfluß auf die Kriminalitätsziffer haben und auf unterschiedlichen Gewohnheiten bei der Erstattung von Strafanzeigen sowie auf Unterschieden in den Strafverfolgungs- und Polizeimaßnahmen beruhen. Die Unterschiede in der amtlich erfaßten Kriminalität sind gewöhnlich hierin begründet.

Nur wenn die Unterschiede nicht restlos durch örtliche Verschiedenheiten der Anzeigegewohnheiten und Polizeimaßnahmen erklärt werden können, bleibt Raum für die Deutung, daß regionale Besonderheiten einen Einfluß auf das Verhalten und auf die Persönlichkeit ausüben. Solche regionale Besonderheiten sind soziologische Faktoren, die sich als die Anziehungskraft eines Gebietes auf demoralisierte und kriminelle

Personen oder als von einem Gebiet ausgehende Beeinflussung zu kriminellem Verhalten darstellen.

Soziale Unterschiede der Kriminalitätsart repräsentieren die Auswirkungen kultureller Faktoren, nämlich die Herrschaft bestimmter Bräuche und Verhaltensmuster, wie dies zum Beispiel häufig bei Viehdiebstählen oder den strafbaren Handlungen der Fall ist, die im Zusammenhang mit der Blutrache stehen.

Das alte amerikanische Grenzland

In der geschichtlichen Entwicklung Amerikas hat es, wie auch sonst in manchen Teilen der Welt, gesetzlose Gebiete gegeben, die am besten als Grenzland (frontier) beschrieben werden. Unter Grenzland versteht man räumliche Bereiche, wo höher entwickelte Völkerschaften in weniger entwickelte Gebiete eindringen und den ursprünglichen Besitzern Land und Bodenschätze wegnehmen. Im Volksmund wird das amerikanische Grenzland Wilder Westen genannt.

Manche Bereiche des amerikanischen Grenzlandes wurden von Beginn an von geschlossenen Familien besiedelt; in anderen Bereichen fand dagegen anfänglich nur eine Einwanderung heimat- und bindungsloser Männer statt, die eine Gelegenheit witterten, Land und Naturschätze auszuplündern. In den letzteren Gebieten herrschte in der Zeit zwischen der Ankunft beutegieriger und abenteuerlustiger Männer und der Ansiedlung von Familien sowie Begründung der Gemeinden wilde Gesetzlosigkeit, die kaum zu kontrollieren war.

Eine besondere Eigenart des amerikanischen Grenzlandes war die Vertreibung der Eingeborenen und die Zersetzung ihrer Kultur. Manche dieser Eingeborenen, Indianer verschiedener Stämme, wurden im Verlauf der Vertreibung demoralisiert. Sie wurden aus der Bahn geworfen und wußten nicht mehr, wo sie hingehörten: Sie hatten das Gefühl der Zugehörigkeit zu den alten Stammessitten verloren, empfanden aber auch keine Zugehörigkeit zu den Sitten und Gesetzen des eindringenden weißen Mannes.

Die Situation im westlichen Grenzland — das ist etwa das Gebiet von Kalifornien, Nevada, New Mexiko, Arizona und Oklahoma — war zu Beginn der sogenannten Pionierzeit durch einen Mangel an Frauen gekennzeichnet. In den ersten Jahren bestand die Bevölkerung des westlichen Grenzlandes beinahe ausschließlich aus unverheirateten Männern. Die wenigen Frauen dort hatten einen schlechten Ruf und waren meist Prostituierte. Eine weitere Eigenschaft des Wilden Westens war das fast vollständige Fehlen von Gesetz und Ordnung. Die Durchführung der Gesetze blieb in den frühen Tagen der Pionierzeit häufig nur ein frommer

Wunsch. Eigenschaften, die einen Sheriff von einem Geächteten (Outlaw), einen Goldsucher von einem Spieler und einen Cowboy von einem Viehdieb unterschieden, lagen kaum fest. In der Tat spielten viele Männer eine Doppelrolle und waren auf beiden Seiten zu Hause. Der typische Kriminelle dieses Gebietes zu jener Zeit war der „Outlaw"; er betätigte sich auf allen Gebieten der Kriminalität: als Vieh- und Pferdedieb, Mörder, Räuber, Bandit, Spieler und Landräuber. Outlaws wurden vom Grenzland aus den bereits besiedelten Gebieten Amerikas angezogen oder entwuchsen dem Grenzland selbst. Es ist zweifelhaft, ob sich die „Outlaws" selbst als Verbrecher betrachteten; jedenfalls waren sie äußerst gefährlich.

Die politische Grenze

Ein anderer räumlicher Bereich, der kriminelles Verhalten fördert, ist das Gebiet an den politischen Grenzen. Die spezifische Kriminalität der amerikanischen Grenzzonen ist sicherlich keine einzigartige Erscheinung. Im ganzen gesehen ist die Grenzkriminalität schon alt und tritt überall auf.

Bei einer Betrachtung der Grenzkriminalität ist nicht allein an Staatsgrenzen zu denken, sondern es sind alle Grenzen die Städte, Bezirke, Länder und Nationen von einander trennen, zu berücksichtigen. Alle diese Linien sind politische Grenzen.

An manchen politischen Grenzen der Vereinigten Staaten entstehen kriminelle Erscheinungen, die als Ausweichkriminalität bezeichnet werden können. Wenn eine örtliche Behörde den Verkauf von Feuerwerkskörpern innerhalb des Stadtgebietes untersagt, dann kann man mit Sicherheit annehmen, daß unmittelbar außerhalb der Stadtgrenzen Feuerwerkskörper zum Kauf angeboten werden. Wenn ein Bezirk oder ein Stadtkreis den Verkauf alkoholischer Getränke verbietet, dann wird der Schmuggel zu einem einträglichen Geschäft, und geheime Verkaufsstellen der verbotenen Ware entstehen an der Grenze. Wenn, wie es in den vergangenen Jahren häufig geschehen ist, durch polizeiliche Maßnahmen die Prostitution innerhalb der Stadtgrenzen fast abgeschafft wurde, dann wichen die Personen, die an der Prostitution interessiert waren, in die benachbarten Grenzorte aus, wo sie ihrem Geschäft ungehindert nachgehen konnten. Dieselben Ausweicherscheinungen können beobachtet werden, wenn an einem Ort das Glücksspiel verboten wird. Aus den Städten, in denen das Verbot eingeführt wird, ziehen die Spiellustigen in die nicht vom Verbot erfaßten Randgebiete. Mit Hilfe des Autos lassen sich diese außerhalb liegenden Niederlassungen des Schmuggels und der anderen verbotenen Tätigkeiten leicht erreichen. Diese Ausweichkriminalität läßt sich auch an den internationalen Grenzen beobachten. Wenn in einem Staat Glücksspiel oder Pferderennen gesetzlich verboten werden, dann entstehen in günstiger Lage jenseits der Grenze Niederlassungen für diese Betätigungen, die ein internationales Publikum anziehen. Das war entlang der mexikanischen Grenze der Fall, besonders in Grenzstädten wie Tia Juana.

Die charakteristische Grenzkriminalität ist jedoch der Schmuggel. Wenn ein Staat bestimmte Waren mit Einfuhr- oder Ausfuhrzöllen belegt, dann ist damit zu rechnen, daß diese Waren geschmuggelt werden, d. h. sie werden ohne Entrichtung des vorgeschriebenen Zolls über die Grenze gebracht. Der spezialisierte Kriminelle der politischen Grenzen ist der Schmuggler oder Pascher. Er scheint von den Grenzgebieten angezogen zu werden, doch dürfte auch der Einfluß des Gebietes selbst an der Entstehung dieser Kriminalität beteiligt sein. Neben dem gewerbsmäßigen Schmuggel gilt es beinahe als selbstverständlich, daß auch beim gewöhnlichen Grenzverkehr versucht wird, die Zollbestimmungen zu umgehen. Eine große Anzahl guter Bürger versucht beim Grenzübertritt irgendeinen Artikel ohne Entrichtung des vorgeschriebenen Zolls einzuführen. Mit diesen Personen darf ein Schmuggler aber nicht verwechselt werden. Der Unterschied liegt darin, daß der Schmuggler seinen verbotenen Handel gewerbsmäßig betreibt, während andere Personen nur gelegentlich Vorteile aus der Umgehung der Zollvorschriften ziehen.

Genau wie bei den „Outlaws" der Pionierzeit ist es auch bei den Schmugglern zweifelhaft, ob sie sich selbst als Kriminelle ansehen. Sie werden es wahrscheinlich vorziehen, sich als Lieferanten zu betrachten, die die Bevölkerung mit Waren versorgen, welche diese trotz des Verbotes haben will. Ebenfalls betrachten sich die Personen, die Waren von Schmugglern beziehen, nicht als Kriminelle. Sie sehen meistens ihr Verhalten lediglich unter dem Gesichtspunkt eines gegenüber der Kriminalität irrelevanten Kaufs. Dasselbe trifft auch auf die Händler und Käufer zu, die an den Bezirks- oder Stadtgrenzen ihrem verbotenen Geschäft nachgehen.

Schmuggel und Ausweichkriminalität an den politischen Grenzen bedeuten eine Herausforderung der Justizpflege. Häufig müssen die Aktionen der Justizpflege an den Grenzen Halt machen oder sie werden dort doch wenigstens entscheidend abgeschwächt. Selbst wenn es sich nur um Grenzen zwischen Städten oder Bezirken handelt, wirken sich widersprüchliche gesetzliche Regelungen fördernd auf die Kriminalität aus. Die Einzelheiten interessieren hier nicht; wichtig ist im Zusammenhang mit der Grenzkriminalität nur die Erscheinung, daß die Justizpflege an den Grenzen geschwächt wird und daß Ausweichkriminalität und Schmuggel hierdurch begünstigt werden. Es ist zweifelhaft, ob die Grenzkriminalität jemals abgeschafft werden kann. Das einzige, was erwartet werden kann, ist die Einschränkung der Grenzkriminalität auf ein Minimum.

Die Unterwelt

In den modernen wie in den alten Großstädten haben sich von Zeit zu Zeit einzelne Stadtviertel zu Brutstätten der Kriminalität und der Sittenlosigkeit entwickelt, die als Unterwelt bekannt wurden. Fast jede Großstadt hat einen solchen Bereich wie etwa Soho in London. Die Persönlichkeiten der Unterwelt, flüchtige Verbrecher, Prostituierte, Bettler, Landstreicher, Matrosen, Spieler und Diebe leben und verstecken sich dort und gehen dort ihrem Geschäft nach.

Diese Unterweltviertel sind zum Teil die Folge einer moralischen Isolierung, da die von der Gesellschaft Ausgeschlossenen sich dort zusammenfanden. Zum anderen sind diese Viertel ein Produkt ökologischer Faktoren: Die parasitären Elemente der Gesellschaft müssen irgendwo Raum zum Leben finden.

Es sollte berücksichtigt werden, daß früher die gewerbsmäßige Ausübung krimineller Tätigkeiten aus den Traditionen der gesellschaftlich Ausgestoßenen entstand und daß man sie als Beschäftigungen der untersten Schichten ansah und somit als etwas, das von einem achtbaren Leben strikt ferngehalten werden mußte. Aus dieser Einstellung folgte, wie wohl angenommen werden darf, daß Kriminalität, Sittenlosigkeit und verwandte Praktiken früher wohl lokalisiert waren und sich einen Weg aus ihrer sozialen und räumlichen Isolierung und Trennung heraus zu bahnen hatten.

In den modernen amerikanischen Städten besteht zwischen den Kriminellen und der achtbaren Gesellschaft nicht mehr diese scharfe Trennung wie früher, obwohl es noch immer einige bekannte Unterweltviertel gibt. Mit der Tendenz der Kriminalität, sich in der städtischen Gesellschaft stärker auszubreiten und nicht in einem bestimmten Raum abgeschlossen zu bleiben, geht eine Veränderung der öffentlichen Meinung einher. Man akzeptiert in gewisser Weise den kriminellen Jugendlichen und Erwachsenen und versucht, sie in das normale gesellschaftliche Leben zurückzuführen, in die Schule, in das Arbeitsleben, in die Gemeinschaft der Nachbarschaft, in die Kirche, in den Militärdienst und so weiter. Tatsächlich bemühen sich einflußreiche Kreise in Amerika, dem Kriminellen sein besonderes Stigma zu nehmen und ihn wieder der normalen Gesellschaft einzugliedern. Die Bemühungen richten sich darauf, die moralische Isolierung zu durchbrechen und den Status des sozial Aussätzigen zu beheben. Das hat die Konsequenz, daß die kriminelle Betätigung räumlich und hinsichtlich ihrer Auswirkungen in andere Bereiche hinein im gleichen Maße weniger begrenzt ist, in dem die Öffentlichkeit weniger geneigt ist, Kastentabus über Kriminalität, Prostitution, Bettelei, Landstreicherei, Rauschgiftmißbrauch, Glücksspiel und über diejenigen zu verhängen, die diese oder ähnliche Praktiken gelegentlich oder gewohnheitsmäßig ausüben.

Obwohl die Unterweltviertel in gewissem Umfang noch immer in den amerikanischen Großstädten anzutreffen sind, deuten jetzt Anzeichen darauf hin, daß sie ihren Charakter als von der Gesellschaft isolierte Bereiche verlieren und als besonderes Merkmal lediglich die höchste Rate an Kriminalität und Delinquenz aufweisen. Die Schranken der moralischen Isolierung werden mehr und mehr aufgehoben, so daß als Unterwelt im allgemeinen Gebiete bezeichnet werden, in denen Kriminalität und Delinquenz die Vorherrschaft ausüben.

Räumliche Verteilung der Straftaten in der amerikanischen Großstadt

Eine hervorragende Untersuchung mit dem Ziel, die Kriminalität kartographisch niederzulegen, wurde von 1933 bis 1936 von Calvin Schmidt in Minneapolis durchgeführt. Bei allen der Polizei angezeigten Straftaten wurden die Tatorte auf der Stadtkarte eingetragen. Schmidt fand, daß gewisse Straftaten zu einer Konzentration in der Stadtmitte tendierten und daß ihre Häufigkeit mit der Entfernung vom Stadtzentrum abnahm. Zum Beispiel war nach seiner Beobachtung die räumliche Verteilung des Autodiebstahls durch eine ausgesprochene Konzentration in der Nähe des zentralen Geschäftsviertels gekennzeichnet bei fortschreitender Abnahme in Richtung auf die Peripherie der Stadt. Geschäftseinbrüche sowie Raubüberfälle auf Personen oder Geschäfte erreichten ihre größte Häufigkeit ebenfalls im zentralen Geschäftsviertel oder in seiner unmittelbaren Nähe. Körperverletzungen wurden dagegen am häufigsten aus den Slums gemeldet, die sich unmittelbar um das zentrale Geschäftsviertel ausbreiten. Der Diebstahl wiederum erreichte sein größtes Ausmaß direkt im Stadtzentrum. Die meisten Morde fanden in einem Bezirk statt, in dem sich die meisten obdachlosen Männer aufhalten. Diese Feststellungen waren mehr oder weniger erwartet worden[1].

Offensichtlich ziehen jene Stellen in der Großstadt die Verbrecher an, die sich zu der Ausübung der Straftat am besten eignen. Einbrecher suchen das Geschäftsviertel auf. Taschendiebe werden von den Plätzen angezogen, wo es die meisten Taschen gibt. Doch spielen nicht nur gün-

[1] Calvin F. Schmidt, *Social Saga of Two Cities: An Ecological and Statistical Study of the Social Trends in Minneapolis and St. Paul* (Minneapolis, Minneapolis Council of Social Agencies, 1937), pp. 334—341.

stige Gelegenheiten zur Tatausführung eine Rolle bei der Anziehung der Kriminellen, sondern auch die Bedingungen, die der Entstehung der Kriminalität überhaupt entgegenkommen.

Gebietsmäßige Unterschiede in der Jugendkriminalität

Die räumliche Verteilung der Jugendkriminalität in den Städten der Vereinigten Staaten zeigt, daß gewisse Sektoren ein hohes, andere Sektoren ein äußerst niedriges Maß an Jugendkriminalität aufweisen. Es ist aber zu berücksichtigen, daß Straftaten Jugendlicher gewöhnlich nach dem Wohnsitz des Täters erfaßt werden und nicht nach dem Tatort. Shaw fand zum Beispiel bei einer Untersuchung der Delinquenz Jugendlicher beiderlei Geschlechts im Alter von 10 bis 16 Jahren in Chicago, daß der Anteil der männlichen Jugendlichen, die sich in den Jahren von 1917 bis 1923 vor dem Jugendgericht zu verantworten hatten, an der Gesamtbevölkerung ihres Alters in Chicago von 0,8 bis 19,4 Prozent je nach Wohnbezirken variierte. Der Anteil der weiblichen Jugendlichen dieser Altersgruppen variierte von 0,1 bis 9,0 Prozent[2].

In einer späteren Untersuchung wiesen Shaw und McKay nach, daß hohe Kriminalität von schlechten sozialen Bedingungen begleitet wird. Die Zonen mit der höchsten Kriminalität waren zugleich auch Bezirke mit einer Konzentration an Fabriken und Industrie, mit zerfallenen oder schlechten Wohnstätten, mit großer Bevölkerungsdichte und armer Bevölkerung, mit einer großen Ansammlung von Einwanderern und Negerbevölkerung. Diese Eigenschaften der Zonen mit hoher Kriminalität weisen auf Bedingungen des sozialen Verfalls hin, der die Entstehung von Kriminalität und Delinquenz fördert. In den Zonen, die eine minimale Kriminalität aufweisen, war mehr oder weniger das genaue Gegenteil der Fall. Diese Zonen enthielten in Chicago die geordneten Wohnviertel[3].

Zu einem noch späteren Zeitpunkt versuchten Shaw und McKay nachzuweisen, daß dieselben Erscheinungen auch in anderen amerikanischen Städten vorzufinden seien und daß die Ergebnisse ihrer Untersuchungen in Chicago somit nicht zufällig zustande kamen, sondern die Grundzüge einer allgemeinen Erscheinung enthalten. Sie übersahen jedoch die Wirksamkeit der Unterschiede in den Anzeigegewohnheiten und in der Polizeitätigkeit und begründeten ihre Deutung lediglich mit den Eigenschaften des sozialen Milieus. Ihrer Ansicht nach weisen die Stadtbezirke mit den

---

[2] Clifford R. Shaw, *et al.*, *Delinquency Areas* (Chicago, University of Chicago Press, 1929), pp. 88, 152.

[3] Clifford R. Shaw and Henry D. McKay, „Social Factors in Juvenile Delinquency", *National Commission of Law Observance and Enforcement, Report on the Causes of Crime*, Vol. 2, No. 13 (Washington, 1931), pp. 60—108.

niedrigsten Einkommen das größte Ausmaß an Kriminalität auf, weil in diesen Bereichen Haltungen und Werte vorherrschen, die die Entwicklung von Delinquenz und Kriminalität begünstigen. Dagegen seien die vorherrschenden Haltungen und Wertmaßstäbe in den besseren Wohnvierteln konventionell und wirksam genug, um die soziale Ordnung aufrechtzuerhalten[4].

Das zentrifugale Kriminalitätsgefälle

Neben den bereits dargestellten Unterschieden in der Kriminalität und Delinquenz einzelner Bereiche der amerikanischen Städte, wodurch bestimmte räumlich begrenzte Kriminalitätsrisiken gekennzeichnet wurden, zeigt sich, wenn man das Gesamtbild der Stadt im Auge behält, eine fortschreitende Abnahme von Kriminalität und Delinquenz mit zunehmender Entfernung von der Stadtmitte.

Diese Erscheinung der zentrifugalen Verminderung der Kriminalität in den Städten war in der Untersuchung von Shaw und McKay nur bis zur Stadtgrenze verfolgt worden. Jedoch setzt sich diese abfallende Tendenz auch noch jenseits der Stadtgrenze im Hinterland der Großstädte fort. Lottier wies diese Erscheinung auch im Großstadtgebiet von Detroit nach. Seine Untersuchung bezieht sich auf zwei fest umrissene konzentrische Gebiete: auf die 25-Meilen-Zone, welche die Vororte einschließt, von denen die Einwohner fast täglich in die Großstadt zur Arbeit, zum Einkaufen und zu kulturellen Darbietungen fahren, und auf die 200-Meilen-Zone, die den entfernteren Wirkungskreis der Großstadt umschließt. Im allgemeinen konnte man feststellen, daß die Kriminalität in diesen konzentrischen Zonen, die ihren Mittelpunkt im Zentrum von Detroit haben, wiederum in einer zentrifugalen Weise abnahm; d. h. je weiter man sich vom Großstadtzentrum entfernte, desto geringer wurde die Kriminalität. Ausnahmen von dieser Regel stellten nur einige industrielle Satellitenstädte von Detroit dar, die sich innerhalb der erwähnten konzentrischen Zonen befanden. In diesen Satellitenstädten näherte sich das Ausmaß der Kriminalität der Höhe, die in der Mitte von Detroit vorgefunden wurde. Die Erklärung ist sehr einfach: es herrschen dort dieselben Bedingungen wie im Großstadtzentrum[5].

---

[4] Clifford R. Shaw and Henry D. McKay, *Juvenile Delinquency and Urban Areas: A Study of Rates of Delinquents in Relation to Differential Characteristics of Local Communities in American Cities* (Chicago, University of Chicago Press, 1942), pp. 435—437.

[5] Stuart Lottier, „Distribution of Criminal Offenses in Metropolitan Regions", *Journal of Criminal Law and Criminology*, Vol. 29 (1938—1939), pp. 39—45.

Lottier übersah wie Shaw die Auswirkung von Unterschieden der örtlichen Anzeigegewohnheiten und der polizeilichen Überwachung und berücksichtigte sie bei seinen Deutungen nicht. Er versuchte, das zentrifugale Gefälle allein durch ökologische Faktoren zu erklären: Wie das Geschäftsleben vom Stadtzentrum angezogen werde, weil dort, wo der Verkehr am stärksten pulsiert und die Möglichkeiten der Fühlungnahme am zahlreichsten sind, der geschäftliche Einsatz den größten Erfolg verspricht, so werde auch aus ähnlichen Gründen die kriminelle Tätigkeit zum Stadtzentrum hingezogen. Lottier beschäftigte sich mit solch einem Eifer mit den ökologischen Faktoren, daß er sogar die Auswirkungen des im Stadtzentrum im größeren Ausmaße vorhandenen sozialen Verfalls übersah.

Durch eine sorgfältige statistische Analyse des Materials von 155 Bezirken der Stadt Baltimore konnte Lander feststellen, daß die Hypothese des konzentrischen Abfalls der Kriminalität eine allzu große Vereinfachung des Problems darstellt. Obwohl das Gesamtresultat der demographischen Einteilungen *innerhalb* des Stadtzentrums die höchste Kriminalität aller Zonen ergab, war die zentrifugale Verminderung keineswegs mit überzeugenden Ziffern belegt, wenigstens soweit es die allmähliche und systematische Verminderung anbelangt. Die Unterschiede in der Kriminalität der verschiedenen demographischen Bezirke erschienen Lander viel wichtiger und aufschlußreicher als die Unterschiede in den durch ihre Entfernung vom Stadtzentrum bestimmten Zonen. In dieser Weise wird der Bezirk die neue Untersuchungseinheit und besteht unabhängig von den konzentrischen Zonen, die wir vorhin beschrieben haben. Die Unterschiede von Bezirk zu Bezirk waren viel größer als die von Zone zu Zone, sogar innerhalb des Zentrums.

Nach der Ausschließung der Wirkung sozialwirtschaftlicher Faktoren, die den Grad der Kriminalität in den Bezirken beeinflußten, entdeckte Lander, daß die Unterschiede in der Kriminalität der Bezirke durch die soziale Labilität und Desorganisation oder, um Dürkheims Ausdruck zu benutzen, die Anomie hervorgerufen werden. Der Faktor der Stabilität wurde in Baltimore sehr treffend durch den Anteil der in einem Bezirk lebenden Hausbesitzer bestimmt. Auch erwies sich der Grad der Heterogenität der Bevölkerung als brauchbarer Maßstab für eine Messung der Labilität des sozialen Lebens[6].

---

[6] Bernard Lander, *Toward an Understanding of Juvenile Delinquency* (New York, Columbia University Press, 1954), p. 86.

Die Stadtgröße

Die Kriminologen nehmen im allgemeinen an, daß die Kriminalität in den großen Städten größer und in den kleineren Städten geringer ist. Die Unterlagen der Polizei über die amtlich erfaßte Kriminalität unterstützt diese Hypothese[7]. Nach den Statistiken des Jahres 1958 über die der Polizei angezeigten schweren Verbrechen steigt und fällt die Kriminalität in den Vereinigten Staaten im direkten Verhältnis zu der Größe der Städte. Die Kriminalitätsziffer (jeweils auf 100000 Einwohner bezogen) nimmt von den größten Städten (250000 Einwohner und darüber) zu den kleinsten (unter 10000 Einwohner) in folgender Weise ab:

Mord	6,3— 2,4;
Vergewaltigung	13,9— 4,0;
Raub	112,4— 14,1;
schwere Gewalttätigkeiten	131,6— 26,4;
Einbruch	597,2—263,7;
Diebstahl (über $ 50.00)	405,0—128,8;
Autodiebstahl	314,0— 78,0.

Die Kriminalitätsziffer nahm in den mittleren Städten (100000 bis 250000; 50000 bis 100000; 25000 bis 50000; 10000 bis 25000) ebenfalls gleichmäßig ab bis auf drei geringfügige Ausnahmen[8].

Die Kriminalität in den ländlichen Gebieten

Im allgemeinen kann man annehmen, daß im Verhältnis zur Stadt die ländlichen Gebiete eine viel geringere Kriminalität aufweisen, besonders

---

[7] Jedoch stützt sich dieses Material wiederum auf die Anzeigen, die die Polizei von der Bevölkerung erhalten hat. Und somit erheben sich wieder Zweifel in bezug auf die *wirkliche* Kriminalität. Der Vergleich des Grades der wirklichen Kriminalität von Stadt zu Stadt oder von Straßenzug zu Straßenzug kann nicht immer überzeugen. Die Anzeigebereitschaft der Bevökerung und die Polizeitätigkeit unterscheiden sich so sehr von einer Stelle zur anderen, daß augenscheinliche Unterschiede der Kriminalität wirklich *nicht* Unterschiede in der Kriminalität, sondern lediglich Unterschiede in der Anzeigebereitschaft darstellen. Bis jetzt ist der Unterschied zwischen der angezeigten und der tatsächlichen Kriminalität noch nicht genau festgestellt worden. Darum kann man heute noch keine genauen Feststellungen, sondern nur Vermutungen treffen. Mit einiger Sicherheit kann man jedoch sagen, daß die Unterschiede in der Kriminalität zwischen zwei verschiedenen Gemeinden auf zwei Wurzeln zurückgeführt werden können: erstens auf den Unterschied in der Anzeigebereitschaft der Bevölkerung und der Polizeitätigkeit und zweitens auf die tatsächlichen Unterschiede in den kriminogenen Faktoren.

[8] US Department of Justice, Federal Bureau of Investigation, *Uniform Crime Reports*, 1958 (Washington, D. C., 1959), pp. 72—73.

wenn man den Satz von der zentrifugalen Verminderung der Kriminalität berücksichtigt.

Trotzdem muß man auf Ausnahmen von dieser Regel gefaßt sein. Bruce Smith erwähnt solche Ausnahmen[9]. Doch bleibt im allgemeinen die Regel bestehen. Von Hentig macht darauf aufmerksam, daß vor dem Kriege Wien eine geringere Kriminalität (zumindest weniger Verurteilungen) aufwies als andere Teile Österreichs[10]. Die dünn besiedelten Gebirgsländer Österreichs hatten die höchste Kriminalitätsziffer. Außerdem weist von Hentig auf Holland hin, wo vor dem Kriege die vier größten Städte weniger Verurteilungen hatten als alle ländlichen Gebiete zusammen. Auch in den Vereinigten Staaten kann in wenigen Fällen beobachtet werden, daß ländliche Gebiete mit einer ungewöhnlich großen Kriminalität in Erscheinung treten. In der Regel weisen diese Gebiete besondere Traditionen auf, oder es herrschen besondere Bedingungen, die die soziale Desorganisation begünstigen.

Ein Vergleich der Kriminalität zwischen ländlichen und städtischen Gemeinden ist weniger gerechtfertigt als Vergleiche zwischen verschiedenen städtischen Gemeinden. Die amtliche Erfassung der Straftaten erfolgt in den ländlichen Gegenden bei weitem nicht so genau wie in den Städten. Man sollte schon deshalb eine geringere Kriminalität in den ländlichen Bezirken erwarten. Ein treffendes Bild der Unterschiede in der Kriminalität zwischen Land- und Stadtgemeinden zu entwerfen, ist eine Aufgabe, die der Forschung noch bevorsteht.

Von Bedeutung sind aber die bereits festgestellten Unterschiede hinsichtlich der einzelnen Deliktsarten. Vermögensdelikte folgen mit großer Genauigkeit der Regel der zentrifugalen Verminderung: Die Großstädte melden hierin die höchste Kriminalität; es folgen die kleinen Städte und hieran schließen sich die ländlichen Gebiete mit der geringsten Ziffer an. Bei den Raubüberfällen hält das ländliche Gebiet eine mittlere Position, sie ist höher als die der kleinsten Städte, aber niedriger als die der Großstädte. Die Ziffer für Morde ist in den ländlichen Gebieten beinahe ebenso hoch wie in den Großstädten und viel höher als in den kleineren Städten. Die Ziffer für fahrlässige Tötung in den ländlichen Gebieten übersteigt die Ziffer für die Großstädte und ist viermal so hoch wie in den kleinen Städten. Die Ziffer für Vergewaltigung ist ebenso groß wie die der größeren Städte und doppelt so hoch wie in den kleinen Städten. Schwere

---

[9] Bruce Smith, *Rural Crime Control* (New York, Institute of Public Administration, 1933), pp. 6—18.

[10] Hans von Hentig, „Der kriminelle Aspekt von Stadt und Land", *Monatsschrift für Kriminalpsychologie und Strafrechtsreform*, Vol. 23 (1932), pp. 435—436.

Körperverletzung weist eine niedrigere Ziffer als in den Großstädten, aber doch eine höhere als in den kleinen Städten auf[11].

Die Erklärung der Unterschiede zwischen ländlicher und städtischer Kriminalität dürfte in Umweltfaktoren zu finden sein; denn der Gedanke, daß sich die ländliche von der städtischen Bevölkerung in biologischer Hinsicht unterscheidet, kann, soweit es die Neigung zu bestimmten Verhaltensweisen betrifft, mit Sicherheit ausgeschlossen werden. Ein wichtiger Unterschied ist jedoch darin zu finden, daß die städtische Bevölkerung in einem weit größeren Ausmaß als die ländliche dem Gewinnstreben unterworfen ist. Die Stadtbevölkerung ist außerdem in einem größeren Maße auf Kontakte angewiesen; durch solche Kontakte gewöhnt sie sich an Gefahren, Unbequemlichkeiten und Spannungen in den überfüllten Geschäften, Büros, Fabriken, Lichtspielhäusern und ähnlichen Orten. Der Städter ist gezwungen, weltbürgerliche und tolerante Verhaltensweisen zu entwickeln. Dagegen ist, wegen der größeren Isolierung in den ländlichen Gegenden, der Landbewohner dem Zwang zu solchen Fühlungnahmen weitgehend enthoben. Es fehlt ihm deshalb auch die Fähigkeit, sich jenen Spannungen und Unbequemlichkeiten anzupassen, die aus den Kontakten entstehen. Er hat keine Gelegenheit, gegenüber den Störungen seines Privatlebens genügend Toleranz zu entwickeln. Wenn ein anderer mit seinem Mädchen tanzt oder ihm einen Spitznamen zuruft, dann neigt er leicht dazu, dies als eine Beleidigung aufzufassen und entsprechend zu reagieren.

Lombroso faßt diesen Sachverhalt in folgende Worte: Verbrechen auf dem Lande haben eine barbarische Prägung, deren Ursprung in der Rache, der Gier und der brutalen Sinnlichkeit liegt. Dagegen sind die städtischen Verbrechen durch eine gewisse Trägheit, eine verfeinerte Sinnlichkeit und durch Täuschungen gekennzeichnet[12].

Aus einer kürzlich abgeschlossenen Untersuchung schließt Clinard, daß den ländlichen Tätern das Raffinement der städtischen Kriminalität fehlt. Besonders fehlten ihnen bei der Begehung von Vermögensdelikten die verfeinerten Methoden, die von den städtischen Tätern verwendet werden. Ihr Fehlen darf als ein Zeichen des Nichtvorhandenseins krimineller Tradition oder krimineller Kulturen angesehen werden. Wenn dies

---

[11] US Department of Justice, Federal Bureau of Investigation, *Uniform Crime Reports*, 1957, Vol. 28, No. 2 (Washington, D. C. 1958), p. 96. Diese Aufstellung beruht auf Berichten von 1 638 Sheriffs, 167 ländlichen Polizeibeamten und 13 staatlichen Polizeiorganisationen, die insgesamt eine Bevölkerung von 42 600 567 vertreten (Bevölkerungszahlen von der Volkszählung von 1950).

[12] Cesare Lombroso, *Crime, Its Causes and Remedies*, trans. Henry P. Horton (Boston, Little, Brown & Co., 1918), pp. 74—75.

zutrifft, ist der Täter in ländlichen Gegenden viel weniger in der Lage, sich Eigentumsdelikten zuzuwenden, als der Täter in der Großstadt, wo nicht nur vielmehr Gelegenheit zur Ausführung der Straftaten besteht, sondern dem Täter auch hochentwickelte Methoden zur Verfügung stehen[13].

Unterschiede in den Landesteilen

In jedem größeren Lande gibt es regionale Verschiedenheiten in der Kriminalität. Nach der Theorie sollen diese Unterschiede aus den verschiedenen Traditionen und Kulturen dieser Gebiete folgen. Sie wirken sich nicht nur auf den Umfang, sondern auch auf die Art der Kriminalität aus.

In den Vereinigten Staaten sind die Unterschiede in der Kriminalität wahrscheinlich eher Unterschiede im Umfang als in der Art. Denn durch die Normung ist die amerikanische Kultur so einheitlich geworden und hat sich in allen Gebieten so gleichförmig ausgeprägt, daß regionale Traditionen oder Eigenarten der Kriminalität beinahe verschwunden sind. Doch kann angenommen werden, daß regionale Unterschiede in den Anzeigestatistiken in den Vereinigten Staaten nicht vollständig auf Unterschiede in der Anzeigebereitschaft der Bevölkerung zurückgehen.

Wenn diese Voraussetzung richtig ist, dann sind das nordwestliche Zentralgebiet (Minnesota, Iowa, Missouri, Kansas, Nebraska, North Dakota und South Dakota) und das Gebiet von Neuengland (Maine, Vermont, New Hampshire, Massachusetts, Connecticut, Rhode Island) nach der Statistik des Jahres 1958 als Gebiete der geringsten Kriminalität in den Vereinigten Staaten anzusehen. Das südöstliche (Kentucky, Tennessee, Alabama, Mississippi) und das nordöstliche (Wisconsin, Michigan, Illinois, Indiana, Ohio) Zentralgebiet sowie das mittelatlantische Gebiet (New York, New Yersey, Pennsylvania, Delaware) nehmen im Ausmaß der angezeigten Kriminalität eine mittlere Stellung ein. Die Gebiete entlang der pazifischen Küste, in den Gebirgen, im südwestlichen Mittelland und die an der südatlantischen Küste sind dagegen Gebiete mit hoher amtlich erfaßter Kriminalität[14]. Das äußerst große Ausmaß an Strafanzeigen in Kalifornien bewirkt, daß die Westküste, also das Gebiet an der Küste des Stillen Ozeans, als Gebiet mit der höchsten Kriminalität erscheint. Diese Erscheinung kann man möglicherweise mit dem unge-

[13] Marshall B. Clinard, „Rural Criminal Offenders", *American Journal of Sociology*, Vol. 50, No. 1 (1944), pp. 38—45.

[14] *Uniform Crime Reports*, 1958, *op. cit.*, pp. 64—67. Berechnungen der Rangordnung (von den niedrigsten zu der höchsten Kriminalitätsrate) in den einzelnen Gebieten stammen von dem Verfasser.

heuer großen Strom von Einwanderern während der letzten Jahre erklären. Die beiden anderen Staaten an der pazifischen Küste, Oregon und Washington, haben nach wie vor eine verhältnismäßig niedrige Kriminalität.

Die bemerkenswerteste von allen regionalen Besonderheiten ist die sehr hohe Ziffer der Morde und schweren Körperverletzungen im Süden der Vereinigten Staaten. Ein Blick auf die Rangliste würde zeigen, daß die südatlantische Küste sowie das südöstliche und südwestliche Mittelland die drei obersten Plätze hinsichtlich der Mord- und Körperverletzungskriminalität einnehmen[15]. Ohne Zweifel werden Mord, Totschlag und schwere Körperverletzung weitaus genauer und häufiger angezeigt als andere Verbrechen. Darum kann man bei diesen Verbrechen sicherer schließen, daß die Unterschiede auf kulturellen Eigenarten und nicht auf unterschiedlichen Anzeigegepflogenheiten beruhen.

In den Südstaaten besteht die Tradition, Schuß- und Stichwaffen zu tragen und außerdem die Tradition der Blutrache. Sogar die alte Tradition des „Code Duello", die Ehre im Duell zu verteidigen, lebt hin und wieder auf. Ebenfalls ist es üblich, Beleidigungen und Herausforderungen sofort mit Tätlichkeiten zu beantworten. Eine persönliche Meinungsverschiedenheit genügt, um einen tätlichen Streit vom Zaune zu brechen. Das Bewußtsein, die Ehre der Familie verteidigen zu müssen, ist stark ausgeprägt. Die Öffentlichkeit als solche zeigt sich gegenüber Totschlag und Lynchjustiz ziemlich gleichgültig. Allerdings sind in den letzten Jahren große Fortschritte in der Abschaffung der Lynchjustiz gemacht worden. Die farbige Bevölkerung, unter der die Tradition des Waffentragens besonders verbreitet ist, trägt in einem unverhältnismäßig großen Anteil zu der hohen Mord- und Totschlagsquote des Südens bei.

Auf der anderen Seite ist die äußerst interessante Erscheinung zu beobachten, daß im Süden, im Verhältnis zu anderen Gebieten der Vereinigten Staaten, nur verhältnismäßig wenig Selbstmorde begangen werden. Wiederum kann der Unterschied in kulturellen Faktoren gefunden werden. Die Jagd nach materiellem Wohlstand, die neurotischen Spannungen in den höheren Gesellschaftsklassen und die verhältnismäßig große Toleranz gegenüber Selbstmordvorstellungen existieren im Süden des Landes nicht in dem Maße wie in den anderen Landesteilen. Die südlichen Staaten repräsentieren somit einen Bereich, in dem das Risiko gegenüber Mord, Totschlag und Körperverletzung hoch ist, das Risiko gegenüber Selbstmord jedoch gering.

---

[15] *Ibid.*, pp. 64—67.

4. KAPITEL

Abnorme Sexualverbrechen

Einleitung:

Vor der Darstellung ausgewählter einzelner Arten des kriminellen Verhaltens erscheint ein Hinweis auf die besondere Bedeutung der Beschreibung und Bestimmung spezifischer Erscheinungsformen der Kriminalität angebracht. Von einem induktiven Blickpunkt aus betrachtet umfaßt die Kriminalität viele spezifische Arten kriminellen Verhaltens, die, von ihrer Zusammenfassung im Strafgesetzbuch abgesehen, oft wenig gemeinsame Züge aufweisen. Auch können eine Reihe von Tatbeständen des Strafgesetzbuches durch sehr verschiedene Verhaltensweisen erfüllt werden. Dies trifft für den Diebstahl zu, mehr oder weniger aber auch für Erpressung, Raub, Falschmünzerei und Untreue. Als Beispiel sei hier ein scheinbar sehr beschränkter und ziemlich kleiner Ausschnitt des kriminellen Verhaltens gewählt, nämlich der Kinderraub. Ein Kind zu entführen, um von den Eltern Lösegeld fordern zu können, ist sicherlich eine andere Art des Verhaltens als der Raub eines Neugeborenen aus der Säuglingsstation eines Krankenhauses verübt von einer psychisch gestörten Frau, oder die Entführung eines jungen Mädchens zu dem Zwecke, sie zur Unzucht zu mißbrauchen; und doch können so verschiedene Verhaltensweisen häufig unter einen Tatbestand des Strafgesetzbuches fallen. Die Kriminologie und die Verhaltenswissenschaften werden eines Tages dazu kommen müssen, die vielen Arten des delinquenten und kriminellen Verhaltens zu identifizieren, zu beschreiben und zu klassifizieren, genau wie von der Botanik nahezu alle Pflanzen der Welt identifiziert, beschrieben und klassifiziert sind.

Es ist offensichtlich, daß die gesetzliche Fassung der Tatbestände im Strafgesetzbuch einer verhaltenswissenschaftlichen Beschreibung nicht angemessen ist. Die Notwendigkeit, zu einer Identifizierung und Beschreibung zurückzukehren, wird langsam auch von den Richtungen in der Kriminologie erkannt, die seit über 75 Jahren geglaubt haben, sie könnten ein Rezept zur Deutung und Kontrolle der Kriminalität finden, wenn sie sich nur mit der Kriminalität im allgemeinen befassen.

Im folgenden sollen verschiedene spezifische Arten der Kriminalität dargestellt werden, und zwar der abnorme Sexualverbrecher, Mörder und Selbstmörder, die Kriminalität der Frauen, Verbrecherkarrieren, organisiertes Verbrechertum und die „White-Collar“ Kriminalität. Die beiden letzteren Erscheinungen sind in den Vereinigten Staaten von besonderem Interesse.

Der Bereich des abnormen sexuellen Verhaltens umfaßt so vielfältige Erscheinungen, daß er sich einer wissenschaftlichen Deutung nicht ohne weiteres erschließt. Das abnorme sexuelle Verhalten kann als eine besondere, von der durchschnittlichen sexuellen Betätigung abweichende Ausdrucksform der Sexualität einer Persönlichkeit angesehen werden. Die Sexualität kann diese Ausdrucksform für eine vorübergehende Episode finden oder für dauernd, wie es häufig bei der Homosexualität der Fall ist; es kann sich um symbolhaftes oder kompensatorisches Verhalten handeln; es kann auch die Folge einer gehemmten oder fehlgeleiteten Entwicklung sein. Der Umfang des abnormen sexuellen Verhaltens ist nur schwer zu schätzen, obgleich die Fachliteratur sich darüber einig zu sein scheint, daß die Zahl der Personen, die offenkundig abweichende sexuelle Verhaltensformen zeigen, verhältnismäßig klein ist. Die Anzahl der Fälle, die zur Kenntnis der Polizei gelangen, ist jedenfalls verschwindend gering. Aber wie so oft, erwecken die seltenen und nicht zu verstehenden Vorkommnisse mehr Entsetzen in der Gesellschaft als die häufigen, aber verständlichen.

Zusätzlich zu den vielen Rätseln, die uns das abnorme Sexualverhalten aufgibt, kommt die Tatsache, daß gegen Frauen verhältnismäßig selten wegen sexueller Straftaten ein Strafverfahren eingeleitet wird. Es ist natürlich bekannt, daß Frauen nur in seltenen Fällen lesbisch sind, ebenso wie Männer nur selten sich homosexuell betätigen. Aber die Frau ist auch an den anderen Formen abnormen sexuellen Verhaltens nur in sehr begrenztem Umfange beteiligt. Gewöhnlich betätigt sie sich weder als Voyeur noch als Exhibitionist (wenn man nicht scherzhaft behaupten will, daß sie sich durch ihre Kleidung ständig zu Schau stellt). Vielleicht ist sie als junges Mädchen Opfer eines Inzestes geworden. Sie mißbraucht jedoch junge Knaben nicht in der Weise wie Männer junge Mädchen (wenn man nicht, wiederum scherzhaft, sagen will, daß sie es als Lehrerin, Krankenschwester, ältere Schwester oder Mutter nicht zu tun braucht, oder es tun kann, ohne daß es auffällt). Andere Formen der Unzucht scheinen auch unweiblich zu sein, so zum Beispiel Zeigen, Besitzen oder Verkauf unzüchtiger, pornographischer Literatur. Die Vergewaltigung ist schon der Gesetzesdefinition nach ein männliches Delikt. Es gibt wahrscheinlich ebensoviel männliche wie weibliche Transvestiten. Unter den 300 ersten Fällen, die dem diagnostischen Dienst des Staates New Jersey nach Einführung eines Gesetzes zur Behandlung von Sexualverbrechern zugewiesen wurden, waren jedoch nur zwei weibliche Fälle[1]. Es ist möglich, daß Fälle lesbischer Unzucht, wie auch andere Fälle abnormen weiblichen Sexualverhaltens, durch die Rolle, die die Frau in der Gesellschaft spielt, maskiert werden. Möglicherweise trifft auch zu, daß die weibliche, psychosexuelle Entwicklung in der frühen Kindheit weniger leicht beeinträchtigt werden kann als die männliche. Vielleicht werden diese Verschiedenheiten auch zutreffend durch den alten Satz gedeutet, daß es in der Entwicklung des Mannes größere Möglichkeiten der Abwandlung gibt als in der der Frau. Nach der Verteilung in der amtlich erfaßten Kriminalität ist jedenfalls die abnorme Sexualkriminalität fast ausschließlich eine Sache der Männer.

---

[1] Albert Ellis and Ralph Brancale, *The Psychology of Sex Offenders* (Springfield, III., Charles C. Thomas, 1956), p. 10.

Gesetzliche und psychiatrische Begriffe

Abnorme Sexualdelikte werden in den gesetzlichen Bestimmungen gewöhnlich unter Bezeichnungen wie Sodomie, Homosexualität, Blutschande, Vergewaltigung, Mißbrauch eines Minderjährigen, Unzucht, Exhibitionismus und Voyeurismus geregelt. Prostitution und Ehebruch erscheinen nicht als abnorm, obgleich sie in einigen Ländern ebenfalls Sexualstraftaten sind. Die gesetzlichen Definitionen und Bestimmungen beschreiben die Erscheinungsform der abnormen Sexualkriminalität nicht sehr genau.

Ellis und Brancale geben eine der genauesten und der Wirklichkeit am meisten gerecht werdende Einteilung der Hauptarten abnormer sexueller Gesetzesverletzungen:

1. Sexuelle Gewalttätigkeit ohne Ausführung des Geschlechtsverkehrs gegenüber einer Frau von 16 oder mehr Jahren.
2. Vergewaltigung — Geschlechtsverkehr mit einer Frau unter Anwendung von Zwang oder Nötigung.
3. Unzucht unter Verletzung einer strafrechtlich festgesetzten Altersgrenze — Geschlechtsverkehr mit einer Frau unter 16 Jahren mit ihrem Einverständnis wie auch mit oder ohne Nötigung oder Zwang.
4. Blutschande — Geschlechtsverkehr mit einer nahen weiblichen Verwandten.
5. Unzüchtige Handlungen ohne Ausführung des Geschlechtsverkehrs mit einer Frau unter 16 Jahren.
6. Exhibitionistisches sexuelles Verhalten.
7. Verteilung obszöner Gegenstände.
8. Homosexuelle Beziehungen.
9. Geschlechtsverkehr mit Tieren[2].

Der Begriff des abnormen Sexualverhaltens wird von der Moralordnung und den Verhaltenswissenschaften unterschiedlich bestimmt. Nach den Regeln der Moral ist die einzige normale Form des sexuellen Verhaltens die Ehe innerhalb der Schranken, die von Sitte und Brauchtum hinsichtlich Verwandtschaftsgrad, Alter, Rasse und Gesellschaftsklasse gesetzt werden. Jede andere sexuelle Betätigung ist abweichendes (deviant) Verhalten. Für die Verhaltenswissenschaften wie Psychiatrie und Psychologie gilt als Norm jede Form der geschlechtlichen Liebe zu einer anderen Person des anderen Geschlechts, soweit keine perversen Praktiken ausgeübt werden.

---

[2] *Ibid.*, pp. 15—21.

Nach dieser nur am Verhalten orientierten Norm ist auch der Verkehr zwischen Personen verschiedenen Geschlechts in jeder Art von vorehelichen und außerehelichen Beziehungen immer noch im Bereiche des Normalen.

Außerhalb dieses durch moralische oder wissenschaftliche Normen abgegrenzten Bereichs liegt das Gebiet des abweichenden oder perversen sexuellen Verhaltens, das nach Kinsey sehr ausgedehnt sein soll. Zwar gibt es in diesem Bereich einige Fälle, deren Entstehung sicher auf abnorme psychische Komponenten zurückgeführt werden kann. Doch schießt die Tendenz mancher Psychiater, alles abweichende Verhalten als Ausdruck fehlerhafter psychischer Entwicklung oder in wenigen Fällen als Ergebnis krankhafter Zustände zu deuten, über das Ziel hinaus. Wenn Kinseys Ansicht über die Verbreitung und die Bedeutung homosexuellen Verhaltens ernsthaft in Erwägung gezogen wird, wonach die Homosexualität nur ein Ausdruck der gesamten männlichen Selbstäußerung darstellt, dann würde die Ansicht, daß ein großer Teil des abweichenden sexuellen Verhaltens eben nur das ist und nicht psychoneurotisch, eine starke Stützung erfahren. Kinsey sagt: „Es ist ungerechtfertigt anzunehmen, daß gewisse Arten sexuellen Verhaltens immer Ausdruck einer Psychose oder einer Neurose sind. In Wirklichkeit ist es oft so, daß das abweichende Verhalten ein Ausdruck dessen ist, was biologisch im Verhalten des Säugetiers und des Anthropoiden grundgelegt ist und häufig zugleich ein Ausdruck willkürlicher Mißachtung gesellschaftlicher Konventionen“[3].

Die einseitige Betonung der psychischen Komponenten durch Psychiater und Psychoanalytiker kann seinen Grund darin haben, daß sie zu sehr in der Suche nach neurotischen Komponenten befangen sind und das Gesuchte in allen ihren Fällen abnormen sexuellen Verhaltens vorfinden, wenn sie sie untersuchen oder psychotherapeutisch behandeln. Vielleicht liegt es auch daran, daß gewöhnlich nur extreme Fälle sexuell Abartiger von Psychiatern oder Psychoanalytikern untersucht werden.

Einige sexuell Abnorme, die zu Sittlichkeitsverbrechern werden, weisen psychoneurotische Züge auf; aber der größte Teil der Sexualverbrecher, die in Gefängnissen oder in diagnostischen Untersuchungsstellen erfaßt werden, lassen sich nicht in die Diagnose einer Psychoneurose hineinpressen. Die untersuchten 102 Sexualverbrecher im Sing-Sing-Zuchthaus (New York) konnten nicht in irgendeine klar abgegrenzte psychiatrische Klassifikation eingereiht werden. „Während das Sittlich-

---

[3] Alfred C. Kinsey and others, *Sexual Behavior in the Human Male* (Phildelphia, W. B. Saunders Company, 1948), pp. 675—677.

keitsverbrechen häufig ein Ausdruck einer geistigen oder emotionalen Störung ist, so sind doch keine Störungen dieser Art bekannt, die als Voraussetzung für die Begehung eines Sittlichkeitsverbrechens gelten können"[4].

Bei der Klassifikation von 800 Sittlichkeitsverbrechern, die von den Gerichten in New Jersey dem diagnostischen Dienst zur Untersuchung zugewiesen wurden, stellte sich heraus, daß in einem Drittel der Fälle keine abnormen psychischen Komponenten festgestellt werden konnten (21% Situationsvergehen, 13% normal), während 40% wenigstens in gewissem Grade neurotische Züge aufwiesen[5].

Psychiater und Psychoanalytiker lenkten die Aufmerksamkeit auf den Umstand, daß bei Morden, Gewalttätigkeiten, triebhaften Diebstählen und triebhafter Brandstiftung oft eine sexuelle Motivierung oder perverse Befriedigung verdeckter Art vorliegt. Bei diesen an sich nicht sexuellen Straftaten ist in der Tat manchmal eine sexuelle Komponente gegeben. Doch neigen Psychoanalytiker der Freudschen Schule eher als Sachverständige anderer Richtungen dazu, versteckte und maskierte sexuelle Komponenten in nichtsexuellen Verbrechen zu suchen und zu finden. Es möge hier die Feststellung genügen, daß sexuelle Komponenten in nichtsexuellen Verbrechen nicht häufig erwartet werden können[6].

Die Rückfälligkeit abnormer Sexualverbrecher

Psychiater neigen auf Grund ihrer Erfahrungen in der privaten oder klinischen Praxis dazu, den abnormen Sexualverbrecher als stark rückfallgefährdet anzusehen und kommen deshalb leicht zu einer ungünstigen Prognose. Die den Psychiatern bekannten Krankheitsgeschichten langandauernden und schwer zu heilenden sexuell abweichenden Verhaltens

---

[4] *State of New York*, *Report on Study of 102 Sex Offenders at Sing Sing Prison* (Albany, New York, 1950), p. 13.

[5] Ralph Brancale, Albert Ellis and Ruth Doorbar, „Psychiatric and Psychological Investigations of Convicted Sex Offenders: A Summary Report", *American Journal of Psychiatry*, Vol. 109, No. 1 (1952), pp. 26—27.

[6] Manche Verhaltenswissenschaftler neigen dazu, den Sadismus (die Freude daran, Schmerzen zu verursachen) und den Masochismus (die Freude daran, Schmerzen zu ertragen) mit abnormem sexuellen Verhalten gleichzusetzen. Außerdem sind viele Psychiater und Psychologen der Ansicht, daß der Sadismus als sexuelle Komponente den Hintergrund vieler aggressiver Verbrechen ausmacht. Der Sadismus als solcher bedeutet noch kein abnormes sexuelles Verbrechen. Hier und da ist er mit ein Beweggrund bei der Homosexualität oder bei der Vergewaltigung. Der Sadismus wie der Masochismus sind eher Bezeichnungen für allgemeine Charakterzüge als Bezeichnungen für besondere Verhaltensweisen abnormer Sexualität.

stehen jedoch in schroffem Gegensatz zu dem Bild des Sexualverbrechers, das aus den amtlichen Strafvollzugsarchiven gewonnen werden kann. Der Sexualverbrecher weist in den Gefängnisstatistiken ein günstigeres Bild auf, als es nach den nicht amtlichen psychiatrischen Berichten erscheinen könnte.

Eine Analyse des Ergebnisses bei der bedingten Entlassung (parole) von 770 männlichen Sexualverbrechern aus den Strafanstalten Kaliforniens in den Jahren von 1947 bis 1949 zeigte, daß nur 28,7% wegen der Verletzung von Bewährungsauflagen auffielen, während das im Vergleich hierzu bei 49% aller ehemaligen Gefangenen während des gleichen Zeitraums der Fall war[7].

Von den ungefähr 800 erwachsenen, männlichen Sexualverbrechern, die vom August 1949 bis August 1952 von den Gerichten von New Jersey der diagnostischen Untersuchungsstelle zugewiesen wurden, waren nur 12,94% einschlägig vorbestraft; 23,35% hatten bereits nichtsexuelle Vergehen begangen; 12,06% waren sowohl einschlägig wie nicht einschlägig vorbelastet und 51,65% waren nicht vorbestraft. Auf die Frage, warum über die Hälfte der 800 Sexualverbrecher nicht vorbestraft war, antwortet Brancale, daß die Symptome latent seien und gewöhnlich von der Selbstbeherrschung des Betreffenden gezügelt würden, daß eine Durchbrechung der Selbstbeherrschung unter innerem Zwang eine längere Zeit im Lebensablauf zur Vorbereitung benötigte, und daß einem schweren Durchbruch häufig kleinere Durchbruchssymptome vorangingen, die aber nicht beachtet oder nicht ernst genommen würden[8].

Die Parolierungsbehörde (Board of Parole) des Staates Pennsylvania richtete 1947 eine Sonderkartei für Sexualverbrecher ein. Neuneinhalb Jahre später wurden die Ergebnisse dieser Gruppe untersucht. Fast 76% waren endgültig entlassen worden. Nur 18% mußten erneut inhaftiert werden. Die übrigen waren entweder verstorben oder aus dem Staate verzogen. Dagegen betrug der Anteil der Widerrufsfälle an der Gesamtheit aller Entlassungen in den 5 Jahren vor 1957 29%, wovon 13,8% ihre Bewährungsauflagen verletzt hatten und 15,3% erneut straffällig geworden waren. Die Entlassungsergebnisse der Sexualverbrecher sind danach in Pennsylvanien viel günstiger als die der Nicht-Sexualverbrecher[9].

---

[7] A. R. Mangus, „Society and Sexual Deviation", *Final Report on California Sexual Deviation Research* (Sacramento, Assembly of the State of California, 1954) p. 100.

[8] Statistics supplied by Dr. Ralph Brancale, Director of the Diagnostic Center of New Jersey, Menlo Park, N. J.

[9] Pennsylvania Board of Parole, *Sex Offenders Released on Parole*, mimeographed report prepared by William L. Jacks, no date (c. 1958).

Der Cambridge Report

Eine umfassende rechtssoziologische Untersuchung der Sexualverbrecher aus 14 repräsentativen Bezirken Englands wurde im Jahre 1950 von einer Forschungsgruppe der Abteilung für Kriminalwissenschaften an der Juristischen Fakultät der Universität Cambridge durchgeführt.

Die Untersuchung macht auf die sehr hohe Dunkelziffer bei den Sexualstraftaten aufmerksam: „Es ist zweifelhaft, ob die bekannt gewordenen Sexualstraftaten mehr als 5% der tatsächlich begangenen darstellen."

In 40% der zur Aburteilung gelangten Fälle konnten auf seiten des Opfers keine Anzeichen von Abwehr oder Entrüstung festgestellt werden, wahrscheinlich „wegen des zarten Alters des Opfers, wegen eines engen Verhältnisses zu dem Delinquenten, oder wegen besonderer Methoden der Annäherung und der Verführung".

Von den 1985 von der Untersuchung erfaßten Verurteilten waren ungefähr 83% nicht einschlägig vorbestraft. Von den 344 Vorbestraften hatten 221 Fälle nur eine Vorstrafe; 66 hatten zwei; 57 drei oder mehr. Die 57 Fälle der letzten Kategorie können als hartnäckig rückfällige Delinquenten betrachtet werden. Sie machen jedoch nur 3% der 1985 Verurteilten aus[10].

Ein eindrucksvolles Ergebnis des Cambridge Reports ist der Nachweis, daß in England unter den Sexualtätern eine Gruppe von gefährlichen, bösartigen und stark rückfälligen Tätern nahezu völlig fehlt, jedenfalls soweit es den Kreis betrifft, der zur Anzeige gebracht und abgeurteilt wird. Leider umfaßte diese Forschung nicht medizinische und psychologische Untersuchungen. Es bleibt deshalb zu beachten, daß man im allgemeinen in der Gesamtgruppe der Sexualtäter, die angezeigt und vor Gericht gestellt werden, ein Minimum an Vorbestraften finden wird, während eine eingehende psychiatrische oder psychologische Untersuchung der abnormen Sexualverbrecher, die sich in den Strafanstalten befinden, wahrscheinlich ein Maximum an Kriminalität und geistig-seelischer Normwidrigkeit zutage bringen wird, die im allgemeinen nicht Gegenstand amtlicher Erfassung wird.

Die Situation in den USA

Bei seinem Überblick über die Gesamtsituation in den Vereinigten Staaten fand Tappan, daß in mehreren Staaten die Gesetze eine schwere

---

[10] Leon Radzinowicz (ed.), *Sexual Offenses; A Report of the Cambridge Department of Criminal Science* (London, Macmillan & Co., Ltd., 1957), pp. XIII, 137, 158.

Bestrafung der Sexualverbrecher fordern, während andere Staaten für die gleiche Straftat verhältnismäßig leichte Strafen androhen. In den Staaten, in denen auf Grund besonderer Gesetze eine Unterbringung psychopathischer Sexualverbrecher in Betracht kommt, vermögen auch die Unterbringungseinrichtungen wenig mehr zu leisten als eine bewachte Pflege. Tappan kommt zu dem Schluß, daß der Staat wegen der Begrenzungen durch das materielle und formelle Sexualstrafrecht und wegen des heimlichen Charakters der meisten sexuell-abweichenden Praktiken kaum in der Lage ist, die Kriminalität dieses Bereichs aufzudecken und wirksam einzudämmen. Tappan befaßt sich eingehend mit dem Problem der Sexualtäter und kommt folgerichtig zu wirklichkeitsgetreuen Ergebnissen, die auch das oben dargelegte Material nahelegt:

1. „Es gibt verhältnismäßig wenig aggressive und gefährliche sexuelle Verbrecher unter den Kriminellen. Die meisten abnormen Kriminellen sind freundlich, unterwürfig und untüchtig, eher ein Ärgernis als eine Bedrohung der Bevölkerung."
2. „Sexualverbrecher sind weniger rückfällig als alle anderen Tätergruppen. Sie sind insbesondere nicht charakteristisch rückfällig wie Einbrecher, Brandstifter oder Diebe"[11].

Neuere Beiträge zum Problem der Homosexualität

Nach Cory sind die Homosexuellen eine fest umrissene Minderheit in unserer Gesellschaft. Sie entwickelten eine eigene Welt, eine besondere Sprache, Gesten, Rationalisierungen, eine eigene Weltanschauung und haben bestimmte Treffpunkte. Die Homosexuellen werden nicht allein durch das Bewußtsein der Gleichheit zueinander hingezogen, sondern auch zueinander gedrängt durch die Feindschaft und die Angriffe der überwiegend heterosexuellen Gesellschaft. Homosexuelle werden nicht nur offen von der Polizei und versteckt von der Öffentlichkeit verfolgt, sie werden auch im Geschäftsleben und im öffentlichen Dienst diskriminierend behandelt.

Es gibt eine Reihe verschiedener Theorien über die Entstehung der Homosexualität. Sie lassen sich in folgende Gruppen zusammenfassen:

1. Die Homosexualität sei erblich oder angeboren.
2. Sie sei die Folge einer Drüsenstörung oder einer Störung des Gleichgewichts im Drüsensystem.

---

[11] Paul W. Tappan, „Sexual Offenses and the Treatment of Sexual Offenders in the United States", in Leon Radzinovicz (ed.), *Sexual Offenses; A Report of the Cambridge Department of Criminal Science* (London, Macmillan & Co., Ltd., 1957), pp. 500—511, 513—514.

3. Der Homosexuelle leide unter emotionalen Störungen auf der Grundlage einer gehemmten oder fehlgeleiteten psychosexuellen Entwicklung.
4. Die Homosexualität entstehe auf Grund fixierter Bindungen aus der Zeit der Adoleszenz.

Cory verwirft die meisten modernen Theorien, sofern sie beanspruchen, eine allgemeine Deutung der Homosexualität zu geben. Nach seiner Meinung sind psychodynamische Vorgänge im Eltern — Kind Verhältnis von ausschlaggebender Bedeutung für die Entstehung der Homosexualität. Er sagt: „Homosexuelle Wünsche entstehen leicht in denen, die eine besonders große Zuneigung zu einem Elternteil entwickeln, die sich vollkommen mit einem Elternteil identifizieren, oder die das Bewußtsein haben, einen abwesenden oder unzureichenden Elternteil ersetzen zu müssen.“

Cory versucht auch die allgemein verbreitete Ansicht zu widerlegen, daß viele männliche Homosexuelle von Natur aus weibisch seien. Er findet, daß in Wirklichkeit der „Königinnen“-Typus selten auftritt, und daß die überwältigende Mehrheit der Homosexuellen kein besonderes Merkmal der Homosexualität oder Weiblichkeit trägt[12].

Der Wolfenden Report

Nach eingehenden Untersuchungen über Homosexualität und Prostitution in England empfahl die Wolfenden Kommission, „daß homosexuelles Verhalten nicht länger als Straftat behandelt werden soll, wenn es privat unter erwachsenen Partnern mit Zustimmung der Beteiligten ausgeübt wird“. Dies ist sicherlich die liberalste und toleranteste Beurteilung dieses Problems. Sie kann zu einem Wendepunkt in der Frage der Homosexualität in England wie auch in den Ländern des britischen Commonwealth und in den Vereinigten Staaten führen. In der Wolfenden Kommission war die Tatsache wohl bekannt, daß nur in wenigen europäischen Ländern noch private, im Einverständnis der Partner vorgenommene homosexuelle Betätigungen von den Kriminalgesetzen erfaßt werden. Der Bericht empfiehlt, den Maßstab, der zur Zeit an heterosexuelles Verhalten angelegt wird, auch für homosexuelles Verhalten gelten zu lassen. Das heißt also, daß bei Anwendung von Zwang, Nötigung und Drogen sowie bei Mißbrauch von Personen, die zu einer freien Willensbetätigung unfähig sind, keine „Einwilligung“ vorliegen würde.

---

[12] Donald Webster Cory, *The Homosexual in America, A Subjective Approach* (New York, Greenberg, 1951), pp. 3, 37, 38—48, 63—64, 67.

Ein Verhalten, das öffentliches Ärgernis gibt, würde nicht als „privat“ zu bezeichnen sein[13].

5. KAPITEL

Mord und Selbstmord

Die Tötung eines Menschen wird in der modernen Gesellschaft als eine der schwersten Straftaten angesehen und deshalb auch mit den schwersten Strafen bis hin zur Todesstrafe geahndet. Gewöhnlich wird die Tötung zusammen mit schwerer Gewalttätigkeit (aggravated assault), Vergewaltigung und ähnlichen Delikten als Verbrechen gegen die Person klassifiziert, so daß stärker die Verletzung einer Person als die des Vermögens im Brennpunkt dieser Straftaten liegt. In der überwiegenden Zahl der Fälle wird die strafbare Tötung von einem einzelnen an einem einzelnen verübt.

Unter Mord wird im folgenden jede absichtlich ausgeführte gewaltsame Tötung eines Menschen verstanden. Weiter unten wird ausgeführt werden, daß die polizeiliche Bezeichnung und die Legaldefinitionen nicht mit den Bezeichnungen der Personenstandsregister übereinstimmen. Das Personenstandsregister richtet sich nach der revidierten Fassung des internationalen Verzeichnisses der Krankheiten und Todesursachen von 1948, die auch für die Ausstellung der Totenscheine maßgebend ist. Im Totenschein gibt der Arzt gewöhnlich die unmittelbare Todesursache an, sowie die Bedingungen, die zu der unmittelbaren Todesursache führten. Außerdem hat der Arzt anzugeben, ob der Tod durch Unfall, Selbstmord oder Mord verursacht wurde.

Die Polarität von Tötung und Selbsttötung

Sonderbarerweise erscheint im Denken der Statistiker, der Ärzte, der Psychiater und der Soziologen der Mord in den letzten hundert Jahren als Gegenpol zum Selbstmord. Wenn von dem einen die Rede ist, werden gewöhnlich auch die Gegensätze zu dem anderen erörtert. Der Grund hierfür liegt wahrscheinlich darin, daß die Bezugspunkte des Verhaltens gegensätzlich sind. Beim Mord handelt es sich um die Zerstörung eines anderen, während beim Selbstmord der Täter sich selbst vernichtet. Die modernen Psychoanalytiker werden wohl beides unter einen Hut bringen

---

[13] Home Office, Scottish Home Department, *Report of the Committee on Homosexual Offences and Prostitution*, Sir John Wolfenden, C. B. E., Chairman, presented September 1957 (London, Her Majesty's Stationery Office, no date), pp. 24—25.

und behaupten, daß beide Handlungen in dem Wunsch nach Selbstzerstörung grundgelegt sind.

Nach Veli Verkko ist André Michel Guerry der erste Kriminalstatistiker gewesen, der Selbstmord und Mord zusammenhängend behandelt hat. „Er stellte im Jahre 1833 fest, daß in den südlichen Bezirken Frankreichs doppelt so viele Morde verübt werden wie im Norden, während bei den Selbstmorden das Verhältnis genau umgekehrt war. Er fand, daß die gleiche Regel für Länder im ganzen zutreffe, nämlich, daß dort, wo die Zahl der Morde sehr hoch ist, kaum Selbstmorde vorkommen und umgekehrt"[1].

Die Mordkriminalität nach der Statistik

Nach einer Schätzung des FBI auf der Grundlage der Strafanzeigen haben in den Vereinigten Staaten im Jahre 1958 insgesamt 8182 Morde stattgefunden. Das entspricht etwa 4,7 Mordfällen auf 100000 Einwohner. Danach hat der Mord unter den Kapitalverbrechen die geringste Kriminalitätsziffer.

Für Vergewaltigung und schwere Gewalttätigkeit (aggravated assault), die in den Vereinigten Staaten zwei weitere schwere Verbrechen gegen die Person darstellen, wurden im Jahre 1958 8,4 beziehungsweise 65,5 Fälle auf 100000 Einwohner berechnet. Als entsprechende Ziffern für die vier schweren Verbrechen gegen das Eigentum wurden im gleichen Jahr auf 100000 Einwohner folgende Ziffern geschätzt:

Raub 43,5;
Autodiebstahl 156,4;
Diebstahl von Gegenständen im Werte über 50.00 Dollar 226,0;
Einbruchdiebstahl 392,4.

Alle Anzeichen deuten darauf hin, daß sich in den Vereinigten Staaten die Anzahl der Morde in den letzten beiden Jahrzehnten im Vergleich zur Bevölkerungszahl nicht wesentlich erhöht hat[2].

Die Unterschiede in der regionalen Verteilung der Tötungskriminalität in den Vereinigten Staaten wurden bereits im dritten Kapitel behandelt. Es soll an dieser Stelle lediglich darauf hingewisen werden, daß die Ziffern für die Mordkriminalität in den Südstaaten am höchsten sind, wo eine stärkere Tradition der Gewalttätigkeit besteht, und am niedrigsten in den nördlichen Staaten, wo Traditionen der Ordentlichkeit vorherrschen. Eine

---

[1] Veli Verkko, *Homicides and Suicides in Finland and Their Dependence on National Charakter*, (Copenhagen, G. E. C. Gads, 1951), p. 145.

[2] US Department of Justice, Federal Bureau of Investigation, *Uniform Crime Reports*, 1958 (Washington, D. C., 1959), pp. 1—3.

jahreszeitliche oder monatliche Tendenz ist bei der Begehung von Morden in den Vereinigten Staaten nicht zu erkennen[3].

Die auf der Grundlage der Strafanzeigen angelegten Statistiken geben eine vergleichende Übersicht über die Höhe der Kriminalitätsziffern nach der Einwohnerzahl der Städte. Die größten Städte zeigen eine Ziffer von 6,3, dann folgen jeweils kleinere Städte mit Ziffern von 5,2; 3,6; 2,8; 2,1 und 2,4. Die Ziffern zeigen mit abnehmenden Einwohnerzahlen eine offensichtlich abfallende Tendenz. Städte mit Ziffern von 2,1 und 2,4 haben eine Einwohnerzahl von 10—25000 oder unter 10000[4].

Die Kriminalitätsziffer für die Morde in ländlichen Gebieten der Vereinigten Staaten ist zuletzt 1957 errechnet worden und betrug 4,6. Für die gesamte Stadtbevölkerung lag die Ziffer in diesem Jahre bei 5,1, wobei die größten Städte mit 6,5 und die kleinsten (weniger als 10000 Einwohner) mit 2,7 in Erscheinung getreten waren[5].

Nach den Feststellungen der Personenstandsregister über die Sterblichkeit wurden für das Jahr 1957 folgende Ziffern für die Mordkriminalität nach Geschlecht und Rasse berechnet:

männlich	6,8;	weiblich	2,2;
Weiße	2,2;	nichtweiße (meistens Neger)	22,4;
Weiße männlich	3,2;	Weiße weiblich	1,3;
Neger männlich	36,3;	Neger weiblich	9,2.

Die Altersgruppe mit dem höchsten Anteil an Ermordeten war im Jahre 1957 die Gruppe der 25-29jährigen. Im einzelnen wurden folgende Altersgruppen am häufigsten erfaßt:

Weiße im Alter von 25—29 Jahren,
Nichtweiße im Alter von 30—34 Jahren,
Männer im Alter von 25—29 Jahren,
Frauen im Alter von 25—29 Jahren,
weiße Männer im Alter von 25—29 Jahren,
weiße Frauen im Alter von 40—44 Jahren,
nichtweiße Männer im Alter von 30—40 Jahren,
nichtweiße Frauen im Alter von 30—34 Jahren[6].

---

[3] *Ibid.*, p. 71.

[4] *Ibid.*, p. 72—73.

[5] US Department of Justice, Federal Bureau of Investigation, *Uniform Crime Reports* (Washington, D. C., 1958), Vol. XXVII, No. 2, 1957, pp. 92, 97.

[6] National Office of Vital Statistics, *Mortality from Selected Causes, by Age, Race, and Sex: United States, 1957* (Washington, D. C., US Department of Health, Education, and Welfare, Public Health Service), Vol. 50, Nr. 5, April 24, 1959, pp. 158—159.

Es darf jedoch nicht übersehen werden, daß die Personenstandsstatistiken nur den Mord als Todesursache erfassen und deshalb nur einer Untersuchung der Verhältnisse bei den Ermordeten zugrunde gelegt werden können. Es bleibt aber interessant, daß die Verteilung der Daten über Alter, Geschlecht und Rasse der Mörder sich stark denen der Opfer annähert; diese Daten über die Mörder wurden den Angaben entnommen, die die Polizei bei der Inhaftierung aufnimmt. Soweit die Rassenzugehörigkeit in Betracht kommt, ist schon als Deutung hierfür erwähnt worden, daß weiße wie farbige Personen dazu neigen, einen Mord nur an Angehörigen der eigenen Rasse zu begehen. Mit Ausnahme der Kindestötung (Tötung eines Säuglings in unmittelbarem Zusammenhang mit der Geburt durch die Mutter) neigen Mörder aber auch dazu, Personen ihrer eigenen Altersgruppe umzubringen. Obwohl gelegentlich angenommen wird, daß den von Männern verübten Morden unverhältnismäßig häufig Frauen zum Opfer fallen, läßt sich aus der Statistik erkennen, daß Männer im allgemeinen Männer ermorden. Auch hierin ist ein Grund dafür zu sehen, daß sich auch in der Verteilung der Geschlechter die Personenstandsstatistiken den Arreststatistiken annähern.

Beziehungen zwischen Mord und Konjunktur

Bei einer Untersuchung der Daten über Mord und schwere Gewalttätigkeit und der wirtschaftlichen Konjunktur in den Jahren von 1929 bis 1949 in einigen ausgewählten Städten fanden Henry und Short, daß die Straftaten gegen die Person mit der wirtschaftlichen Konjunktur zu- und abnehmen, mit anderen Worten, daß die Kriminalität gegen die Person mit den Konjunkturzyklen positiv korreliert. Im Gegensatz hierzu verhielt sich die Einbruchs- und Raubkriminalität negativ; sie stieg also in verhältnismäßig schlechten Zeiten und fiel bei günstiger Wirtschaftslage. Henry und Short wiesen aber außerdem nach, daß „das positive Verhältnis zwischen den Verbrechen gegen die Person und der Konjunktur vor allem das Ergebnis des Nachlassens der Wirtschaftstätigkeit während der Übergangs- und Depressionsphase der Konjunkturzyklen ist". Sie zeigten weiter, daß sich der Mord unter der nichtweißen Bevölkerung, also vor allem unter Negern, positiv zur Konjunkturentwicklung verhält, der Mord unter der weißen Bevölkerung dagegen negativ[7]. Daß die Gesamtzahl der Morde überhaupt positiv mit der Konjunkturentwicklung korreliert, liegt wahrscheinlich daran, daß es wesentlich mehr Morde unter Negern als unter Weißen gibt.

---

[7] Andrew F. Henry and James F. Short, jr., *Suicide and Homicide* (Glencoe, III., The Free Press, 1954), pp. 45—46; 47; 49; 174—181.

Die Forschung von Wolfgang

Wolfgang analysierte die Berichte der Mordkommission der Stadt Philadelphia aus fünf aufeinanderfolgenden Jahren (1948—1952). Seine Untersuchung stützt sich auf Unterlagen über 588 Ermordete und 621 Mörder[8].

1. Nach der Rassenzugehörigkeit gesehen waren 73% der 588 Opfer und 75% der Täter Neger. Im Jahre 1950 umfaßte die Negerbevölkerung der Stadt Philadelphia 18% der Gesamtbevölkerung. Es ergibt sich somit eine unverhältnismäßig hohe Beteiligung der Neger an der Mordkriminalität, die ungefähr viermal so hoch wie ihr Anteil an der Bevölkerung ist[9].

2. Von den Opfern waren 76% männlich; 82% der Täter waren männlich. Die männliche Bevölkerung der Stadt Philadelphia machte 1950 48% aus. Es sind also mehr Männer an der Mordkriminalität beteiligt als Frauen[10].

3. Die Mörder waren durchschnittlich etwas jünger als die Opfer[11].

4. Nach der Tatdurchführung geordnet, waren 39% der Morde durch Erstechen, 33% durch Erschießen und 22% durch Erschlagen verübt worden[12].

5. Es war keine regelmäßige jahreszeitliche Verteilung der Morde zu erkennen, wohl aber eine gewisse Regelmäßigkeit in der Verteilung nach Wochen- und Tageszeit. Am Samstag, einem Teil des langen amerikanischen Wochenendes, fanden 32% aller Morde statt, während dienstags nur 7% stattfanden. Fünfzig Prozent der Morde wurden zwischen 20 und 2 Uhr verübt, 25% zwischen 14 und 20 Uhr. Fünfundsechzig Prozent aller Morde wurden zwischen 20 Uhr am Freitagabend und Sonntag um Mitternacht verübt, also am Wochenende. (Dies ist die Zeit, in der auch der Alkoholkonsum in den Wirtschaften den größten Umfang erreicht)[13].

6. Auf öffentlichen Straßen und Gassen sowie im freien Gelände fanden 30% der Morde statt; im Schlafzimmer 19%; in der Küche und im Wohnzimmer je 12%[14].

7. In 64% der Morde standen Opfer oder Täter oder beide unter dem Einfluß von Alkohol, bei 9% war dies nur beim Opfer der Fall, bei 11% nur beim Täter, bei 44% bei beiden[15].

8. 64% der 621 Täter und 47% der 588 Opfer waren vorbestraft. Nach Rasse und Geschlecht getrennt ergeben sich folgende Verteilungen: Bei den Negern waren 68% und bei den Weißen 53% der Täter vorbestraft. Bei den Opfern betrug die Vorstrafenquote 54% der Neger und 28% der Weißen. Von den männlichen Tätern waren 68% und von den weiblichen 48% vorbestraft; das gleiche war bei 54% der männlichen und 25% der weiblichen Opfer der Fall[16].

---

[8] Marvin E. Wolfgang, *Patterns in Criminal Homicide* (Philadelphia, University of Pennsylvania Press, 1958), pp. 24, 26, 27.

[9] *Ibid.*, p. 31.

[10] *Ibid.*, p. 32.

[11] *Ibid.*, p. 65.

[12] *Ibid.*, p. 83.

[13] *Ibid.*, pp. 99—109.

[14] *Ibid.*, p. 123.

[15] *Ibid.*, p. 136.

[16] *Ibid.*, p. 175.

9. Soweit eine polizeiliche Untersuchung offen zutage liegende Beweggründe der Morde aufdecken kann, zeigen die Angaben aus Philadelphia, daß bei 35% der Fälle der Mord bei einem allgemeinen Streit zustande kam. Familien- und häuslicher Streit waren in 14%, Eifersucht in 12%, Streitigkeiten wegen Geld in 11% der Fälle die nächsthäufigsten Gründe, die zur Ermordung führten[17].

10. Folgende persönliche Beziehungen zwischen Opfer und Täter konnten festgestellt werden: enge Freundschaft bei 28, Verwandtschaft bei 25 und Bekanntschaft bei 14 Prozent, während 12% sich völlig fremd waren. Die entsprechenden männlichen und weiblichen Häufigkeitsverteilungen weichen in diesen Gruppen stark voneinander ab: männlich 34, 16, 16, 14; weiblich 9, 52, 6, 5. Die Mordkriminalität der Frau konzentriert sich auf Familienmitglieder; dies wird auch durch andere Angaben über die weibliche Kriminalität bestätigt[18].

Der Stand der Theorie

Die Deutungen der Mordkriminalität durchlaufen eine ganze Skala von tiefliegenden, unbewußten Motivationen bis zu völlig äußerlichen Bedingungen der Umgebung. Veränderungen des Klimas oder besondere atmosphärische Umstände wurden nur selten bemüht. Dagegen werden besondere Traditionen immer noch gern verwendet, um Unterschiede im Ausmaß der Mordkriminalität zu erklären. Diese Traditionen können örtlich begrenzter Art sein, sie können aber auch auf ganze Völker oder Gegenden Einfluß haben.

Nach Wolfgang soll eine „Gruppenkultur der Gewalttätigkeit" bestehen, die Angriffe auf die Person nicht als falsch oder asozial betrachtet. In einer solchen Gruppenkultur sei der körperliche Angriff gesellschaftlich anerkannt. Er würde als Antwort auf gewisse Anreize sogar erwartet. Obwohl das Wertsystem der Mittelklasse Angriffe gegen die Person streng verurteilt, und obwohl diese Wertmaßstäbe die Rechtsprinzipien der amerikanischen Gesellschaft durchdringen, werden Angriffe gegen die Person in der Gruppenkultur der Gewalttätigkeit „ohne Reue" ausgeübt. „Das Wertsystem der Bezugsgruppe, mit der sich der einzelne assoziiert oder identifiziert, bestimmt, in welchen gesellschaftlichen Situationen ein gewalttätiges Verhalten nötig oder erwünscht ist oder erwartet wird." Wolfgang behauptet weiter, daß in der Gruppenkultur der Gewalttätigkeit „das kollektive Ich das gesellschaftliche Bewußtsein beherrscht". Die Grundtriebe und Impulse sind in der Gruppenkultur weniger gehemmt und eingeschränkt, Spannungen sind herabgesetzt und Bedürfnisse werden sofort und unmittelbar befriedigt. Die „gesellschaftlichen Verhaltensregler sind schwach und weniger allanwesend". „Auf diese Weise

[17] *Ibid.*, p. 191.
[18] *Ibid.*, p. 207.

können Streitigkeiten, die zum Mord führen, als Symptome unbewußter zerstörerischer Impulse einer Gruppenkultur gedeutet werden, in der die Duldung gewalttätiger Handlungen, wenn nicht gar die Ermunterung zu ihnen ein Teil der normativen Struktur ist"[19].

Die Soziologen Henry und Short deuteten Selbstmord und Mord als aggressive Reaktionen im Gefolge von verhinderten Bedürfnisbefriedigungen. „Das Ausmaß, in dem die Aggression nach außen und auf andere gerichtet ist, wächst in dem Maße, in dem die auf andere gerichtete Aggression durch den Angreifer als gerechtfertigt angesehen wird. Das Ausmaß der Rechtfertigung wächst mit der Stärke der äußeren Behinderung (restraint) des Verhaltens." Je stärker die Behinderung von außen ist, um so sicherer wird eine Aggression nach außen gerechtfertigt. Es wird hier besonders an die Situation der unteren Bevölkerungsschichten gedacht, die von dem Wertsystem der mittleren Gesellschaftsklassen und den Mitgliedern der oberen Gesellschaftsklassen beherrscht und somit auch in einem bestimmten Sinne behindert werden. Denn es wird erwartet, daß sich das Verhalten der Mitglieder unterer Klassen strikt nach den Forderungen und Erwartungen der höheren Klassen richtet. „Wenn die äußere Behinderung schwach ist, dann ergibt sich im Gefolge einer Frustration keine Rechtfertigung für eine auf andere gerichtete Aggression, so daß sich die Aggression gegen das eigene Ich richtet"[20].

Obwohl die Voraussetzungen und Daten, auf denen die Theorie der äußeren Behinderung aufbaut, von zweifelhaftem Wert und voller Widerspruch sind, stellt doch die Möglichkeit einer Verbindung zwischen einer auf andere gerichteten Aggression und der Stärke oder Schwäche in der äußeren, Halt bietenden Struktur der Bezugsgruppen, eine herausfordernde Hypothese dar, die auf der Grundlage anderer Methoden und Daten sowie ausgehend von anderen Voraussetzungen untersucht werden sollte. In Anbetracht unserer heutigen Kenntnisse wäre es allerdings besser, wenn in der Soziologie Wolfgangs Gruppenkulturtheorie oder meine Halttheorie stärker beachtet würde.

Die Gruppenkulturtheorie, die von der Identifikation des einzelnen mit Bezugsgruppen ausgeht, welche eine Aggression als gerechtfertigt ansehen, und die Halttheorie, für die soziale Integration und Selbstkontrolle grundlegend sind, nehmen unter den Deutungen des Mordes eine mittlere Stellung ein. Sie stehen zwischen den Theorien, die von der Wirksamkeit nationaler oder regionaler Traditionen für die Entstehung der Mordkriminalität ausgehen, und denen, die sie aus tiefen unbewußten

---

[19] *Ibid.*, p. 329.
[20] *Op. cit.*, pp. 18, 102—103.

Motivationen herleiten. Die extremsten Vertreter letzterer Richtung finden verborgene unbewußte Motivationen in jedem Mord. Wertham behauptet sogar, daß es so etwas wie einen Mord mit klar zutage liegender Motivierung gar nicht gäbe, wie man es etwa bei einer tödlichen Auseinandersetzung um Geld oder bei einer Wirtshausschlägerei mit tödlichem Ausgang oder bei einer im Zusammenhang mit einem Bankraub verübten Erschießung eines Wächters annehmen sollte. „Der Impuls zu töten erscheint in vielen Formen und Verkleidungen. Er ist jedem Psychoanalytiker — selbst denen, die nie einen Mörder untersucht haben — aus den Phantasien, Träumen und neurotischen Symptomen seiner Patienten bekannt. Die meisten dieser Impulse treten in Form infantiler Todeswünsche auf und sind harmlos, jedenfalls soweit ihre Ausführung in Betracht kommt. Nur selten werden Handlung und Phantasie zu einer tödlichen Kette zusammengeschmiedet“[21].

Schließlich sind noch die seltenen Fälle zu erwähnen, bei denen ein Paranoider einen Mord an einem vermeintlichen Feind, Verfolger oder Tyrannen aus irrationalen fixierten Vorstellungen verübt. Ebenso können zügellose Aggressionen, neurotischer Zwang oder paranoide Reaktionen zum Mord führen. Es gibt innere Impulse, die sich nicht aus Sitten und Gebräuchen erklären lassen und auch nicht von einer gesellschaftlichen Bezugsgruppe oder von der Selbstkontrolle aufgehalten werden. Dies zu erwähnen ist notwendig, um die Darstellung der Deutungen des Mordes zu vervollständigen.

Der Selbstmord

Wie schon erwähnt, wird der Selbstmord gern als Gegenpol des Mordes betrachtet. Der Gegensatz (Verkko nennt es Antagonismus) überwiegt bei weitem die Übereinstimmung in den Verhaltenszügen; denn in beiden Fällen handelt es sich um Destruktion, die beim Selbstmord gegen das eigene Ich und beim Mord gegen eine andere Person gerichtet ist. Die Polarität des Mordes und des Selbstmordes ist in den Verteilungen der beiden Erscheinungen nach Ländern, Gegenden und Einkommensgruppen, hohem oder niederem gesellschaftlichem Status wiederzufinden, ebenso in den Verteilungen nach den Konjunkturzyklen, nach Rasse, Religion, Eheverhältnissen und vielen anderen. In mehreren modernen Staaten ist der Selbstmordversuch zwar nach dem Gesetz eine Straftat, die aber kaum verfolgt wird. Statt dessen haben viele Großstädte besondere Ämter oder Agenturen entwickelt, an die sich lebensmüde Personen wenden können,

---

[21] Frederic Wertham, *The Show of Violence* (Doubleday & Company, Inc., 1949), p. 246.

wenn sie sich das Leben nehmen wollen, oder wenn ein Selbstmordversuch fehlgeschlagen ist. Der Selbstmord an sich ist kein Verbrechen, gilt aber als eine der schwersten Sünden. In diesem Sinne besteht eine Entsprechung zum Mord, der als eines der schwersten Verbrechen angesehen wird. Dagegen haben andere Kulturen Bräuche hervorgebracht, nach denen von jemandem, der in einem bestimmten Verhältnis zu einem Verstorbenen stand, erwartet wurde, daß er Selbstmord beging (Einzelheiten hierüber siehe Durkheim). Und schließlich gibt es in seltenen Fällen manchmal sogar epidemisch auftretende gemeinsame Selbstmorde, bei denen sich zwei Personen verabreden, gemeinsam aus dem Leben zu scheiden. In der modernen Gesellschaft ist der Selbstmord hauptsächlich Angelegenheit eines einzelnen, ohne daß Selbstmordverabredungen oder einer in Sitten und Gebräuchen verankerten Erwartung besondere Bedeutung zukommt.

Durkheims Selbstmordtypen

Der französische Soziologe Emile Durkheim unterscheidet als drei grundlegende Typen den egoistischen, den altruistischen und den anomischen Selbstmord. Ein egoistischer Selbstmord ist die Folge mangelnder gesellschaftlicher Integration und Eingliederung, verursacht durch kulturelle Bedingungen, die den einzelnen zermalmen. Der altruistische Selbstmord resultiert aus den Forderungen und Erwartungen besonderer Sitten und Gebräuche, wie z. B. der Selbstmord der Gattin beim Tod des Gatten, der Selbstmord des Leibdieners, wenn sein Kriegsherr gefallen oder in Gefangenschaft geraten ist, sowie der Selbstmord alternder Männer, um der Schande einer Krankheit und der Nutzlosigkeit zu entgehen. Der anomische Selbstmord folgt aus einem Mangel an Regelung und Kontrolle der individuellen Bedürfnisse und ihrer Befriedigung durch die Gesellschaft, wenn die Grenzen der individuellen Bedürfnisse zu weit ausgedehnt sind[22].

Durkheim behauptet, daß beim egoistischen Selbstmord die Polarität zum Mord am stärksten ausgeprägt sei. „Der Typ des Selbstmordes, der am meisten verbreitet ist, und der am meisten zum Ausmaß der jährlichen Freitodquoten beiträgt, ist der egoistische Selbstmord. Er ist durch einen Zustand der Depression und Apathie gekennzeichnet, der von einem übertriebenen Individualismus herbeigeführt wird“[23]. Durkheim behauptet weiter, der altruistische Selbstmord und der Mord bildeten

---

[22] Emile Durkheim, *Suicide; a Study in Sociology*, transl. by John A. Spaulding and George Simpson (Glencoe, III. The Free Press, 1951), pp. 14—15, 152—276.

[23] *Ibid.*, p. 356.

keinen Gegensatz, obgleich dies wegen des Fehlens dieser Art der Selbsttötung für Westeuropa und die Vereinigten Staaten nicht von Bedeutung sei. Die seltenen Fälle des anomischen Selbstmordes bildeten ebenfalls keinen Gegensatz zum Mord, da beide eine Reaktion auf gleiche gesellschaftliche Bedingungen darstellen. Offensichtlich ist den Beobachtungen Durkheims zu entnehmen, daß der egoistische Selbstmord wegen seiner Häufigkeit für den polaren Gegensatz von Selbstmord und Mord verantwortlich ist[24].

Einige Beobachtungen zum Problem des Selbstmordes

Länder oder Gegenden mit hoher Selbstmordziffer haben eine niedrige Ziffer für die Mordkriminalität. Die Selbstmordziffer scheint etwas schneller zu steigen als die Bevölkerung anwächst; es wird dies der fortschreitenden Zivilisation zugeschrieben, das heißt, dem Einfluß zunehmender Komplizierung des Lebens auf den Menschen. Selbstmorde scheinen außerdem mit der Verstädterung zuzunehmen, denn die Anzahl der Selbstmorde ist unvergleichlich höher in großen Städten als in Dörfern und ländlichen Gemeinden. Angehörige der Bevölkerungsschichten mit höherem Einkommen neigen stärker zum Selbstmord als die Angehörigen unterer Einkommensklassen. Ein unverhältnismäßig großer Anteil der Selbstmorde wird für diejenigen Teile der Städte registriert, in denen die Bevölkerung weniger seßhaft ist, also in den Stadtvierteln mit vielen billigen Hotels (rooming houses). Katholiken und Juden begehen seltener Selbstmord als Protestanten. Die weiße Bevölkerung in den Vereinigten Staaten neigt stärker zum Selbstmord als die Negerbevölkerung. Es wird auch angenommen, daß der einzelne, der keine Familienbindung besitzt, stärker zum Selbstmord neigt als derjenige, der in einem Familienverband lebt.

Das durchschnittliche Alter der Selbstmörder ist erheblich höher als das der Mörder. Männer begehen viel öfter Selbstmord als Frauen. Die Selbstmordrate steigt und fällt gegensätzlich zu den Bewegungen der Konjunktur, während die Mordrate den Konjunkturbewegungen folgt: in der Hochkonjunktur fällt die Selbstmordrate, während die Zahl der Morde steigt; in einer Depressionsphase steigt die Zahl der Selbstmorde und die der Morde fällt.

Die Interpretation veröffentlichter Statistiken

Nach den Statistiken der Personenstandsregister wird in den Vereinigten Staaten als Todesursache doppelt so oft Selbstmord wie Mord ge-

---

[24] *Ibid.*, pp. 356—357.

zählt[25]. Der Grund hierfür ist nicht ohne weiteres ersichtlich. Möglicherweise besteht ein größerer moralischer und gesellschaftlicher Widerstand dagegen, einen anderen zu töten, als sich selbst das Leben zu nehmen. Vielleicht gibt es in den Vereinigten Staaten auch mehr Möglichkeiten, diejenigen Aggressionen abzureagieren, die sich gegen andere richten, als die gegen das eigene Ich.

Tötung mit Hilfe einer Schußwaffe ist die vorherrschende Form des Selbstmordes; 1957 wurden 47% aller Selbstmorde in dieser Weise begangen. In der jetzigen Generation ist ein Anstieg dieser Tötungsart zu verzeichnen gewesen, denn Dublin berichtet, daß im Zeitraum von 1926 bis 1930 nur 35% aller Selbstmorde auf diese Weise begangen wurden. Hiernach folgte im Jahre 1957 Tötung durch Erhängen mit 21%, während in der Zeit von 1926—1930 nur 18% der Selbstmorde auf diese Weise ausgeführt wurden. Vergiftungen durch Medikamente und Flüssigkeiten wurden 1957 in 10% der Fälle gezählt, während es in der früheren Zeitspanne 16% waren. Erstickung und Gas zusammen machten 1957 10% aus, 1926—1930 dagegen 15%[26].

Wie schon erwähnt, ist das Alter derer, die Selbstmord begehen, im Durchschnitt erheblich höher als das Alter der Mörder. Dies ist möglicherweise eine Folge der Verzweiflung, der Einsamkeit oder der Krankheit alternder Menschen. Alte Menschen können auch nicht die erforderliche Energie entwickeln, um anderen gegenüber sehr aggressiv zu werden. Selbstmorde von Männern werden unter Berücksichtigung ihres Anteils an der Gesamtbevölkerung mehr als dreieinhalbmal so häufig gemeldet als Selbstmorde von Frauen. Es ist denkbar, daß die weibliche Bevölkerung mehr Selbstkontrolle und mehr inneren Halt besitzt als die männliche und daß Frauen deshalb viel seltener Selbstmord begehen. Es ist auch denkbar, daß die Frauen in den Vereinigten Staaten weniger unter dem Alter leiden als die Männer. Ebenso ist es möglich, daß die Weißen in den Vereinigten Staaten einem stärkeren wirtschaftlichen und gesellschaftlichen Druck ausgesetzt sind als die Nichtweißen. Möglicherweise kann der Weiße sich auch weniger auf das Altern einstellen als der Neger.

---

[25] National Office of Vital Statistics, *Mortality from Selected Causes, by Age, Race, and Sex: United States, 1957* (Washington, D. C., US Department of Health, Education, and Welfare, Public Health Service, 1959), Vol. 50, No. 5, p. 158.

[26] Louis I. Dublin and Bessie Bunzel, *To Be or Not To Be; A Study of Suicide* (New York, Harris Smith and Robert Haas, 1933), p. 56. See also National Office of Vital Statistics, *Mortality from Each Cause: United States, 1955—57* (US Department of Health, Education, and Welfare, Public Health Service, Washington, D. C., January 9, 1959), Vol. 50, No. 1, pp. 30—31. Only 16629 causes of death are classified by specific types of suicide in this report.

Ebenso ist möglich, daß der Neger, moralisch und gesellschaftlich gesehen, in den Vereinigten Staaten nicht so schwere Verantwortung trägt wie der Weiße.

Selbstmord in London

Sainsburys Untersuchung der Selbstmorde in London unterstreicht die soziologische These, daß der Selbstmord in den Großstädten mit der Beweglichkeit und mangelnden Stabilität der Bevölkerung in bestimmten Gegenden der Stadt zusammenhängt. Der Untersuchung wurde folgende Hypothese zugrunde gelegt: „Wo soziale Mobilität und soziale Isolierung stark ausgeprägt sind, ist das Gemeinschaftsleben labil, ohne Ordnung und Ziel, und dieses spiegelt sich mehr oder weniger in den Selbstmordziffern wieder; denn Männer und Frauen neigen eher zum Selbstmord, wenn sie zwar in einer sozialen Gruppe leben, aber dennoch getrennt von ihr sind, da ihre Bedürfnisse weder anerkannt werden noch etwas zu ihrer Befriedigung unternommen wird"[27].

Die Untersuchung hat ergeben, daß Armut und Selbstmord relativ niedrig und negativ korrelieren. Die Stadtbezirke mit dem höchsten Anteil an Familien der mittleren Bevölkerungsschichten (— nach der Definition von 1932 wurden Familien mit einem Einkommen von 5 Pfund in der Woche als zu den mittleren Schichten gehörend behandelt —) wiesen auch die höchste Selbstmordrate auf[28].

Der Faktor der Isolierung hob sich durch eine positive Korrelation mit der Selbstmordrate deutlich hervor. Er wurde durch eine Berechnung des Prozentsatzes der zur Untermiete wohnenden Bevölkerung bestimmt. Für die Stadtbezirke mit dem höchsten Prozentsatz an Bewohnern von Pensionen und Hotels wurden zugleich die höchsten Selbstmordziffern berechnet[29].

Die Scheidungs- und Selbstmordraten korrelierten in den einzelnen Bezirken ebenfalls auffallend hoch und positiv. Wies ein Bezirk eine hohe Zahl von Scheidungen auf, war auch eine hohe Zahl von Selbstmorden zu erwarten. Die neun Bezirke mit der höchsten Zahl der unehelichen Geburten waren unter den zehn Bezirken mit der höchsten Zahl an Selbstmorden. Eine starke positive Korrelation bestand auch zwischen Selbstmord und unehelichen Geburten. Schließlich ergab sich aber in den verschiedenen Stadtbezirken keine Korrelation zwischen den Raten der Jugendkriminalität und denen des Selbstmordes. Das Ergebnis über-

---

[27] Peter Sainsbury, *Suicide in London* (London, The Institute of Psychiatry, Chapman & Hall Ltd., 1955), p. 30.

[28] *Ibid.*, p. 40.

[29] *Ibid.*, pp. 40—42.

rascht nicht, da zu erwarten war, daß die Straffälligkeitsraten der Londoner Stadtbezirke mit Armut, Übervölkerung und Arbeitslosigkeit Hand in Hand gehen und nicht mit jenen Umständen, die mit hohen Selbstmordraten zusammen erscheinen[30].

Äußere Behinderung und Schwäche des Bezugssystems

Daß Henry und Short den polaren Gegensatz von Mord und Selbstmord in der Form einer allgemeinen Theorie interpretieren, ist bereits oben erwähnt worden. Von ihrer Theorie interessiert uns hier die Behauptung, daß „dann, wenn die äußere Steuerung (external control) schwach ist und die im Gefolge einer Frustration auf andere gerichtete Aggression nicht gerechtfertigt wird, sich die Aggression gegen das eigene Ich richtet". Zu dieser Annahme können andere, spezifischere Teile hinzugefügt werden. Die Selbstmordrate der Personen mit höherem gesellschaftlichen Status ist höher als die der Gruppe mit geringerem Status, weil die ersteren im geringeren Maße Behinderungen erfahren. Diese geringere Behinderung ist eine Folge der Erscheinung, daß die Gruppe mit hohem Status in geringerem Maße von einer Machtstruktur überlagert wird. Nach Henry und Short ändert sich die Selbstmordrate mit der Stärke oder Schwäche des Bezugssystems. Diese Aussage ist annehmbar, soweit sie sich auf die Loslösung von der Familie, auf die abnehmende gesellschaftliche Integration, auf die Verstädterung und auf die anonymen Lebensverhältnisse in den Stadtbezirken mit den vielen Pensionen und billigen Hotels (rooming houses) bezieht. Die Schwäche des Bezugssystems unterstützt die Durkheimsche Integrationstheorie. Die meisten Soziologen würden wohl einer Theorie zustimmen, die sich eng an die Integrationstheorie anlehnt; diese Theorie könnte Desorganisationstheorie genannt werden. Soziologen werden bei der Interpretation von Erscheinungen wie der des Selbstmordes ihre Aufmerksamkeit immer auf Vorgänge der Loslösung des einzelnen von seinen Kerngruppen (atomization) richten.

Psychoanalytische Erklärung

Als Gegensatz zu den soziologischen Theorien des Selbstmordes ist, wie bei der Deutung der Mordkriminalität, die psychoanalytische Deutung des Selbstmordes anzusehen. Sie versucht, die Motivation des Selbstmordes im unbewußten Gefühlsleben des einzelnen zu finden. Menningers Ansicht über den Selbstmord wird gewöhnlich als die repräsentativste und sachverständigste dieser Richtung angesehen. Er geht von der Freudschen These aus, daß Selbstzerstörungsimpulse, einschließ-

[30] *Ibid.*, pp. 43—44.

lich Todeswunsch und Todesinstinkt, ein Teil der ursprünglichen Natur des Menschen seien. Aber nur selten wird der Todeswunsch in die Tat umgesetzt. Wenn es dazu kommt, ist der Selbstmord der Versuch, einer unerträglichen Lage zu entfliehen[31].

Der Wunsch, getötet zu werden (der sich sowohl von dem Wunsch zu sterben wie auch von dem Wunsch zu töten unterscheidet), wird ebenfalls von Menninger erklärt. Er behauptet, daß „das Getötetwerden die extreme Form der Unterwerfung darstellt, genau so, wie der Mord die extreme Form der Aggression". In der Unterwerfung, im Schmerz, in der Niederlage, im Tod muß ein unbewußter Genuß verborgen sein. Diese Befriedigung durch Leiden und Schmerzen ist Ausdruck des Masochismus. Außerdem bewirkt das Gewissen (das Über-Ich), daß das Ich „im Verhältnis zu seiner nach außen wirkenden Destruktion leidet". Auf diese Weise entsteht ein Schuldgefühl, welches unter anderem durch Selbstdestruktion beschwichtigt werden kann. Die Interpretation ist zweistufig. Der Masochismus versüßt Leiden und Schmerz und die Wendung gegen das eigene Leben, das Schuldgefühl zwingt das Ich gegen sich selbst[32].

Die Mängel der Theorien

Trotz ernstzunehmender wissenschaftlicher Gegenargumente, die die Menningersche Theorie herausfordert, stellt sie doch einen starken Gegensatz zu der Loslösungstheorie (atomization theory) der Soziologen dar. Die soziologische Theorie zeigt, wie der Selbstmord in eine unbefriedigende, kleiner werdende Welt des einzelnen hineinpaßt. Die psychoanalytische Theorie geht von einem unbewußten Bedürfnis zur Selbstzerstörung aus.

Die soziologische Theorie setzt die Auswirkungen einer Loslösung des einzelnen aus einer Gruppe voraus, ohne etwas von dem einzelnen selbst zu berücksichtigen, der unter den Auswirkungen der Loslösung stehen soll. Wer wird von entfremdenden und loslösenden Einflüssen zum Selbstmord getrieben und wer nicht? Sicherlich begeht der überwiegende Teil der Personen, die unter den in höchstem Maße losgelösten oder isolierten Lebensbedingungen eines Mietszimmerviertels wohnen, keinen Selbstmord und zieht es wahrscheinlich gar nicht in Erwägung.

Die psychoanalystiche Theorie ist so sehr darauf eingestellt, das menschliche Verhalten in Freudsche Bahnen zu zwingen, daß sie ebenfalls den einzelnen nicht sieht. Sie sieht nur Todeswünsche, das Bedürf-

---

[31] Karl L. Menninger, *Man against Himself* (New York, Harcourt, Brace and Company, 1938), p. 5.

[32] *Ibid.*, p. 32.

nis, sich selbst zu zerstören, die Wendung der Aggression nach innen, die Bestrafung des Ichs durch das Über-Ich, latente Schuldreaktionen, die Sexualisierung des Leidens, maskiertes Verhalten und ähnliche Erscheinungen. Der einzelne geht in diesem Labyrinth von Kanälen und Gängen unbewußter Motivierung verloren.

Dagegen hat bei Untersuchungen des Selbstmordes ohne Zweifel die Halttheorie (containment-theorie), die von der Wirksamkeit des inneren und äußeren Halts ausgeht, mehr Möglichkeiten, den Selbstmord zutreffend zu deuten, als die Theorie der Loslösung oder die der Selbstzerstörung. Wenn die Welt des einzelnen zerfallen, eingeengt, sinnentleert oder verwirrt ist, kommt das einem Zusammenbruch des äußeren Halts gleich. Wenn noch zusätzlich der innere Halt — das Ich des Menschen — nicht stark genug ist, eine neue Welt aufzubauen und vielleicht selbst zusammenbricht, dann erfolgt der Selbstmord. Der Zusammenbruch des Ich im Gefolge eines Zusammenbruches der Welt eines einzelnen kann als Ursache des Selbstmordes dargestellt werden. Daß die meisten Personen keinen Selbstmord begehen, wenn ihre Welt zusammengebrochen ist, kann dadurch erklärt werden, daß es zum Selbstmord erst dann kommt, wenn nach dem Zusammenbruch des äußeren Halts auch der innere zusammengebrochen ist. Erfolgte ein Selbstmord trotz guten äußeren Halts oder ohne Mitwirkung eines Zusammenbrechens der sozialen Bezüge, dann wird man annehmen können, daß er aus einem Zusammenbruch des Ich, hervorgerufen durch unertragbare und unbeherrschbare innere Antriebe, resultierte. Bei der Interpretation dieser Fälle wird man die psychoanalytische Dynamik verborgener Motivationen sinnvoll berücksichtigen können neben anderen psychischen Erscheinungen wie Geistesstörungen und überstarke Depressionen.

6. KAPITEL
Die Kriminalität der Frauen

Die Kriminalität der Frauen muß als eine besondere Art des delinquenten und kriminellen Verhaltens mit seinen eigenen besonderen Merkmalen angesehen werden. Der Grund für die Eigenart weiblicher Kriminalität kann bis zu einem gewissen Grade in den biologischen Anlagen der Frau gefunden werden, mehr aber noch in der sozialen Rolle, die sie in einer vom Manne beherrschten Gesellschaft spielt. Es ist beinahe so, als müsse die Frau außer ihrer eigenen Rolle auch noch eine andere spielen, durch die sie die Erwartungen erfüllt, die vom Manne an sie gestellt werden. Sie hat ein zweites Selbst zu ihrem ursprünglichen hinzuzufügen. Mit anderen Worten: in den meisten Ländern der Welt kann der Mann viel eher er selbst sein als die Frau.

Die Kriminalität der Frau ist, um die Ausdrucksweise Pollaks zu gebrauchen, weitgehend „maskiertes" Verhalten, da sich die kriminelle Frau leicht hinter der Rolle einer Krankenschwester, Hausangestellten, Frau, Mutter, Geliebten oder Schülerin verbirgt.

Die Tatsache, daß in unserer Gesellschaft die Frau im wesentlichen das Einkaufen besorgt, daß sie die zum Kauf ausgestellten Gegenstände ansieht, die Ware befühlt, daß sie Einkauftaschen und große Handtaschen mit sich trägt, daß sie Gegenstände an ihrem Körper verbergen kann, verschleiert ihre Diebstähle, ganz einerlei, ob es sich um Gelegenheitstaten, um die Unternehmungen einer gewerbsmäßigen Diebin oder um eine Kleptomanin handelt. Das kriminelle Verhalten der Warenhausdiebin wird leicht und natürlich hinter konventionellem weiblichen Verhalten verborgen.

Pollaks Untersuchung der weiblichen Kriminalität

Der amerikanische Soziologe Otto Pollak wurde durch die Feststellung, daß die weibliche Kriminalität bei den neueren kriminologischen Forschungen vernachlässigt wurde, zu einer systematischen Erforschung dieses Gebietes angeregt.

Das naheliegende und doch sehr oberflächliche Ergebnis der meisten statistischen Erhebungen und Beobachtungen besteht in der Feststellung einer relativen Seltenheit der weiblichen Kriminalität. Pollak stellte sich dagegen die Frage, ob dieses Ergebnis wirklich zutrifft.

Es scheint so, daß weibliches kriminelles Verhalten häufig nicht angezeigt wird. Das wird besonders deutlich, wenn man an Ladendiebstähle, Diebstähle durch Prostituierte oder Hausangestellte, Abtreibungen, Meineid, Hausfriedensbruch, Straftaten gegenüber Kindern, aber auch an Mord und Totschlag denkt. Bestimmte Straftaten wie Homosexualität und Exhibitionismus gelangen praktisch nie zur Anzeige, wenn sie von Frauen begangen werden. Pollak fand, daß weibliche Verbrecher von Männern und sogar von ihren männlichen Opfern beschützt wurden, die auch gewöhnlich abgeneigt sind, eine Anzeige zu erstatten. Weil die Frau eine viel weniger aktive Rolle in der Gesellschaft spielt als der Mann, wird man annehmen dürfen, daß sie häufig die Anstifterin einer von Männern begangenen Straftat ist. Als Anstifterin hält sie sich selbst im Hintergrund und ist schwer zu ermitteln. Pollak beobachtete außerdem, daß es verschiedene Straftaten gibt, die leicht aufzuklären sind, wenn sie von Männern verübt werden, deren Ermittlung bei der Frau dagegen äußerst schwierig ist. Ihre Rolle als Hausfrau, Mutter, Frau, Geliebte und Krankenpflegerin ermöglicht es der Frau, bestimmte Verbrechen zu begehen, ohne daß die Öffentlichkeit es gewahr wird, so zum Beispiel durch langsame Vergiftung des Ehemannes oder durch schlechte Behandlung der Kinder. Zusätzlich macht Pollak darauf aufmerksam, daß die meisten Polizeibeamten, Richter und Geschworenen einer Frau gegenüber viel nachsichtiger sind als gegenüber einem Mann[1].

Diese Überlegungen führten Pollak zu dem Schluß, daß die Kriminalität der Frau vor allem eine maskierte Kriminalität ist. Daraus folgt, daß die amtlichen Statistiken und Berichte über die weibliche Kriminalität wahrscheinlich weit unter dem tatsächlichen Ausmaß liegen, und daß das wirkliche Ausmaß weiblicher Kriminalität nur aus nichtamtlichen Quellen erschlossen werden kann. Man muß dabei immer im Auge behalten, daß der maskierte Charakter der weiblichen Kriminalität und seine so seltene Entdeckung dazu führen, daß die Frau amtlich nur in Ausnahmefällen als Täterin erscheint.

Straftaten werden von weiblichen Verbrechern häufiger mit List und Täuschungsmanövern ausgeführt als von Männern. Die Gründe hierfür sind in geschlechtsspezifischen Verhaltensgepflogenheiten zu suchen, die den Frauen ein verborgeneres Verhalten vorschreiben als den Männern, sowie in den körperlichen und psychischen Verschiedenheiten der Geschlechter. Einige Forscher sehen die Eigenart weiblicher Kriminalität nur in der biologischen Körperschwäche begründet. Es ist möglich, daß früher dieser Faktor von großer Bedeutung war; es ist aber sehr zweifelhaft, ob in unserer modernen industriellen Gesellschaft mit ihren körperliche Arbeit erleichternden maschinellen und sonstigen Vorkehrungen das Fehlen körperlicher Stärke noch als wichtige Komponente der weiblichen Kriminalität betrachtet werden kann. Einige Autoren behaupteten früher, daß weibliche Verbrechen häufiger durch Grausamkeit gekennzeichnet seien; aber diese Behauptung dürfte sich kaum beweisen lassen. Leichter nachzuweisen ist, daß bei weiblichen Straftaten der Kreis der Opfer und Geschädigten weitgehend auf die der Frau nahestehenden Personen wie Kinder, Ehemann, Familienangehörige und Liebhaber beschränkt ist. Der Kreis der Opfer wird durch die verschiedenen Rollen, die die Frau in unserer Gesellschaft spielt, bestimmt[2].

Übereinstimmung besteht in der Feststellung, daß die Vergiftung die von Frauen am häufigsten bei Ausführung eines Mordes benutzte Methode ist und daß als Gift meistens Arsen verwendet wird. Blausäure und Sublimat stehen an nächster Stelle. Beim Einkauf oder bei den Verrichtungen

[1] Otto Pollak, *The Criminality of Women* (Philadelphia, University of Pennsylvania Press, 1950), pp. 1—7.
[2] *Ibid.*, pp. 8—14

im Haushalt kann sich eine Frau leicht Insektenpulver oder Rattengift verschaffen, und in ihrer Rolle als Köchin oder Krankenpflegerin ist es leicht, das Gift zu verabreichen. Eine von einer Frau verübte Tötung wird deshalb meistens den heimlichen Morden zugezählt werden müssen und erhärtet die These von dem maskierten Charakter der weiblichen Kriminalität.

Wenn Frauen an kleinen Kindern ein Sexualdelikt verüben, bleibt das Verbrechen in der Regel unentdeckt; hingegen werden diese Straftaten leichter erkannt, wenn sie von einem Manne verübt wurden. Darüber hinaus können sexuelle Straftaten leicht dadurch vertuscht werden, daß eine Bestrafung der Kinder vorgetäuscht wird[3].

Einbruch und Raub sind hauptsächlich männliche Verbrechen, obwohl manchmal Frauen als Köder oder Aufpasser mitwirken. Die vielen sozialen Rollen, die die Frau spielt, bieten ihr jedoch ungewöhnlich günstige Gelegenheiten zum Diebstahl und geben ihr zugleich eine gewisse Immunität gegenüber der Strafverfolgung. Weibliche Taschendiebe fallen, eben weil sie Frauen sind, viel weniger auf. Die Prostituierte ist sehr oft auch eine Diebin, aber ihre Kunden zögern gewöhnlich, eine Anzeige zu erstatten. Die Prostituierte ist auch oft Komplizin eines männlichen Diebes und braucht die Prostitution nur als Vorwand, um die Teilnahme an anderen Straftaten verdecken zu können. Der Ladendiebstahl erfuhr mit der Entstehung der großen Warenhäuser eine Zunahme dadurch, daß es dem Publikum erlaubt wurde, die Ware selbst zu überprüfen. Es ist bekannt, daß nicht nur Neurotikerinnen, sondern auch angesehene Frauen sich zum Diebstahl hinreißen lassen. Die Ladendiebstahlskriminalität wird in den Zahlen der amtlichen Kriminalstatistik nicht vollständig wiedergegeben. Ebenfalls sind die Diebstähle der Hausangestellten sicher häufiger als sie bekannt werden; dies stimmt mit Lombrosos Feststellung, die Rolle der Bedienstoten bringe eine sehr große Versuchung mit sich, überein.

Von Frauen verübte Erpressungen werden sicher nur in einem geringen Bruchteil der Fälle angezeigt. Eines der ältesten Mittel in dieser Beziehung ist das alte Spiel vom Ehemann. Das männliche Opfer wird in eine kompromittierende Lage gelockt und dann von dem sogenannten Ehemann überrascht. Es gibt auch zahlreiche kleine Betrügereien, die von Frauen leicht ausgeführt werden können: so zum Beispiel, wenn Hausangestellte höhere Preise angeben als sie in Wirklichkeit gezahlt haben; oder wenn Astrologinnen, Hellseherinnen, Zigeunerinnen und Wahrsagerinnen den Leichtgläubigen das Geld aus der Tasche locken; oder wenn

[3] *Ibid.*, pp. 16—26.

Frauen Männer dazu bestimmen, ihnen aus Gefälligkeit Vorauszahlungen zu leisten und sich dann aus dem Staube machen; oder wenn Frauen als Lockvogel bei Betrügereien der Männer mitwirken[4].

In einigen Ländern ist die am meisten begangene und am wenigsten angezeigte weibliche Straftat die Abtreibung. Vorsichtige Schätzungen haben in den Vereinigten Staaten eine erstaunliche Zahl von über 200000 kriminellen Abtreibungen pro Jahr ergeben. In Frankreich ist die Lage noch schlimmer. Pollak schließt aus den Statistiken des Staates New York, daß der große Unterschied zwischen der männlichen und der weiblichen Kriminalität in jedem Gerichtsbezirk bemerkbar vermindert würde, wenn die Zahlen der Statistik allein um die Anzahl der nicht angezeigten Abtreibungen korrigiert würden.

Eine weitere Verminderung könnte durch die Einbeziehung der nicht angezeigten Ladendiebstähle herbeigeführt werden. Auf diese Weise könnte das Verhältnis zwischen der Anzahl der kriminell auffälligen Männer und der der Frauen in einem Staate wie New York von 10 oder 11 zu 1 auf 5 zu 1 herabgesetzt werden. Pollak hält die angebliche, in den Verteilungen der amtlichen Statistik begründete Seltenheit der weiblichen Kriminalität für eine Fiktion, selbst unter Berücksichtigung des allgemeinen Problems der nicht angezeigten männlichen Kriminalität und ihrer spezifischen Bereiche wie zum Beispiel des „White-Collar-Crime"[5].

Pollak untersucht auch die Frage, ob spezifisch weibliche kriminelle Verhaltensweisen festzustellen sind. Das spezifisch Weibliche des kriminellen Verhaltens ist bei der Verletzung der Geschlechtsmoral deutlich zu erkennen. Im Bereich der Kriminalität gegen die Person oder gegen das Eigentum ist es dagegen nicht so ohne weiteres ersichtlich. Pollak lenkt jedoch die Aufmerksamkeit darauf, daß die Ausrichtung einer Straftat auf die Kinder, den Ehemann oder den Liebhaber ein besonderes Merkmal weiblicher Kriminalität ist[6].

Weiter oben wurde in Zusammenhang mit dem Kriminalitätsrisiko der Altersstufen ausgeführt, daß die Frau in einem späteren Lebensalter straffällig wird. Diese Ansicht wird von Pollak bestätigt[7].

Bei einer Untersuchung zugänglicher Daten über den Familienstand männlicher und weiblicher Strafgefangener stellte sich heraus, daß verheiratete Frauen häufiger straffällig werden als unverheiratete, und daß die Situation bei den männlichen Straffälligen gerade umgekehrt ist[8].

---

[4] *Ibid.*, pp. 29—42.
[5] *Ibid.*, pp. 44—56.
[6] *Ibid.*, p. 92.
[7] *Ibid.*, pp. 95—104.
[8] *Ibid.*, pp. 106—111.

Pollak fand, daß „die kriminelle Anfälligkeit der im Haushalt beschäftigten Frauen verhältnismäßig groß ist, im Gegensatz zu den in der Industrie beschäftigten", obgleich auch Ausnahmen hiervon beobachtet wurden[9]. In bezug auf die biologischen Faktoren der weiblichen Kriminalität kommt Pollak, wie oben schon ausgeführt, zu der Ansicht, daß die Theorie, die körperliche Schwäche leite die Frau zu spezifisch weiblichen Straftaten, nicht zutrifft. „Heutzutage ist es die Zuweisung bestimmter sozialer Rollen und nicht die biologische Notwendigkeit, die die spezifisch weibliche Kriminalität in bestimmte Bahnen lenkt und von anderen fernhält"[10].

Obgleich viele Autoritäten die weibliche sexuelle Delinquenz auf die körperliche Frühreife der Mädchen zurückführen, sieht Pollak den Grund hierfür nicht in der Intensität des vorzeitig entwickelten Geschlechtstriebes, sondern eher in dem Anwachsen günstiger Gelegenheiten zur geschlechtlichen Anregung der jungen Männer durch die frühzeitige Entwicklung der jungen Mädchen. Pollak weist außerdem darauf hin, daß Zusammenhänge zwischen kriminellen Neigungen der Frau im reiferen Erwachsenenalter und den Wechseljahren bestehen, daß aber der Zusammenhang zwischen der Kriminalität und den endokrinen Phasen wie Menstruation oder Schwangerschaft kaum überzeugend nachgewiesen sein dürfte[11].

Lombrosos Beobachtungen

Es ist nicht ohne Reiz, die modernen Untersuchungen von Pollak mit den ersten systematischen Beobachtungen des weiblichen Straffälligen von Caesar Lombroso zu vergleichen. Lombroso versuchte festzustellen, ob die weibliche Straffällige und die Prostituierte im gleichen Ausmaß stark ausgeprägte körperliche Anomalien aufweist wie etwa der männliche Straffällige oder die sogenannte moralisch nicht auffällige Frau. Im ganzen gesehen scheinen seine Ergebnisse anzudeuten, daß die weiblichen Straffälligen nicht im gleichen Maße Anomalien aufweisen wie die erwachsenen männlichen Straffälligen und daß sie sich in dieser Beziehung nicht allzusehr von den moralisch einwandfreien Frauen unterschieden. Ein interessantes Ergebnis seiner Untersuchung liegt jedoch darin, daß er bei den Prostituierten viel mehr Anomalien feststellte als bei den straffälligen Frauen. Lombroso erklärte seine Beobachtungen damit, daß die Frau biologisch stark typenbestimmt sei. Deshalb wäre nicht

---

[9] *Ibid.*, pp. 111—113.
[10] *Ibid.*, p. 123.
[11] *Ibid.*, pp. 125—135.

zu erwarten gewesen, daß sie in dem gleichen Maße Abweichungen aufwiese wie der Mann.

Um die bei den Prostituierten gefundenen Daten zu interpretieren, zog Lombroso die mehr theoretischen Aspekte des Atavismus heran und ging davon aus, daß die Prostituierten eine außergewöhnliche Lebenskraft besäßen und außerordentlich früh entwickelt seien[12]. Doch obgleich die Prostituierten mehr Anomalien aufwiesen als die straffälligen Frauen, ließen sich auch bei ihnen nicht in dem Ausmaß Anomalien finden, wie sie von Lombroso bei seinen sogenannten geborenen männlichen Verbrechern gefunden worden waren.

Lombroso folgert daraus, daß die weibliche Straffällige und die Prostituierte zahlenmäßig seltener der Typ der geborenen Verbrecherin sei und daß sie eher die charakteristischen Züge des Gelegenheitsverbrechers trage. Die geringe Anzahl straffälliger Frauen, die Lombroso als dem Typus des geborenen Verbrechers angenähert fand, zeigte von einem psychologischen oder verhaltenswissenschaftlichen Standpunkt aus gesehen sogar einen noch stärkeren Hang zur Kriminalität und eine noch größere Verderbtheit als der geborene männliche Verbrecher[13]. Nach diesen Beobachtungen ist eine Frau, wenn sie wirklich schlecht oder pervers ist, noch schlechter und perverser als der Mann. Ein italienisches Sprichwort, das Lombroso offensichtlich benutzt, um seine Behauptungen mit einem Erfahrungssatz zu unterstützen, sagt: „Eine Frau ist selten böse, aber wenn sie es ist, ist sie böser als der Mann"[14]. Bezüglich der Grausamkeit ist nach Lombroso die seltenere geborene Verbrecherin schrecklicher als der Verbrecher, weil ihre Grausamkeit so viel „raffinierter" und „teuflischer" sei. „Es genügt ihr nicht, ihren Feind nur zu töten, sie muß ihn auch leiden sehen und den ganzen Geschmack des Todes erfahren"[15]. Diese größere Grausamkeit des geborenen weiblichen Verbrechers macht sie zu einer doppelten Ausnahme. Als Verbrecherin ist sie eine Ausnahme unter den Verbrechern und als Frau ist sie ebenfalls eine Ausnahme unter den Frauen[16]. „Die kriminelle Frau ist nach allem ein Ungeheuer. Ihre normale Schwester wird durch vielerlei Ursachen wie Mutterschaft, Frömmigkeit und Schwäche auf dem Pfad der Tugend gehalten, so daß, wenn beim Fehlen dieser Gegeneinflüsse die Frau ein Ver-

---

[12] Caesar Lombroso and William Ferrero, *The Female Offender*, Introduction by W. Douglas Morrison (New York and London, D. Appleton and Company, 1916), pp. 109—111, p. 112.

[13] *Ibid.*, p. 147.

[14] *Ibid.*, p. 147.

[15] *Ibid.*, p. 148.

[16] *Ibid.*, p. 151.

brechen begangen hat, angenommen werden darf, daß ihre Schlechtigkeit übergroß gewesen sein muß, um sie über so viele Hindernisse hinwegschreiten zu lassen"[17].

Die Rache ist die Hauptkomponente der Straftaten, die von den geborenen weiblichen Verbrechern verübt werden. Aber Lombroso bemerkt dazu, daß die Rachbegierde in der geborenen Verbrecherin viel langsamer entsteht als im geborenen männlichen Verbrecher[18]. Die Rache steht in einem engen Verhältnis zum Haß, der bei der Frau als Element ihrer Geschlechtlichkeit eng mit der Eifersucht verbunden ist[19]. Die Liebe zeigt bei der geborenen Verbrecherin keinen Altruismus und keine Selbstaufopferung; sie zeigt eher das Bild einer impulsiven und gelegentlichen Leidenschaftlichkeit[20]. Lombroso behauptet, daß die Habgier weit seltener als die Rache für die geborene Verbrecherin Beweggrund einer Straftat sei, daß aber Verbrechen aus Geiz unter den Verbrecherinnen viel häufiger vorkämen als unter den Verbrechern[21]. Die Liebe zur Kleidung und zum Putz wird von Lombroso auch als häufige Ursache der weiblichen Straffälligkeit angeführt[22].

Wie oben erwähnt, behauptet Lombroso, daß eine große Zahl der weiblichen Straffälligen eher Gelegenheits- als geborene Verbrecherinnen seien. Die Perversität und das Laster zeigen sich bei der Gelegenheitsverbrecherin in viel milderer Form; sie besitzt auch die höheren Tugenden in dem gleichen Maß wie die normale Frau. Die Gelegenheitsverbrecherin weist weder Anomalien noch Degenerationsmerkmale auf, auch hat sie einen guten, in moralischen Grundsätzen gefestigten Charakter[23].

„Die Ursache ihres Gelegenheitsverbrechens ist eine Beeinflussung seitens eines Geliebten, des Ehemannes oder des Vaters." „Sie stiehlt oder kompromittiert sich um eines Mannes willen, ohne oft selbst irgendein unmittelbares Interesse an der Tat zu haben"[24]. Manchmal vergeht geraume Zeit, bis die Beeinflussung eine Wirkung zeigt; die Tat wird mit Unsicherheit ausgeführt und schnelle Reue folgt ihr auf den Fuß[25]. Die Beeinflussung kann auch durch weibliche Bekannte erfolgen. Lombroso erkennt, daß in solchen Fällen eine latente Bereitschaft, sich beeinflussen

---

[17] *Ibid.*, p. 152.
[18] *Ibid.*, pp. 151—155.
[19] *Ibid.*, p. 157.
[20] *Ibid.*, p. 159.
[21] *Ibid.*, p. 162.
[22] *Ibid.*, p. 164.
[23] *Ibid.*, pp. 192—193.
[24] *Ibid.*, p. 196.
[25] *Ibid.*, p. 197.

zu lassen, vorhanden sein muß, aber diese sei viel geringer als bei den geborenen Verbrecherinnen[26].

Übermächtige Versuchungen sind nach Lombroso zum Teil für die Straftaten der Gelegenheitsverbrecherin gegen das Eigentum verantwortlich. Man bedenke zum Beispiel die Schaustellung der ungezählten Luxusartikel in den großen Geschäften. Hier liegt die Ursache für den Warendiebstahl, ein vorwiegend weibliches Delikt. Hausangestellte sind ebenfalls übermächtigen Versuchungen ausgesetzt, besonders diejenigen unter ihnen, die vom Lande oder aus besonders armen Schichten stammen[27]. Als wichtiger ursächlicher Faktor für die frühe Prostitution und die weibliche Diebstahlskriminalität ist nach Lombroso auch die Vernachlässigung von seiten der Eltern anzusehen, besonders wenn die Frauen in ihren frühen oder späteren Kinderjahren vollständig von ihren Eltern im Stich gelassen wurden. Dieser Grund spielt jedenfalls bei den weiblichen Delinquenten eine viel größere Rolle als in der männlichen Kriminalität[28]. Wegen ihrer latenten Abneigung gegeneinander kommt es leicht zu Beleidigungen und Tätlichkeiten, selbst bei sehr geringfügigen Anlässen. „Die Beleidigung und die Tätlichkeit scheinen in der Tat für die Frau das zu sein, was der Mord in primitiven Zeiten für den Mann war, nämlich eine natürliche Weise, auf eine Beleidigung zu reagieren“[29]. Das Betteln, beim Manne gewöhnlich als Folge der Degeneration, eine Begleiterscheinung von Landstreicherei und Müßiggang, kann bei Frauen einfach ein Gelegenheitsdelikt im Falle der äußersten Not sein[30]. Schließlich erkennt Lombroso, daß oft örtliche Verhaltensmuster weiblicher Kriminalität bestehen, die besonderen regionalen Umständen und Gebräuchen entstammen, und die zwar der Gelegenheitsverbrecherin den Weg in die Kriminalität ebnen, aber kaum der geborenen Verbrecherin. Solche regional bedingte Straftaten sind etwa Kindesmord, Unterschiebung neu geborener Kinder, Abtreibung und Warenhausdiebstahl. Zu Recht oder Unrecht behauptet Lombroso, der Kindesmord sei typisch für Schweden, die Abtreibung für die Vereinigten Staaten und der Warenhausdiebstahl für die großen Geschäfte von Paris[31].

Lombrosos Auffassung von der biologischen Bedingtheit der weiblichen Kriminalität ist inzwischen überholt; aber seine Beobachtungen

---

[26] *Ibid.*, p. 201.
[27] *Ibid.*, pp. 206—207.
[28] *Ibid.*, pp. 210—211.
[29] *Ibid.*, pp. 211—212.
[30] *Ibid.*, pp. 212—213.
[31] *Ibid.*, p. 213.

über die Beeinflußbarkeit weiblicher Krimineller von seiten der Männer sind nach wie vor von Bedeutung.

7. KAPITEL

Verbrecherkarrieren

Weil in der Skala der kriminellen Karrieren die gewöhnlichen Verbrecherkarrieren sich auf den untersten Stufen und die professionellen sich auf den obersten befinden, könnte man zu der Auffassung gelangen, daß alle kriminellen Karrieren kontinuierlich ineinander übergingen und jeder Kriminelle von der untersten gewöhnlichen Verbrecherkarriere zu der obersten professionellen Karriere aufsteigen könne. Das entspricht aber nicht der Wirklichkeit. Es bestehen zwar kontinuierliche Übergänge, aber nur innerhalb der getrennten Bereiche der gewöhnlichen einerseits und der professionellen Kriminalität andererseits.

Die gewöhnlichen Verbrecherkarrieren unterscheiden sich von den professionellen sowohl ihrem Ursprung nach wie auch nach dem „modus operandi" der Unternehmungen. Beide Karrieren entwickeln sich in ihren eigenen Welten getrennt voneinander und berühren sich kaum. Sie bilden beide, wiederum in ihren Bereichen getrennt, gesellschaftlich in sich geschlossene Laufbahnen. Beide sind das Ergebnis sozialer Erfahrungen.

Die Karriereverbrecher (career men) der unteren kriminellen Laufbahnen stammen meistens aus den unteren Gesellschaftsklassen. Bereits als Kinder kommen sie mit dem Gesetz in Konflikt und ändern sich kaum im Laufe ihres weiteren Lebens. Während ihres Aufwachsens fehlte die elterliche Beaufsichtigung oder sie wurde nur sehr nachlässig ausgeübt. Von zerrütteten und unzureichenden Familienverhältnissen wurden sie auf die Straße getrieben in schlechte Gesellschaft und „street corner society". Ihr Lebenslauf weist meistens häufige Bekanntschaften mit der Polizei, dem Zuchthaus oder dem Gefängnis auf.

Im Gegensatz zu dem professionellen Verbrecher der oberen Karrieren zeigt der Verbrecher der gewöhnlichen Karriere bei der Ausführung seiner Straftaten wenig Geschick und Raffinement. Anstatt auf Eleganz und Findigkeit zu vertrauen, neigt er eher zu roher Gewalt oder sogar zum Waffengebrauch. Für den professionellen Verbrecher ist dagegen die Anwendung roher Gewalt oder einer Waffe eine unverzeihliche Dummheit und ein Zeichen mangelnder Geschicklichkeit.

Kriterien krimineller Karrieren

Von einer kriminellen Karriere kann noch nicht gesprochen werden, wenn jemand lediglich mehrmals straffällig geworden ist. Krankhaft veranlagte Sittlichkeitsverbrecher haben zum Beispiel keine kriminelle Laufbahn in diesem Sinne, ebensowenig wie die Trunksüchtigen, selbst wenn sie mehrfach inhaftiert und in ein Arbeitshaus eingewiesen wurden. Dasselbe gilt für Rauschgiftsüchtige, hier allerdings unter der Voraussetzung, daß sie nicht mit Rauschgift handeln oder sich auf eine besondere Diebstahlsart spezialisiert haben, um ihre Sucht befriedigen zu können. Die Täter der letzten beiden Gruppen geben sich eher einem persönlichen Laster hin als daß sie einer kriminellen Karriere folgen. Es scheint deshalb zweckmäßig, den Begriff der Verbrecherkarriere auf die Fälle der Bereicherungskriminalität zu beschränken. Die anderen Arten der Kriminalität, insbesondere die Straftaten gegen die Person, mögen häufig von Gewohnheitsverbrechern begangen werden, aber nicht von Karriereverbrechern.

Eine zweite Einschränkung erfährt der Begriff der Verbrecherkarriere dadurch, daß die ausgeübte kriminelle Tätigkeit einen bestimmten Platz im Lebensplan der Kriminellen haben muß. Es scheint so, daß in der gewöhnlichen Verbrecherkarriere — es gilt aber auch für die professionelle Karriere und die organisierte Kriminalität — die kriminelle Tätigkeit hauptberuflich ausgeübt wird. Die Karriere ist Erfüllung, Leistung, Lebensstil und Milieu. Eine Person, die sich einer kriminellen Karriere verschrieben hat, bezieht ihren Lebensunterhalt in der Hauptsache aus den „Einnahmen" krimineller Unternehmungen.

Eine dritte Eigenart der Karriereverbrecher ist die Aneignung und Vervollkommnung der für die Ausführung der Straftaten benötigten Geschicklichkeit und Techniken. Manchmal wird ein beachtliches Niveau erreicht. Karriereverbrecher neigen dazu, Verbindung untereinander aufrecht zu halten und Einstellungen zu entwickeln, die für den Fortbestand der Kriminalität förderlich sind. Die moralische Seite ihres Verhaltens erscheint ihnen unwichtig. Sowohl bei den gewöhnlichen wie auch bei den professionellen Karriereverbrechern lassen sich Anzeichen für das Vorwärtskommen in der Laufbahn beobachten. Der einzelne fängt bescheiden und mit einfachen Mitteln an und entwickelt schließlich ein großes Format im Ausmaß seiner Tätigkeit und seiner Geschicklichkeit. Selbst bei den Berufsverbrechern der gewöhnlichen Laufbahn findet man mitunter ein beträchtliches Maß an Spezialisierung. Ein Karriereverbrecher, der sich auf Einbruch spezialisiert hat, wird kaum einen Raubüberfall begehen. Das schließt jedoch Ausnahmen nicht aus.

Kriminelle Karrieren — gleich, ob es sich um den gewöhnlichen oder um den professionellen Typ handelt — beruhen nicht auf krankhaften Geisteszuständen wie Zwangshandlungen oder außergewöhnlicher Unreife. Ich erinnere mich gut an einen Fall, wo ein Mann beinahe sein ganzes

Leben in Gefängnissen oder Strafanstalten zubrachte und nur wenige Jahre in Freiheit lebte. Er war das Opfer eines Gehirnschadens, der durch die Schlafkrankheit verursacht worden war. Von früher Kindheit bis ins Alter wurde er von pathologischen Vorstellungen getrieben. Man kann in diesem Fall von keiner Verbrecherlaufbahn sprechen. Es handelt sich vielmehr um ein sehr ernstes Verhaltensproblem.

Ohne Zweifel gibt es eine erhebliche Anzahl von Rückfälligen und von Gewohnheitsverbrechern, die von starken, krankhaften Vorstellungen wiederholt zu Verbrechen getrieben wurden. Meiner Meinung nach sollten Gewohnheitsverbrecher, ohne Rücksicht darauf, ob sie Gewalt- oder Bereicherungsdelikte begehen, nicht mit Karriereverbrechern verwechselt werden. Denn Verbrecherkarrieren sind in jedem Fall das Ergebnis eines sozialen Prozesses und entspringen sozialen Erfahrungen.

Die Anziehungskraft der Stadt

Im allgemeinen scheinen die Städte, im Gegensatz zu den ländlichen Gegenden, diejenigen Umstände, Bedingungen und Gelegenheiten zu bieten, die den Fortbestand krimineller Praktiken fördern und die die Anspruchsvolleren unter denen anziehen, die an einer Verbrecherlaufbahn interessiert sind. Genauso wie es den auf eine Karriere bedachten Schauspieler von der kleinen Provinzbühne zur berühmten Großstadtbühne zieht, so strebt der Berufsverbrecher danach, auf die Bühne mit den größten Möglichkeiten zu gelangen. So fand zum Beispiel die New Yorker Kommission, daß berufliche oder organisierte Kriminalität in zwei sorgfältig untersuchten ländlichen Bezirken des Staates New York nicht existierte. Man kam übereinstimmend zu dem Schluß, daß dort wahrscheinlich niemand seinen Lebensunterhalt mit kriminellen Mitteln erwirbt[1]. Clinard fand, daß unter der Landbevölkerung keine kriminellen Karrieren vorkommen. Seine Untersuchungen zeigen, daß die ländlichen Straffälligen sich selbst nicht als Kriminelle betrachten und auch ihre Straftaten nicht als kriminell ansehen. Die ländlichen Straffälligen zeigen weder einen Beginn des kriminellen Verhaltens in früherer Kindheit noch nimmt mit fortschreitendem Alter Geschicklichkeit und Raffinement ihrer kriminellen Techniken zu. Sie betrachten das Verbrechen auch nicht als eine Möglichkeit zum Erwerb des Lebensunterhalts[2]. Dagegen bietet die Stadt nicht nur viel mehr Möglichkeiten, dem Verbrechen nachzugehen,

[1] The Crime Commission of New York State, *A Study of Delinquency in Two Rural Counties by the Sub-Commission on Causes and Effects of Crime*, prepared by Harry M. Shulman (Albany, N. Y., 1927), p. 46.

[2] Marshal B. Clinard, „Rural Criminal Offenders“, *American Journal of Sociology*, Vol. 50, No. 1 (1944), pp. 38—45.

sondern sie hat auch bestimmte Schwächen gegenüber der Justizpflege und der Verbrechensbekämpfung, was zur Ausführung von Straftaten wahrscheinlich anreizt. Wie auch andere große Städte der Welt ist die amerikanische Großstadt die ideale Heimat der Unterwelt und der kriminellen Traditionen, ein Zentrum der Treffpunkte, Stammplätze und Hauptquartiere der Karriereverbrecher. Die Tarnung durch die Anonymität der Großstadt trägt zum Fortbestand der Treffpunkte und Stammplätze der Kriminellen bei.

Die Strafanstalt als Verbrecherschule

Neben der Großstadt gibt es auch noch ein anderes wichtiges Zentrum für die Entwicklung der nicht professionellen, gewöhnlichen Verbrecherkarrieren. Gemeint sind die vielen verschiedenen Straf- und Erziehungsanstalten wie Gefängnisse, Zuchthäuser, Arbeitslager und Besserungsanstalten. Der schädliche Einfluß, den diese Ansammlungen von Kriminellen auf manchen Gefangenen ausüben, ist bekannt. Während manche Insassen durch ihren Aufenthalt zu günstigen Einsichten gelangen, entwickeln andere gerade auf Grund ihrer Erfahrungen in der Anstalt antisoziale Einstellungen. Einige knüpfen Freundschaften und Verbindungen an, die sie nach der Entlassung aufrechterhalten. Bis zu einem gewissen Grade ist es darum wahr, daß Straf- und Besserungsanstalten unvermeidlich zu Verbrecherschulen werden und so die Entwicklung mancher Verbrecherkarrieren unterstützen. Bessere und angemessenere Behandlungsmethoden können den ungünstigen Einfluß der Anstalt herabsetzen, und wahrscheinlich haben solche Methoden auch schon Erfolg. Es bedarf aber eines angemessenen Programms, das die individuelle Behandlung sicherstellt und das eine sinnvolle Beschäftigung während des ganzen Tages bei nützlicher Arbeit, Erziehung und Erholung garantiert, damit der ungünstige Einfluß in den Anstalten auf ein Minimum herabgesetzt werden kann.

Ursachen für die Beibehaltung der kriminellen Lebensführung

Eine Person mit delinquenter und krimineller Vergangenheit kann schon allein durch die Auswirkung sozialer Voreingenommenheit dazu gezwungen werden, ihre delinquente und kriminelle Lebensführung fortzusetzen. Außerdem bewirken die in den Erfahrungen eines delinquenten und kriminellen Lebens gewonnenen Lebensansichten und Wertvorstellungen eine Abschließung gegenüber den Fähigkeiten, die für eine gesetzestreue Existenz erforderlich sind. Nicht zuletzt läßt auch die Aussicht, durch Straftaten leicht zu Geld, Vergnügen, Luxus und Anerkennung kommen zu können, häufig den einzelnen in der Kriminalität verharren. Im Gegensatz zu solch großzügigen Aussichten erscheint ihnen der gesetzestreue Bürger lediglich mit harter Arbeit, Verantwortung, Mäßigkeit, Eintönigkeit und einer Belohnung im Himmel bedacht.

Die einer Verbrecherkarriere verschriebenen Kriminellen sind häufig überzeugt, daß ihre Art, sich Vorteile zu verschaffen, sich nicht wesentlich von der der Geschäftsleute und Politiker unterscheidet. Sie glauben, daß man in einer korrupten Gesellschaft nur dann vorwärtskommt, wenn man seine Skrupel beiseite legt und auf seine Geschicklichkeit vertraut. Darum empfindet der Karriereverbrecher nur sehr selten Gewissensbisse wegen seiner Straftaten.

Die Entscheidung, ein kriminelles Leben zu führen, bedeutet einen grundsätzlichen Bruch mit der achtbaren Gesellschaft. Der Kriminelle wird trotz einiger Fortschritte in den letzten Jahren noch immer wie ein sozial Aussätziger behandelt. Kriminelle stoßen bei der Vermittlung und Erhaltung ihrer Arbeitsstellen sowie überhaupt bei ihren Versuchen, am normalen sozialen Leben teilzunehmen, auf große Schwierigkeiten.

Eins der größten Hindernisse des Resozialisierungsprozesses ist der Einfluß ehemaliger Genossen und Komplicen. Es ist nicht leicht, sich dem von ihnen ausgehenden sozialen Druck, in der kriminellen Lebensführung fortzufahren, zu entziehen.

Wegen der strengen Disziplin und der starken autoritären Behandlung, die die Kriminellen bei ihren Kontakten mit den Institutionen der Strafverfolgung erfahren, entwickeln sie leicht eine antisoziale Einstellung gegen die Gesellschaft überhaupt und besonders gegen die Behörden. Wenn sich dieser Groll verstärkt, führt er leicht als Rache an der Gesellschaft zu weiteren Aggressionen. Die Erfahrungen mit der Polizei, mit dem Gericht, mit dem Gefängnis oder dem Zuchthaus verursachen häufig große Verbitterung und lassen eher Rachewünsche entstehen als die Bereitschaft, das Leben neu zu gestalten.

Es ist wesentlich leichter, die Umstände zu beschreiben, die den Kriminellen veranlassen, in seiner Laufbahn zu verbleiben, als zu erkennen, aus welchen Gründen eine kriminelle Karriere aufgegeben wird. Viele meinen, daß der Kriminelle der gewöhnlichen Karriere sich von der Kriminalität abwendet, weil es sich nicht lohnt. Dieser Deutung steht aber entgegen, daß es sich weder für die Mehrzahl derjenigen, die Verbrecherkarrieren nachgehen, lohnt, Straftaten zu begehen, noch für Ersttäter und Rückfallverbrecher. Es lohnt sich wahrscheinlich nur für den Kriminellen der professionellen Karriere und sogar bei ihm ist dies noch fraglich. Es ist also ziemlich unbegründet anzunehmen, daß eine kriminelle Karriere aufgegeben würde, nur weil der Karriereverbrecher eine mehr oder weniger bestimmte Vorstellung von der Unrentabilität der Straftaten hat; gleichwohl kann in einigen wenigen Fällen eine Entscheidung, die kriminelle Lebensführung aufzugeben, auf derartige Vorstellungen zurückgeführt werden.

Manche glauben, der Kriminelle könne sich mit Hilfe der Besserungsanstalten oder der Strafaussetzung zur Bewährung wieder den Erwartungen der Gesellschaft anpassen. Ohne Zweifel ist durch die Bemühungen der Bewährungshilfe und der Besserungsanstalten manchem Kriminellen geholfen worden; aber diese Möglichkeiten müssen gut entwickelt und ausgebaut werden, damit wirksame Hilfe bei der Neuorientierung einer Persönlichkeit geleistet werden kann. Bei dem augenblicklichen Stand unserer Besserungsanstalten und der Bewährungshilfe geht man besser davon aus, daß ein Krimineller der gewöhnlichen Karriere trotz der Behandlung durch die Resozialisierungsinstitutionen eine angepaßte Lebensführung aufnimmt und nicht ihretwegen.

Es ist sehr rätselhaft, warum sich Straffällige, vor oder nach Beginn der Verbrecherkarriere, vom Verbrechen abwenden und sich der Gesellschaft anpassen. In der Kriminologie ist nicht viel über diesen Prozeß der Umwandlung bekannt. Wenn man mit einiger Bestimmtheit feststellen könnte, daß in den Straffälligen während einer bestimmten Phase ihrer Laufbahn Kräfte wirksam werden, die wie Antikörper gegen die Kriminalität wirken, dann wäre das Problem sehr vereinfacht. Es besteht aber nicht einmal Sicherheit darüber, ob die Aufgabe einer Verbrecherkarriere erfolgt, weil ein bestimmter Resozialisierungsprozeß eingesetzt hat. Aus vielen Akten der Strafverfolgungsbehörden läßt sich ersehen, daß in Fällen von Prostitution, Spielsucht, Rauschgiftsucht und Alkoholismus eine Phase der Besserung eintrat, sobald der Kriminelle ernsthafte Versuche unternahm, sich mit oder ohne Hilfe interessierter Dienststellen oder einzelner Personen einem normalen sozialen Leben zuzuwenden. Eines der Elemente aller Resozialisierungsbemühungen ist der Wunsch und Wille des Kriminellen, sein Leben neu zu gestalten. Ein Anzeichen dieses Willens kann man im Verlangen nach Hilfe und in der Mitarbeit im Resozialisierungsprozeß erkennen. Ohne Zweifel sind die Neigung, auf Hilfsangebote einzugehen, und die Bereitschaft, zu einer ruhigen und geordneten Lebensführung zu kommen, wichtige Faktoren, die nicht nur den gesamten Resozialisierungsprozeß tragen, sondern auch Wunsch und Antrieb wachhalten, das Leben neu zu gestalten und sich dabei helfen zu lassen.

Die professionelle Verbrecherkarriere

Die obere kriminelle Karriere kann mit Recht als professionell bezeichnet werden. Auch sie ist, wie die kriminellen Karrieren überhaupt, auf die Bereicherungskriminalität gerichtet. Sie zeichnet sich jedoch darüber hinaus durch hohe Eleganz und große Geschicklichkeit bei den kriminellen Unternehmungen aus. Damit behauptet sie in der Skala der kriminellen Karrieren ihren Platz unter den obersten Klassen. Man ist geneigt zu sagen, daß sie überhaupt die klassische Kriminalität ist. Sie ist nicht nur klassisch in der überlegenen Ausführung und Technik der Straftaten, sondern auch von den Personen her gesehen, die sich ihr verschrieben haben, und deren „Berufsauffassung". Die professionellen Kriminellen kennen ihre eigene Kunstfertigkeit und als Kontrast hierzu die Pfuscherei der Dilettanten. Sie erkennen sich auch untereinander. Sie verachten die Kriminellen der gewöhnlichen Karriere als Dilettanten und vermeiden es, sich mit ihnen gleichzusetzen und mit ihnen zu verkehren.

Die Eigenschaften, die eine kriminelle Karriere zu einer professionellen machen, sind nicht leicht festzustellen, weil ein ausgeprägtes Klassenbewußtsein unter den Professionellen existiert. Ohne Zweifel ist der Grad der Geschicklichkeit und der Kunstfertigkeit in der kriminellen Technik und die soziale Aufnahme in den „Beruf" von ausschlaggebender Bedeutung. Wahrscheinlich ist es gerechtfertigt zu sagen, daß der professionelle Verbrecher größere „Geschäfte" unternimmt als der gewöhnliche Karriereverbrecher. Mit Sicherheit darf aber angenommen werden, daß die Überlegenheit der professionellen Verbrecherkarriere der gewöhnlichen gegenüber in der Fähigkeit liegt, die Inhaftierung zu vermeiden, sich dem Zugriff des Gesetzes zu entziehen und sich aus Gefängnissen und Zuchthäusern herauszuhalten.

Ein weiterer wichtiger Unterschied zwischen dem gewöhnlichen und dem professionellen Verbrecher liegt in dem Personenkreis, aus dem der Nachwuchs stammt. Der professionelle Verbrecher scheint aus legitimen Berufen zu stammen, in manchen Fällen aus Berufen mit verwandter Tätigkeit. Der Ätzer oder Drucker wird Geldfälscher, der gelernte Schlosser oder Werkmeister einer Schlosserei spezialisiert sich auf Bankeinbrüche, der Angestellte eines Börsenmaklers handelt mit „heißen" Wertpapieren. Wichtig ist, daß der professionelle Karriereverbrecher gewöhnlich nicht von „unten" anfängt, das heißt, nicht aus den Kreisen stammt, in denen bereits das Kind oder der Jugendliche durch Kriminalität oder Verwahrlosung auffielen. Seine Laufbahn entwickelt sich nicht fortschreitend von kleineren Delikten zu immer größeren Verbrechen.

Ein klassischer Fall professioneller Karrierekriminalität

Der Scheckfälscher Thiel ist ein grauhaariger, würdevoll aussehender Herr. Er hat eine überraschende Ähnlichkeit mit dem berühmten verstorbenen Schauspieler John Barrymore. Er war ein ehrlicher, vertrauenswürdiger Mann bis ins mittlere Alter hinein. In seinen frühen dreißiger Jahren tauchte er plötzlich in Manhattens Finanzviertel auf. Er war gut angezogen und trug einen Spazierstock. Nachdem er sich mit den Gepflogenheiten der Bankgeschäfte gründlich vertraut gemacht hatte, fälschte er einen Scheck über 8000 Dollar. Nach einiger Zeit erkannte die Bank die Fälschung, aber Alexander Thiel war mit dem Geld verschwunden. Innerhalb von 12 Jahren betrog Thiel in dieser Weise die Banken von Manhattan um 200000 Dollar. Verzweifelte Detektive, die ihn nicht fassen und nicht einmal seine Personalien feststellen konnten, nannten ihn Mr. X.

Er betrat die Bank mit unantastbarer Autorität. Er konnte Unterschriften, die er nur einmal gesehen hatte, mit der rechten wie mit der linken Hand meisterhaft fälschen, und zwar geradewegs vor den Augen der Bankangestellten. Jede New Yorker Bank war über seine Methoden informiert und hatte seine Beschreibung, aber wenn er dann wirklich auftrat, verdächtigte man ihn nicht. Als ein reicher, gelehrter Herr, mit einer Schwäche für Pferdewetten, lebte er manchmal in einem unauffälligen Hotel in Chicago. Er gab sich dort als Major Arthur Maclay aus.

Als Major Maclay war Scheckfälscher Thiel ein Kenner guter Weine und Delikatessen. Er vertiefte sich in Werke über moderne Technik, Medizin und Kunst. Er kaufte sich die teuersten Anzüge, die teuersten Hemden und die elegantesten Krawatten. Sehr oft verbrachte er den Winter im sonnigen Florida.

Genau wie Sherlock Holmes nahm er Rauschgift, um seine Sinne und seine Intelligenz scharf zu erhalten, wenn eine längere Zeit der Langeweile bevorstand. Jedoch unterzog er sich regelmäßig einer Kur, damit das Morphium keine schädliche Wirkung auf seine Unternehmungen habe. Trotzdem war es das Rauschgift, daß ihn schließlich zu Fall brachte. Um seinen Vorrat an Rauschgift zu erhalten (es war Krieg und Drogen waren nur schwer zu erhalten), fälschte er die Unterschrift eines Arztes in Chicago. Das war sein Fehler. Er wurde verhaftet, immer noch als Major Maclay, und zum Federal Narcotics Hospital (Bundeskrankenhaus für Rauschgiftsüchtige) in Lexington, Kentucky, gebracht. Viele Monate lang hatte niemand den Verdacht, daß er der berühmte Mr. X., der Scheckfälscher, sei. Endlich, nach äußerst sorgfältiger Nachforschung, entdeckte ihn das F. B. I.[3].

---

[3] *Time* (Magazine), April 9, 1945, p. 22.

Die Lebensauffassung des professionellen Karriereverbrechers

In der Lebensauffassung der professionellen Kriminellen, wie sie gewöhnlich aus ihren Autobiographien zu ersehen ist, herrscht die Ansicht vor, alle Menschen seien unehrlich, und kriminelle Unternehmungen stellten lediglich eine besondere Art des Geldverdienens dar. Ein Unterschied zwischen einem Betrüger oder einem Taschendieb und einem schlauen Geschäftsmann sei kaum wahrnehmbar, weil auch der letztere zu Fälschungen und zum Betrug neige..

Seine rechtswidrig erlangten Vorteile und Straftaten bereiten dem professionellen Verbrecher keine Gewissensbisse, weil er es versteht, sein Verhalten durch ideologische Begründungen oder durch Gründe aus seinem im Laufe seiner Karriere erworbenen sozialen Wertsystem zu rechtfertigen. Das Fehlen der Gewissensregungen beruht nicht auf psychogenen oder psychopathischen Störungen. Die Ursache kann eher als soziopathisch oder soziogen bezeichnet werden. Der professionelle Fälscher, Roger Benton, berichtet über eine persönliche Aussprache, die er vor dem Krieg mit dem Sozialistenführer Eugene Debs in einem Gefängnis in Atlanta hatte, als beide dort vor einigen Jahren eingesperrt waren. Debs fragte Benton, ob ihn denn nicht sein Gewissen drücke, daß er so viele Banken beraubt habe. Benton erwiderte, daß er keinerlei Gewissensbisse habe, da er nicht einsehen könne, daß er irgend jemand geschädigt habe. Der Sozialistenführer soll darauf gesagt haben, daß er das sehr wohl verstehe, da er (Benton) doch sowieso nur größere Diebe und Räuber bestohlen habe[4].

Der professionelle Dieb, wie die professionellen Karriereverbrecher überhaupt, betrachtet die Gesellschaft weder als Feind noch verharrt er in seiner Laufbahn aus einer antisozialen oder behördenfeindlichen Einstellung. Er hat ein ehrliches Interesse daran, daß die Gesellschaft gedeiht und reich wird, denn dann geht es auch seinem Geschäft gut. Zwischen professionellem Dieb und Gesellschaft besteht auch kein wirklicher Kriegszustand. Er will lediglich von und durch die Gesellschaft profitieren. Allerdings führt er diese Absicht in einer Weise aus, die die moralische Ordnung der Gesellschaft nicht tolerieren kann[5].

Der gewaltlose Diebstahl als Beispiel professioneller Kriminalität

Wahrscheinlich ist die professionelle Kriminalität ebenso verbreitet wie die Bereicherungskriminalität überhaupt. Die Merkmale der pro-

[4] Charles Hamilton, editor, *Men of the Underworld: The Professional Criminals' Own Story* (New York, The Macmillan Co., 1952), pp. 155—156.

[5] Chic Conwell, *The Professional Thief*, annotated and interpreted by Edwin E. Sutherland (Chicago, University of Chicago Press, 1937), p. 172.

fessionellen Kriminalität werden in den Vereinigten Staaten weniger durch die Legaldefinitionen bestimmt als durch das Raffinement der Unternehmungen und durch die ausführenden Personen. Selbst schwere Straftaten wie Raub, Einbruch und Geldschrankknacken können durch Geschicklichkeit und Überlegenheit der Ausführung zu professioneller Kriminalität werden.

Den Autobiographien der professionellen Kriminellen läßt sich entnehmen, daß die professionelle Kriminalität zu gewaltlosen Formen der kriminellen Betätigung neigt. Obwohl der professionelle Räuber, Einbrecher und Geldschrankknacker häufig Waffen oder Gewalt zur Überwindung eines Widerstandes und zur Sicherung seines Rückzuges anwenden muß, plant er, ohne Gewaltanwendung durch Geschicklichkeit und Geschmeidigkeit zum Ziele zu kommen. Durch unbeabsichtigten Waffengebrauch eine Person zu verletzen oder zu töten, ist gerade das, was er zu vermeiden sucht. Taschendiebe, Juwelendiebe, Hochstapler und Scheckfälscher haben bei ihren Unternehmungen gegenüber dem Gewaltverbrecher den Vorteil, nicht zum Waffengebrauch oder zur Anwendung roher Gewalt gezwungen zu sein. Der Taschendieb und seine Komplicen überfallen ihr Opfer nicht. Sie zwingen es nicht durch Waffen oder andere Gewalt, Geld herauszugeben. In einem Augenblick der Unachtsamkeit entfernt der Taschendieb mit Geschick und Schnelligkeit aus der Westentasche seines Opfers die Uhr oder die Brieftasche, ohne die geringste Gewalt anzuwenden, ja, ohne daß das Opfer irgend etwas davon wahrnimmt. Man kann mit Recht sagen, daß die gewaltlose Form des Stehlens in seiner überlegenen und geschickten Ausführung die „reinste" Form der professionellen Kriminalität ist.

Von Chic Conwell, einem professionellen Dieb, sind uns einige sehr aufschlußreiche Beobachtungen über den professionellen Diebstahl und den Werdegang eines professionellen Diebes mitgeteilt worden. Nach seiner Darstellung betreibt der professionelle Dieb den Diebstahl wie ein Geschäft: Bei der Planung seiner Unternehmungen berücksichtigt er mit großer Sorgfalt die Eignung der Örtlichkeit, die Sicherheit seines Rückzuges, den Absatz der gestohlenen Ware und, wenn nötig, auch eine Bestechung. Er geht seiner kriminellen Tätigkeit mit größtem Geschick nach. Meistens bleibt er nicht am gleichen Ort, sondern zieht im Verlaufe seiner Unternehmungen von Ort zu Ort, wenn er auch in einer Stadt sein Hauptquartier haben mag.

Conwell berichtet, daß unter den berufsmäßigen Dieben viele Beziehungen bestehen. Sie sympathisieren miteinander, sie haben Vereinbarungen sich gegenseitig in wirtschaftlichen Notlagen zu helfen, sie haben ihre bestimmten Regeln und Verhaltensnormen und sprechen eine eigene Sprache. Dilettantische Diebe interessieren sie nicht. Ebensowenig haben sie Sympathien für den Sexual- und den Affektverbrecher[6].

Nur derjenige wird von ihnen als professioneller Dieb anerkannt, der Geschick und Erfolg bewiesen hat. Wenn jemand Mangel an Befähigung an den Tag legt, wird er von seinen Komplicen sofort ausgeschlossen. Untüchtigkeit bei der Ausführung eines Diebstahls bedeutet keinen oder nur geringen Erfolg und führt sehr oft auch zu einer Verletzung der oben erwähnten Regeln der professionellen Diebe[7].

In der Gruppe der professionellen Diebe bestehen keine bestimmten Regeln für die Rekrutierung. Aber niemand kann ein professioneller Dieb werden, ohne vorher bei einem professionellen Dieb in die Lehre gegangen zu sein. Unser Gewährsmann berichtet, daß die Laufbahn der berufsmäßigen Diebe in einem einwandfreien Arbeitsverhältnis, etwa als Verkäufer, Hotelangestellter oder Kellner beginnt. Sie stammen nicht aus der Reihe der Gelegenheitsdiebe oder aus den Slums der Großstädte, weil die Personen dieser Gruppen nicht die Fähigkeit und gesellschaftliche Fassade besitzen, die für eine erfolgreiche Ausführung des Diebstahls auf professioneller Ebene unbedingt erforderlich ist. Wer in die professionelle Diebeslaufbahn eintritt, wird nicht über Nacht ein professioneller Dieb. Er löst zuerst seine Verbindungen zu seinem legitimen Arbeitsverhältnis und beginnt, sich dort herumzutreiben, wo sich professionelle Diebe aufhalten. Vielleicht wird er von einem professionellen Dieb durch eine großzügige Geste aufgefordert, an einer bestimmten Unternehmung teilzunehmen. Wenn der Neuling seine Arbeit gut macht, wird er unter Umständen wiederholt zu weiteren und wichtigeren Unternehmungen hinzugezogen und erhält auf diese Weise nach und nach die Ausbildung in seinem neuen Beruf[8].

Eines der wichtigsten Merkmale in der Laufbahn eines professionellen Kriminellen ist die Fähigkeit, nicht erwischt zu werden und sich so den Gefängnissen fernzuhalten. Unser Gewährsmann erwähnt Fälle, in denen Berufsdiebe viele Jahre lang gegenüber Verhaftung und Verurteilung immun bleiben. Die Gewandtheit in der Tatausführung hilft diese Erscheinung zu verstehen, obgleich der professionelle Dieb, wie wahrscheinlich jeder professionelle Verbrecher, darauf gefaßt ist, seinen Fall „in Ordnung zu bringen", wenn er einmal gefaßt werden sollte. Das bedeutet, daß er versuchen wird, Polizeibeamte zu bestechen. Das bedeutet auch, daß er gewöhnlich weiß, welcher Polizeibeamte käuflich ist. Manchmal

---

[6] *Ibid.*, pp. 3—4.
[7] *Ibid.*, p. 15.
[8] *Ibid.*, pp. 21—23.

hat er auch einflußreiche Freunde, die die Bestechung für ihn in die Wege leiten. In einigen Fällen hat er politische Verbindungen, die er dann für seine Freilassung spielen lassen kann[9].

Unter Berücksichtigung der Darstellung Conwells, ergänzt durch Material aus den bekanntesten der anderen Autobiographien professioneller Verbrecher und durch beschreibende Untersuchungen der professionellen Seite der Kriminalität lassen sich nach Sutherland die charakteristischen Züge der professionellen Diebstahlskriminalität schlagwortartig mit den fünf folgenden Merkmalen erfassen: Geschicklichkeit, Status, Übereinstimmung in der Lebensanschauung, differentielle Assoziation und zwanglose Organisation. Der professionelle Diebstahl umfaßt nach dieser Ansicht einen Komplex von Geschicklichkeiten und Techniken, die in der Assoziation mit professionellen Dieben entwickelt und erlernt werden. Die professionellen Diebe haben unter den Kriminellen einen anerkannten Stand (status), der auf ihren umfassenden Kenntnissen, ihrer Geschicklichkeit, der Wichtigkeit ihrer Verbindungen, ihrem Einfluß und ihrem Auftreten beruht. Sie besitzen eine Gesamtheit gemeinsamer Einstellungen und Gefühle sowie Verhaltensmuster einschließlich eines Ehrenkodex, Standesbewußtsein und „esprit de corps". Eine gewisse Distanzierung von den gewöhnlichen Leuten wird unterhalten, da die persönlichen Beziehungen durch Schranken begrenzt sind, die vornehmlich von den professionellen Dieben selbst errichtet und unterhalten werden. Der wichtigste Punkt ist der, daß nur derjenige ein professioneller Dieb ist, der von der Organisation der Berufsdiebe aufgenommen worden ist und von ihren Angehörigen als Berufsdieb anerkannt wird. Auf der anderen Seite ist der professionelle Dieb jedoch nicht vollständig von der achtbaren Gesellschaft isoliert. Er hat einflußreiche Freunde in der achtbaren Gesellschaft und unterhält nützliche Verbindungen zu einflußreichen Persönlichkeiten des öffentlichen Lebens, insbesondere zur Polizei, zur Politik und zum Gericht. Er bedient sich auch der öffentlichen kulturellen Einrichtungen wie des Radios, der Zeitung, des Filmtheaters und des Sports genau so wie der gesetzestreue Bürger. Als letztes charakteristisches Merkmal bleibt zu erwähnen, daß der Berufsdieb einer losen Organisation auf der Grundlage gegenseitiger Hilfeleistung angehört, die insbesondere die Informationen liefert, in gefährlichen Situationen die Zusammenarbeit sichert und Geldsammlungen für in Not geratene Mitglieder veranstaltet[10].

Obwohl der professionelle Diebstahl sich in seiner besonderen Eigenart von anderen Berufen unterscheidet, gibt es doch einige Züge, die man

[9] *Ibid.*, pp. 82—118.
[10] *Ibid.*, pp. 197—211.

auch in anderen Berufen wiederfindet. Als Beispiel mag der Komplex dienen, der aus dem Standesbewußtsein, der Geschicklichkeit, den Regeln und der gegenseitigen Hilfeleistung besteht. Sutherland meint, daß die Auswahl und das Anlernen die notwendigen Elemente des Prozesses sind, der zur Anerkennung als professioneller Dieb führt. Er muß die erforderliche Ausbildung und die Anerkennung der berufsmäßigen Diebe besitzen, um in den Stand und die Gesellschaft der professionellen Diebe aufgenommen zu werden[11].

Das „confidence game" als Vollendung der professionellen Kriminalität

Man kann mit einigem Recht annehmen, daß das professionelle Verbrechertum seine Vollendung im „confidence game" findet, das heißt in der Tätigkeit des besonders qualifizierten Hochstaplers („confidence man"). Maurer hat ausführliche Untersuchungen über diese Art des professionellen Verbrechers angestellt und sie die Aristokraten oder die Elite der professionellen Verbrecher genannt[12].

Das „confidence game" gehört zu den gewaltlosen Formen der Kriminalität. Es enthält keine Elemente der Einschüchterung, des Terrors oder sonstiger Gewaltmittel. In der Gaunersprache der Professionellen wird die gewaltlose Straftat „grift" genannt; die Täter nennt man „grifters". Im Verbrecherjargon bedeutet „grift" eine kriminelle Betätigung, die stärker auf Geschicklichkeit und Pfiffigkeit als auf roher Gewalt beruht. Ein Verbrecher, der bei einem Raubüberfall mit vorgehaltener Pistole Geld fordert, wendet Gewalt an, der Taschendieb hingegen gebraucht Gewandtheit und Intelligenz. Der Einbrecher wendet Gewalt an, um sich Eintritt zu verschaffen. Der Betrüger stützt sich jedoch auf Intelligenz, Überredungskunst und Schlauheit.

Mit der Erscheinung, daß der „confidence man" der Aristokrat der Verbrecherwelt ist, trifft zusammen, daß er dort auch das größte Prestige besitzt. Er ist derjenige, zu dem aufgesehen wird. Er dient als Vorbild für die anderen. Er wird beneidet und bewundert. Der „confidence man" sieht seinerseits auf die Angehörigen der unteren Karrieren herab, die mit roher Gewalt vorgehen[13].

Einen „confidence man" kann man nicht mit den Dieben auf eine Stufe stellen. Die Geschädigten vertrauen ihnen ihr Geld an in der Vorstellung, ein großes Geschäft zu machen. Der Geschädigte weiß natürlich,

---

11 *Ibid.*, pp. 211—213.

12 David W. Maurer, *The Big Con: The Story of the Confidence Man and the Confidence Game* (Indianapolis, Bobbs-Merril Company, Inc., 1940), pp. 15, 170.

13 *Ibid.*, p. 170.

daß der Gewinn mit illegalen Mitteln herbeigeführt werden soll und daß deshalb die Möglichkeit, Schadensersatzansprüche geltend zu machen, sehr gering ist. Wenn er endlich seinen Schaden festgestellt hat, findet er sich in der komischen Situation eines Gefoppten vor und muß sich obendrein eingestehen, daß er einen Vorteil mit Mitteln erlangen wollte, die er selbst als unehrlich verurteilt. Diese Situation ist für die Geltendmachung von Schadensersatzansprüchen sehr ungünstig und bringt für den „confidence man“ den Vorteil ziemlicher Sicherheit mit sich.

Der „confidence man“ ändert nur selten sein „grift“. Er bleibt seinem Beruf bis zu seinem Tode treu. Wenn er zu einer anderen Form der kriminellen Betätigung überwechseln würde, ginge er seines Ansehens in der Verbrecherwelt verlustig. Maurer glaubt, daß der „confidence man“ auch im hohen Alter noch seinem Beruf nachgeht. Er lebt immer in der Gegenwart und nimmt, was die Gegenwart bietet. Nur von wenigen ist bekannt geworden, daß sie als reiche Männer gestorben sind. Die meisten verschwenden ihr Vermögen, verfallen der Spielsucht, verlieren ihr Geld an andere Spieler oder durch schlechte Geldspekulationen. In dieser Zeit leben sie natürlich recht großzügig. Einige von ihnen fangen ein rechtmäßiges Gewerbe an und betreiben es mit derselben Geschicklichkeit und Pfiffigkeit[14]. Einige werden von dem Gesetz gefaßt, aber die meisten sterben unbestraft. Für die „confidence men“ gilt wie für die professionellen Kriminellen überhaupt, daß nur wenige verhaftet, sehr wenige vor Gericht gestellt, noch weniger für schuldig befunden und verurteilt werden, und daß nur die wenigsten einige Jahre im Gefängnis verbringen[15].

8. KAPITEL

Die organisierte Kriminalität

Von organisierter Kriminalität kann noch nicht gesprochen werden, wenn kriminelle oder delinquente Unternehmungen lediglich von mehreren gemeinschaftlich ausgeführt werden, wie es bei den Straftaten männlicher Täter im Bereich der Eigentumskriminalität häufig vorkommt. Verhalten dieser Art sollte eher unter dem Gesichtspunkt des Verhaltens zweier oder mehrerer Personen betrachtet werden, je nach Größe der Gruppe. Selbst wenn die gemeinschaftliche Begehungsweise nicht Ausdruck spontaner Gruppenaktivität ist, sondern Auswirkung geplanter gemeinsamer Bemühungen, ist damit noch nicht gesagt, daß es sich bei Straftaten dieser Art um organisierte Kriminalität handeln muß.

[14] *Ibid.*, p. 173.
[15] *Ibid.*, p. 15.

Die Geschäftsorganisation

Die organisierte Kriminalität ist nämlich weniger durch Verbrecherbündnisse, Teilhaberschaft an kriminellen Unternehmungen oder durch gemeinschaftliche Tatausführungen gekennzeichnet, sondern mehr durch eine ganz bestimmte Geschäftsorganisation. Am besten sind die Strukturen organisierter Kriminalität in den Syndikaten, Ringen und Vereinigungen der Verbrecherwelt zu erkennen. Eine organisierte Hierarchie, bestehend aus einem Mann an der Spitze, gefolgt von Untergebenen verschiedener Grade, scheint das Organisationsmodell eines kriminellen Verbandes zu sein.

Als organisierte Kriminalität werden vornehmlich gesetzeswidrige Tätigkeiten und Unternehmungen betrieben, die einträglich sind und außerdem den Fortbestand der Gruppe nicht übermäßig gefährden. Heute sind in den Vereinigten Staaten Hehlerei, Prostitution, Rauschgifthandel, Spiel und Wette sowie das „Racketeering" (unzulässige Machtausnützung in der Geschäftswelt) die Hauptbereiche der organisierten Kriminalität. In anderen Ländern wird es wahrscheinlich der Schmuggel sein.

In den Vereinigten Staaten waren die rechtswidrige Herstellung, Verteilung und der Verkauf von alkoholischen Getränken (besonders Spirituosen) in der Zeit der Prohibition (1919—1933) das einträglichste Geschäft unter den organisierten Verbrechen. Wo in einzelnen örtlichen Bereichen noch ein Alkoholverbot besteht, ist auch heute noch eine Tendenz wirksam, rechtwidrig Whisky oder andere verbotene Getränke zu verkaufen und zu verteilen und dieses Geschäft mit Hilfe einer kriminellen Organisation zu betreiben.

Erscheinungsformen der organisierten Kriminalität

Die älteste Form organisierter Kriminalität wird wohl die Hehlerei gewesen sein. Die kriminelle Hehlerei ist so alt wie der Diebstahl selbst; denn der Berufsdieb hat kein Interesse daran, die gestohlene Ware für sich zu behalten, wenn es sich nicht um Schmuck, Geld oder andere Artikel von Währungswert handelt. Der Hehler repräsentiert, gewöhnlich für die Augen der Öffentlichkeit nicht wahrnehmbar, eine durchorganisierte Unternehmung, die dem Absatz gestohlener Güter dient. In manchen Fällen sind auch in anerkannt legalen Geschäften Waren zweifelhaften Ursprungs angenommen und weiterverkauft worden. Der Weiterverkauf gestohlener Urkunden, Wertpapiere und wertvoller Juwelen geht nicht in dem Maße vor den Augen der Öffentlichkeit vor sich wie manches dunkle Geschäft der Altmetallhändler, Pfandleiher und Gebrauchtwarenhändler. Der Absatz gestohlener Papiere und Juwelen ist die höchste

Form organisierter Kriminalität und erfordert sehr einflußreiche Verbindungen.

Der Handel mit Rauschgift hat immer zugleich internationale und örtliche Aspekte. Verbindungen und Vereinigungen der Rauschgifthändler erstrecken sich über viele Teile der Welt. Sie bedienen sich des internationalen Handels- und Transportwesens, um ihre illegalen Sendungen zu verbergen. Das Rauschgift wird in irgendeinem Land der Welt mit legaler Ware zusammen getarnt verfrachtet, mit dieser Ware ausgeladen und dann erneut verfrachtet, bis es in anderen Ländern zum Verkauf angeboten werden kann. Nach den Berichten des Ausschusses der Genfer Konvention gegen den Handel mit Opium- und anderen Rauschgiften (League of Nations Advisory Committee on Traffic in Opium and other Dangerous Drugs) ist der Handel mit Rauschgiften sehr verbreitet und hat internationale Bedeutung[1].

Das Geschäft mit der gewerblichen Unzucht wird gewöhnlich auf Bordellniveau betrieben und umfaßt Leitung und Betrieb mehrerer Häuser. Im Zusammenhang hiermit stellt die Rekrutierung von Frauen und Mädchen für die Prostitution in Gestalt des Mädchenhandels eine weitere Erscheinungsform organisierter Kriminalität dar. Die Gerüchte, daß der Mädchenhandel in den Vereinigten Staaten ein blühendes Geschäft gewesen sei, beruhen nicht auf Tatsachen. Der Mädchenhandel blühte jedoch lange in Europa, Südamerika, im Nahen Osten, Nordafrika, Indien, China und Japan[2]. Mit guten Gründen darf man aber annehmen, daß er in den meisten Gebieten der Welt jetzt ausstirbt[3], wahrscheinlich, weil die Gleichstellung und die Gleichberechtigung der Frau immer mehr Fuß faßt und weil die Bemühungen um die Wohlfahrt der Frauen und Mädchen zunehmen. Am 2. Dezember 1949 nahm die Generalversammlung der *UNO* eine Konvention über die Bekämpfung des Mädchenhandels und der Rekrutierung von Frauen für die Prostitution an. Am 25. Juli 1951 wurde diese Konvention in Kraft gesetzt. Es ist von Interesse festzuhalten, daß in den Vereinigten Staaten in den Jahren 1948, 1949, 1950 und 1951 nur je 6, 4, 2 und 11 Fälle von unerlaubter Einführung fremder Personen zum Zwecke der Prostitution gemeldet wurden.

---

[1] *List of Illicit Transactions and Seizures Reported to the League of Nations Since November 6th, 1929* (Geneva, 1930).

[2] *Commission of Enquiry into Traffic in Women and Children in the East*, League of Nations, Report to the Council, Official No. C. 894. M. 393, 1932 (Geneva, 1933), Vol. 4, pp. 22, 26, 59, 60, 75, 93 and 96.

[3] United Nations, Economic and Social Council, *Traffic in Women and Children*, Summary of Annual Reports for the Period 1948—1950, prepared by the Secretariat (New York, 1952), pp. 21—23.

Die Rolle des verbotenen Glücksspiels

Obwohl das Glücksspiel meistenteils ein traditioneller Mittelpunkt der organisierten Kriminalität gewesen ist, hat es in den letzten Jahren überwältigende Ausmaße angenommen. Es spielt nunmehr für die organisierte Kriminalität die Rolle, die während der Zeit des Alkoholverbots der Alkoholschmuggel gespielt hat. Es ist die unerschöpfliche Goldgrube der organisierten Kriminellen und bietet eine gute finanzielle Grundlage für alle möglichen anderen kriminellen Unternehmungen[4].

Die älteste Art, sich am Glücksspiel geschäftlich zu beteiligen, ist die Unterhaltung eines Spielhauses, eines Spielsalons oder eines Spielkasinos, wo nahezu jede Art des Glücksspiels wie Roulette, Poker und Würfelspiel geschäftlich ausgenutzt werden kann. Geldautomaten haben zur Ausbreitung der Spielunternehmen beigetragen. Man findet sie nicht nur in den eigentlichen Spielhäusern, sondern auch in anderen Lokalen.

Das Spiel des kleinen Mannes, nämlich das tägliche Nummernspiel, hat riesige Ausmaße angenommen und ist ebenfalls in den Händen großer Verbrecherorganisationen. Wetten in der Höhe von einem Cent, zehn Cents, oder 25 Cents können darauf abgeschlossen werden, welche Ziffern die letzten der täglichen Börsenmitteilung der New Yorker Börse sind. Die Chancen sind 1000 zu eins, daß eine solche Kombination von drei Zahlen, wie z. B. 571 ($10 \times 10 \times 10$), zutreffend ist. Aber die Spielveranstalter zahlen nur Gewinne in Höhe von 500 zu 1 aus.

Das Wetten anläßlich der Pferderennen darf wohl als das einträglichste Geschäft der Verbrecherorganisationen angesehen werden. Wetten im Zusammenhang mit anderen Sportarten haben sich in den letzten Jahren ebenfalls verbreitet, besonders im Zusammenhang mit Baseball, Fußball, Hockey, Basketball.

Das Buchmachen ist in 47 Staaten der USA überhaupt verboten. In 26 Staaten ist dagegen der automatische Wettabschluß bei Pferderennen mit Hilfe der „parimutuel"-Maschine erlaubt. Obwohl die Öffentlichkeit in den Vereinigten Staaten schon jährlich Millionen von Dollar für die legalen Rennwetten ausgibt, gehen praktisch alle anderen Wetten, mit Ausnahme der Wetten und Spiele im kleinsten Kreis, durch die Hände der Buchmacher. Sie sind in den amerikanischen Großstädten die Inkassoagenten für die Öffentlichkeit, hinter denen sich die kriminellen Organi-

---

[4] *Third Interim Report of the Special Committee to Investigate Organized Crime in Interstate Commerce*, United States Senate, Report No. 307 (Washington, Government Printing Office, 1951), pp. 2—3, more familiarly known as the Kefauver Report, because Sen. Estes Kefauver, of Tennessee, was chairman of the committee.

sationen verbergen. Trotz der Rechtswidrigkeit des Wettens außerhalb der Pferderennen wächst das Geschäft der Buchmacher immer mehr. Als eine besondere Hilfe für sie hat sich die Fernmeldetechnik erwiesen. Man schätzt, daß in den Vereinigten Staaten ungefähr 20000 Buchmacher sich der Telegraphie bedienen und daß ungefähr 40000 ihrem Geschäft ohne Telegraphie nachgehen[5].

Racketeering

Von allen Erscheinungsformen der organisierten Kriminalität in den amerikanischen Städten ist wohl das „Racketeering" für die amerikanische Kriminalität besonders charakteristisch. Es ist nicht nur deshalb so charakteristisch, weil es sich in Amerika entwickelt hat, sondern weil die amerikanische Polizei, die Gerichte und die Öffentlichkeit kaum wissen, wie sie damit fertig werden sollen. Nach Hostetter ist ein „Racket" „jede systematische Anordnung, durch die menschliche Parasiten sich der Gesellschaft aufpfropfen, vom Fleiß und der Arbeit anderer leben und ihre Stellung durch Einschüchterung, Gewalt und Terror behaupten"[6].

Der grundlegende Faktor im Geschäft des Racketeers ist die Ausübung von Macht. Der Racketeer muß fähig sein, seine Zwangsmittel so anzusetzen, daß kein Entweichen möglich ist. Für diejenigen, die in die Zange der Zwangsmittel eines Racketeers geraten, gibt es keinen Ausweg, denn der Racketeer wendet skrupellos alle Mittel an, von der Einschüchterung bis zu roher Gewalt. Manchmal zeigt sich dieser Zwang in der Drohung eines bestochenen Gewerkschaftssekretärs, einen Streik auszurufen und damit das Geschäft lahmzulegen. Manchmal bedienen sich Gewerkschaftsfunktionäre wie führende Geschäftsmänner großer Konzerne der Hilfe amerikanischer Gangster, um die Konkurrenz mit Bombenanschlägen oder ähnlichen Gewaltakten zu bedenken. Tatsächlich ist jeder Geschäftsmann und Gewerkschaftsfunktionär, der einem anderen im Wege steht, Einschüchterungsversuchen, Drohungen und tätlichen Gewaltakten ausgesetzt.

Sobald der Racketeer sich einer Zwangslage bemächtigt hat, kann er Tribut und Geldabgaben fordern. Er kann auch Geschäftsabschlüsse und Preise für Dienstleistungen und Waren diktieren.

Im Bereich der Geschäftswelt und der Industrie entwickelt sich das Racketeering in der Hauptsache an den Stellen, die sich mit der Ver-

---

[5] Louis A. Lawrence, „Bookmaking", *The Annals of the American Academy of Political and Social Science*, Vol. 269 (1950), pp. 46—54.

[6] Gordon L. Hostetter and Thomas Quinn Beesley, *It's a Racket* (Chicago, Les Quinn Books, Inc., 1929), p. 4.

teilung von Dienstleistungen und Verbrauchsgütern befassen. Der Racketeer hat herausgefunden, daß der schwache Punkt der nach den Grundsätzen des freien Wettbewerbs ausgerichteten amerikanischen Wirtschaft die Verteilung der Dienstleistungen und Verbrauchsgüter in den großen Städten ist; denn in diesen Bereichen ist der Wettbewerb am schärfsten und der Bedarf am dringendsten. Brot *muß* dem Verbraucher zugeführt werden. Zeitungen *müssen* ausgetragen werden. Fisch und Geflügel *muß* auf dem schnellsten Weg auf den Markt kommen. Mit anderen Worten: der Racketeer hat die verwundbarsten Stellen des freien Wirtschaftssystems herausgefunden und daraus, daß im Bereich der Wirtschaft wirksame Gesetze und eine durchgreifende Justizpflege fehlen, seinen Vorteil gezogen.

Organisierte Kriminalität in den Gewerkschaften

Der Untersuchungsausschuß des amerikanischen Senats zur Bekämpfung unzulässiger Umtriebe auf dem Gebiet der Arbeitslenkung, der als das McClellan Committee bekannt wurde, hatte ergiebiges Material für den Nachweis gesammelt, daß die Leiter der International Teamsters Union ihre Machtstellung rechtswidrig mißbraucht hatten. Sie hatten Gewerkschaftsgelder veruntreut, sich mit korrupten Politikern verbunden und zur Erreichung ihrer Geschäftsziele Methoden des Racketeering verwendet. Es war aber keine Klärung der Frage zu erreichen, ob sich die Leiter der Teamster Union selbst der Technik organisierter Verbrecher bedienten oder ob organisierte Räuber und Gangster sich der Gewerkschaft bemächtigt hatten, um sie als Instrument einträglicher Unternehmungen gebrauchen zu können. Es scheint, daß wohl beides der Fall war. Es läßt sich nicht übersehen, daß die International Teamster Union eine strategisch wichtige Schlüsselstellung in der Verteilung der Gebrauchsgüter einnimmt und daß sie deshalb ein äußerst günstiger Ansatzpunkt für die Zwangsmittel des Racketeers ist[7]. Es war seit Jahren bekannt, daß Methoden des Racketeering in den Bauarbeitergewerkschaften der großen Städte und in anderen strategisch wichtigen Gewerkschaften, die in den Ablauf der Wirtschaftsvorgänge durch ihre Zwangsmittel eingreifen können, ihr Unwesen trieben. Im nächsten Abschnitt wollen wir als Beispiel hierfür die Methoden der Racketeers im New Yorker Frachthafen betrachten.

---

[7] Adapted from *Interim Report of the Select Committee on Improper in the Labor Management Field*, US Senate, pursuant to Senate Resolution 74 and 221, 85th Congress (Washington, Government Printing Office, Senate Report No. 1417, 1958), pp. 4—7.

Hafenkriminalität und Racketeering

Bis zu den sensationellen Enthüllungen des McClellan Committees war der New Yorker Hafen der Schauplatz des größten Racketeer-Unternehmens. Trotz verschiedener behördlicher Untersuchungen konnte dieses Unwesen noch nicht vollständig beseitigt werden. 1951 fand eine Untersuchung durch das Kefauver Committee statt, die anschließend vom New Yorker Kriminaldezernat übernommen und fortgesetzt wurde. Gangster und andere Kriminelle hatten sich der Führung der Internationalen Hafenarbeiter-Gewerkschaft bemächtigt, die etwa 40000 Mitglieder zählt und die Vergabe sämtlicher Hafenarbeiten im New Yorker Frachthafen kontrolliert. Sie setzen die breite Masse der Hafenarbeiter ebenso unter Druck wie die Schiffahrtsgesellschaften. Die Hafenarbeiter sind gezwungen, einen bestimmten Anteil ihrer Löhne an die Gangster abzuliefern, und die Lade- und Verschiffungsgesellschaften müssen dieses Unwesen dulden, weil sie sonst mit einem wohlorganisierten Streik rechnen müßten. Die Geschäftsführer der Schiffahrtsgesellschaften haben den Gangstern jährlich Tausende von Dollars als „Präsente" zuzustecken, um Streiks zu verhüten. Die üblicherweise bestehenden Verbindungen der organisierten Kriminellen zum politischen Leben und den Organen der Polizei konnten auch hier deutlich beobachtet werden[8].

Die feudale Verfassung der Verbrecherorganisationen

Die Organisationsform der Verbrecherverbände zeigt charakteristische Züge des Lehnswesens. Das mag als einfaches Herr-Knecht-Verhältnis zwischen dem Boß eines kriminellen Unternehmens und seinen Untergebenen in Erscheinung treten; eine kriminelle Organisation kann aber auch als Hierarchie miteinander verbundener Organisationen aufgebaut sein. Einzelne weniger bedeutende Gruppen können sich einem mächtigen Herrscher der Unterwelt unterstellt haben und für ihn arbeiten, und dieser kann wiederum mit anderen gleicher Rangstufe in den Diensten eines noch mächtigeren Unterweltherrschers stehen. In den zusammenfassenden Feststellungen seiner Untersuchung der organisierten Kriminalität in Chicago bezeichnet E. W. Burgess diese Verbandsstruktur als Feudalsystem. Burgess zeigt weiter, daß diese in der Art des Lehnswesens aufgebauten Organisationen von mächtigen Führern, unbedingter persönlicher Treue und den Verhaltensnormen der Gangster zusammengehalten werden sowie durch Bündnisse und Vereinbarungen mit anderen rivali-

---

[8] The New York Times (Dec. 14, 1952), sec. 4, pp. 1—2 E.

sierenden Gangstern in ihrem gemeinsamen Kampf gegen die organisierte Abwehr der Gesellschaft[9].

Bei der Integration weniger gut organisierter krimineller Gruppen in eine mächtigere Hierarchie der organisierten Kriminalität kommt es manchmal zu einem wirklichen Krieg in der Gangsterwelt zwischen den konkurrierenden Rivalen. Mord, Totschlag und andere Gewalttaten werden dabei nicht gescheut, wie aus einschlägigen Filmen hinlänglich bekannt sein dürfte.

Dem System des Feudalismus entspringen verschiedene Merkmale der organisierten Kriminalität. Eines der wichtigsten ist die verwobene Natur krimineller Unternehmen. Die Anführer können zu gleicher Zeit an zwei, drei oder mehr kriminellen Unternehmen beteiligt sein.

Die Verwobenheit in den oberen Rangstufen der kriminellen Gruppen ist zugleich eine Auswirkung der integrierenden Tendenz der organisierten Kriminalität. Diese Tendenz zum Zusammenschluß zu immer mächtigeren Organisationen folgt aus dem Bestreben der Anführer, als Verbrecherkönige ein eigenes Reich zu gründen und zu beherrschen.

Eine weitere Folge der feudalen Struktur des organisierten Verbrechens ist die Immunität der höheren Anführer gegenüber der Strafverfolgung. Wenn den Strafverfolgungsorganen die Verhaftung und Verurteilung eines Mitgliedes einer organisierten Bande geglückt ist, wird sie in der Regel *nur* einen unwichtigen kleinen Kriminellen erwischt haben, der überdies darauf vertrauen darf, daß er durch geplante Aktionen seines Chefs bald auf freien Fuß gesetzt wird. Die obersten Anführer der kriminellen Organisationen bleiben in Amerika im allgemeinen von der Strafverfolgung verschont. Aus verschiedenen Gründen, die weiter unten dargestellt werden, besitzt die organisierte Kriminalität wirksame Verteidigungsmittel gegen die Verbrechensbekämpfungsorgane der Gesellschaft. Daß die Anführer der Unterwelt sich einer solchen Immunität erfreuen, mag auch die Erscheinung erklären, daß in den kriminellen Organisationen eine Kontinuität besteht, wie sie gewöhnlich nur politischen Organisationen eigen ist. Die politischen Organisationen haben in der Tat manche Eigenart mit der organisierten Kriminalität gemeinsam, von denen nicht die geringste ist, daß zur Sicherung des Fortbestandes der Organisation die obersten Führer hinter den Szenen der Verbandsoperationen stehen.

Die Schwäche der Kriminalrechtspflege

Das organisierte Verbrechen kann nur dort existieren, wo die Rechtspflege schwach ist. Von fachkundiger Seite ist schon bei verschiedenen

---

[9] The Illinois Association for Criminal Justice, *The Illinois Crime Survey* (Chicago, 1929), p. 1094.

Gelegenheiten betont worden, daß die organisierte Kriminalität leicht ausgemerzt werden könnte, wenn die örtlichen Strafverfolgungsbehörden hierzu den Willen aufbrächten und wenn sie ihrer Aufgabe entsprechend ausgestattet wären. In den vergangenen Jahren haben sich Verbrecherorganisationen oft mit den örtlichen politischen Organisationen verbundden, haben bei den Wahlfeldzügen durch Verteilung von Wahlpropaganda und Stimmensammeln mitgewirkt und haben den örtlichen Parteiführern ähnliche Dienste erwiesen.

Diese Verbindungen mit den örtlichen politischen Organisationen werden von den Verbrecherorganisationen benutzt, um die lokalen Polizeibehörden und die anderen Strafverfolgungsorgane unter Druck zu setzen. Alle diese Methoden werden praktisch noch immer von den organisierten Banden angewendet. Tatsächlich versuchen die Verbrecherorganisationen immer wieder, sich Politiker, Richter, Staatsanwälte, Polizeibeamte und Abgeordnete dienstbar zu machen oder zu verpflichten.

Die größte Schwierigkeit bei der Bekämpfung organisierter Krimineller ist die Korruption innerhalb der Justiz- und Polizeibehörden. Die meisten der bestechlichen Beamten treten ihr Amt mit ehrlichen Absichten an und werden für Bestechungen erst durch schwierige Situatioonen, die sich aus ihrer Amtsführung ergeben, zugänglich. Vor allem bei ihrem Ringen um die Erhaltung der einmal gewonnenen Position werden sie leicht zu Opfern der Korruption.

Die Frage der Mafia

Verschiedentlich wird die Behauptung aufgestellt, daß in den Vereinigten Staaten eine geheime Superorganisation tätig sei, die alle Verbrecherorganisationen kontrolliere und überwache. Diese Superorganisation sei eine nach Amerika verpflanzte Mafia. Die Mafia war bekanntlich eine sizilianische Geheimorganisation, die ihren Forderungen durch Drohungen und Mord Geltung verschaffte. Es wird berichtet, daß die Mitglieder der Mafia das Los ziehen, um denjenigen zu bestimmen, der die Hinrichtung eines Opfers durchzuführen hat. Sie waren verbunden durch das ungeschriebene Gesetz der „Omerta", das die Mitglieder zum Schweigen und zur Geheimhaltung verpflichtet. Die sizilianischen Einwanderer führten das Unwesen der Mafia in den Vereinigten Staaten ein, wo sie durch die Morde der sogenannten Schwarzen Hand bekannt wurde.

Ed Reid, ein Zeitungsberichterstatter aus Brooklyn, ist einer derjenigen, die davon überzeugt sind, daß die Mafia die Kontrolle über alle Verbrecherorganisationen in den USA hat. Er versuchte, die Richtigkeit seiner Ansicht in einem Buch nachzuweisen, obwohl er selbst feststellen mußte, daß die Beamten, die in den USA für die Verbrechensbekämpfung verantwortlich sind, seiner Ansicht von der aktiven Existenz der Mafia sehr skeptisch gegenüberstehen. Reid stellte sogar ein Rangverzeichnis der Mafia in den USA auf, das 83 Persönlichkeiten umfaßt. Danach soll Vito Genovese das Oberhaupt der amerikanischen Mafia sein[10].

Von den meisten fachkundigen Kriminologen wird nach wie vor bezweifelt, daß die Mafia wirklich in dem von Reid angenommenen Ausmaß in Amerika existiert und daß sie die Dachorganisation der amerikanischen organisierten Kriminalität ist. Reids Behauptungen erscheinen ihnen als extreme Übertreibungen der tatsächlichen Verhältnisse.

9. KAPITEL

Die White-Collar Kriminalität

Trotz einiger gemeinsamer Züge mit anderen Kriminalitätsformen ist es erforderlich, die White-Collar Kriminalität als eine besondere Erscheinungsform kriminellen Verhaltens zu behandeln. Ihr Verbreitungsgebiet ist vornehmlich die Geschäftswelt. Nun sind zwar skrupellose und fragwürdige Praktiken im Handels- und Wirtschaftsleben sicherlich nichts Neues. Die Fälschungen von Gewichten und Maßen findet man schon in alter und ältester Zeit. Ebenso alt ist das unlautere Anpreisen der Waren und die vielen anderen Täuschungs- und Betrugsformen in den kleinen Handelsgeschäften. Die Entwicklung des modernen Handels- und Wirtschaftslebens brachte aber besondere, sich hiervon unterscheidende Kriminalitätsformen mit sich. Für den Historiker, der sich mit der Geschichte des Handels und der Wirtschaft beschäftigt, könnte es interessant sein festzustellen, ob Zusammenhänge zwischen der Verschärfung des Wettbewerbs und dem Aufkommen fragwürdiger Praktiken während der letzten zwei- oder dreihundert Jahre bestehen.

Nach Sutherland besteht die White-Collar Kriminalität in Zuwiderhandlungen gegen die Strafgesetze, die im Zusammenhang mit der Berufsausübung von Angehörigen wirtschaftlich besser gestellter Gesellschaftsklassen begangen werden. Sutherland zeigt weiter, daß eine White-Collar Straftat gewöhnlich mit einem Vertrauensbruch einhergeht.

Der Nachweis für die weite Verbreitung der White-Collar Kriminalität kann nicht den Polizei- oder Gerichtsstatistiken entnommen werden, denn nur selten kommen die in der Geschäftswelt stattfindenen Straftaten zur Kenntnis der Polizei oder der Gerichte. Dieser Nachweis ist, soweit Ge-

---

[10] Ed Reid, *Mafia* (New York, Random House, 1952), pp. 54—59.

setzesverletzungen in Betracht kommen, die die im allgemeinen wohl erkennbaren betrügerischen Praktiken der kleineren Geschäftsleute übersteigen, nur mit Hilfe der Ermittlungen und Verhandlungen spezieller Untersuchungskommissionen zu führen, die für die Lenkung und Überwachung des Geschäftslebens zuständig sind.

Der finanzielle und soziale Schaden

Der Schaden, den die Öffentlichkeit durch die White-Collar Kriminalität erleidet, liegt wahrscheinlich wesentlich höher als die Verluste, die durch alle anderen Formen der Kriminalität zusammengenommen verursacht werden. Er wiegt vielleicht noch schwerer als der Verlust, der durch korrupte Behörden und Regierungen einem Volke zugefügt werden kann. Sutherlands Bericht mag eine Vorstellung von der Größenordnung der Verluste vermitteln:

> Nach seiner Darstellung ist der finanzielle Schaden, den die Öffentlichkeit durch die White-Collar Kriminalität erleidet, wahrscheinlich viel größer als der Verlust, der durch Einbrüche, Raubüberfälle und Diebstähle von Angehörigen der unteren Gesellschaftsklassen verursacht wird. Der durchschnittliche Verlust pro Einbruch beträgt ungefähr 100 Dollar. Einbrüche, die einen Schaden von 50000 Dollar verursachen, sind außerordentlich selten, und Einbrüche mit einem Schaden von einer Million Dollar sind praktisch unbekannt. Andererseits ist es keineswegs selten, daß innerhalb eines Jahres einige Millionen Dollar veruntreut werden. Veruntreuungen in dieser Höhe erscheinen jedoch als Kleinigkeiten, wenn man sie mit den umfangreichen Betrügereien durch mächtige Handelsgesellschaften, Banken und Unternehmungen der öffentlichen Versorgung vergleicht. Verluste bis zu 50 Millionen Dollar sind ganz und gar keine Seltenheit[1].
>
> Ohne Zweifel beträgt der Schaden, den die Öffentlichkeit durch die White-Collar Kriminalität erleidet, das Mehrfache jener Verluste, die durch Verbrechen entstehen, die man herkömmlicherweise unter dem Begriff der Kriminalität zusammenfaßt. Der leitende Angestellte eines größeren Unternehmens des Lebensmitteleinzelhandels veruntreute in einem Jahr 600000 Dollar. Dieser Verlust ist sechsmal so groß wie der in allen Filialen dieses Unternehmens durch 500 Einbrüche und Raubüberfälle entstandene Schaden. Die sechs erfolgreichsten Einbrecher oder Räuber erbeuteten 1938 die Summe von 130000 Dol-

---

[1] E. H. Sutherland, „Crime and Business“, *The Annals of The American Academy of Political and Social Science*, Vol. 217 (1941), p. 112, 113.

lar. Krueger, der schwedische Zündholzkönig, erbeutete 25 Millionen, d. h. etwa das Zweitausendfache[2].

Der Verlust, den die Öffentlichkeit an materiellen Werten erleidet, ist aber noch nicht das schlimmste. Nach Sutherland sollen die finanziellen Verluste von geringerer Bedeutung sein als die Beeinträchtigung des sozialen Lebens; denn durch die White-Collar Delikte wird Mißtrauen gesät, die Moral gelockert und eine allgemeine soziale Zersetzung angebahnt. Dagegen darf man wohl mit Recht annehmen, daß die gewöhnliche Kriminalität der kleinen Diebe und Einbrecher kaum ernstlichen Schaden in der sozialen Sphäre und den sozialen Einrichtungen verursacht[3].

Obgleich die White-Collar Kriminalität in der Hauptsache als kriminelles Verhalten führender Geschäftsleute Bedeutung gewonnen hat, existiert sie auch in den Kreisen anderer höherer Berufe im Bereich der Politik und der öffentlichen Verwaltung. Als Korruption, Schwindel und Schiebung ist diese Form der White-Collar Kriminalität in Amerika in die Geschichte der örtlichen, staatlichen und nationalen Behörde zu Genüge eingegangen. Auch die freien höheren Berufe stehen nicht außerhalb der Grenzen dieser Kriminalität; das trifft insbesondere auf den Bereich der Gesundheits- und Rechtspflege zu. Wenn auch gelegentlich Treubrüche im Bereich der Rechtspflege aufgedeckt werden und ein Strafverfahren gegenüber einem Rechtsanwalt eröffnet wird, dürfte doch Einigkeit hinsichtlich der Feststellung bestehen, daß auch in diesem Beruf mehr Straftaten vorkommen als die Öffentlichkeit erfährt. Außerdem darf angenommen werden, daß Rechtsanwälte, die eine standes- oder gesetzwidrige Berufsausübung eines Kollegen bemerken, eher dessen Ausschluß aus dem Beruf betreiben werden, als daß sie die Eröffnung eines Strafverfahrens anregen. White-Collar Delikte lassen sich, wenn auch in geringerem Maße, ebenfalls unter den Ärzten beobachten[4].

Das Fehlen der Strafverfolgung

Obwohl die White-Collar Delikte nicht zur Anzeige gebracht und auch nicht wie die gewöhnlichen Straftaten behandelt werden, besteht kein Grund, sie nicht zur wirklichen Kriminalität zu zählen. Sutherland hat die White-Collar Kriminalität als Verletzung bestehender Kriminalgesetze definiert. Das Argument, es handle sich deshalb nicht um Kriminalität, weil die Delikte dieses Bereichs im Rechtsleben nicht als Straftaten be-

---

[2] E. H. Sutherland, „White-Collar Criminality“ *American Sociological Review*, Vol. 5, No. 1 (1940), pp. 4—5.

[3] *Ibid.*, p. 5.

[4] *Ibid.*, p. 3.

handelt würden, da die Täter weder strafrechtlich verfolgt noch von den Strafgerichten abgeurteilt würden, kann jedenfalls bei kriminologischen Untersuchungen nicht überzeugen. Es gibt zu viele Gesichtspunkte, die eine Behandlung der White-Collar Kriminalität als echte Kriminalität angezeigt erscheinen lassen.

In der Tat gelangt die White-Collar Kriminalität hauptsächlich nur zur Kenntnis der Verwaltungsbehörden und Untersuchungskommissionen, die für die Lenkung des Wirtschafts- und Geschäftslebens verantwortlich sind. Mit Sicherheit kann aber angenommen werden, daß in den meisten der wegen Verletzung gesetzlicher Bestimmungen vor diesen Behörden eröffneten Verfahren eine strafgerichtliche Verurteilung erfolgen würde, wenn sich außerdem Strafgerichte dieser Verfahren annehmen würden. Die White-Collar Delikte müssen deshalb als echte Kriminalität angesehen werden, selbst wenn es meistens gelingt, ein Verfahren vor den Strafgerichten zu vermeiden[5].

Sutherland hat kürzlich noch die Entscheidungen in den Verfahren verschiedener Bundeskommissionen untersucht, die sich mit insgesamt 70 großen amerikanischen Handelsgesellschaften befaßt hatten. Seine Analyse zeigt, daß insgesamt 547 verschiedene White-Collar Straftaten von diesen 70 großen Industrie- und Geschäftsunternehmen begangen worden waren. Die gefundenen Gesetzesverstöße lassen sich in vier Gruppen einteilen:

1. Verletzung von Antitrust-Gesetzen,
2. Vorspiegelung falscher Tatsachen durch Reklame,
3. Verletzung von Arbeitsgesetzen,
4. Verletzung der Patentgesetze, des Copyrights und des Schutzes der Handelszeichen.

Obgleich alle Verstöße gesetzwidrige Handlungen darstellen, wurden nur 49 Fälle, also lediglich 9%, zur Kenntnis der Strafverfolgungsbehörden gebracht[6].

Die Ursachen für die unterschiedliche Behandlung der Gesetzesverletzungen, die die führenden Kreise des Geschäftslebens begünstigt, lassen sich nach Sutherland auf drei Faktoren zurückführen. Erstens haben die Personen dieser Gesellschaftsschicht ein hohes Prestige und großes gesellschaftliches Ansehen. Zweitens sind die führenden Persönlichkeiten in der Geschäftswelt in der Lage, durch Werbung und Lobbyisten Einfluß auf die Gesetzgebung auszuüben und auf diesem Weg zu verhüten, daß

---

[5] *Ibid.*, pp. 6—7.

[6] Edwin H. Sutherland, „Is ‚White-Collar Crime' Crime?" *American Sociological Review*, Vol. 10, No. 2 (1945), pp. 132—139.

Gesetze erlassen werden, die eine schärfere Kontrolle ihrer Geschäfte ermöglichen. Drittens können ihre Gesetzesverletzungen ungehindert wuchern, weil die Geschädigten meistens schwach und hilflos sind und nicht die erforderlichen Informationen besitzen, um eine Verfolgung ihrer Rechte erfolgreich einleiten zu können. Sie sind auch nicht organisiert genug, um einer mächtigen Gesellschaft den Kampf ansagen zu können, obwohl ihnen theoretisch das Gesetz hierzu das Recht gibt. Außerdem bestehen auch in der Öffentlichkeit keine Organisationen, die dieses Unwesen bekämpfen könnten. Es kommen somit für die Bekämpfung der White-Collar Kriminalität nur die Handels- und Gewerbekommissionen in Betracht, die aber die zur Kenntnis kommenden Verstöße nicht als Straftaten behandeln[7].

Eine Wendung in der Theorie

Bis dahin hatte die kriminologische Forschung ihre Aufmerksamkeit überwiegend den Kriminalstatistiken und den Fällen gewidmet, die gewöhnlich zur Anzeige gelangen, während die Fälle und Fakten der im allgemeinen nicht angezeigten professionellen, organisierten und der White-Collar Kriminalität außer acht gelassen worden waren. Sutherland vertritt die Auffassung, daß die konventionellen Erklärungen der Kriminalität nunmehr wertlos geworden sind, da sie auf einer einseitig ausgewählten Stichprobe, nämlich der gewöhnlichen Kriminalität, basierten. Im einzelnen hält er die Theorien, die kriminelles Verhalten auf Armut und Not sowie auf psychopathische oder soziopathische Bedingungen zurückführen, für überholt. Die Stichproben, die diesen Theorien zugrunde liegen, umfaßten nicht den White-Collar Kriminellen, da dieser weder in den Slums oder anderen ärmlichen Verhältnissen aufgewachsen sei, noch Anzeichen von Schwachsinn oder Psychopathie zeige. Sutherland geht noch weiter und behauptet, daß die konventionellen Theorien auch nicht geeignet seien, die Kriminalität der unteren Klassen zu erklären. Eine adäquate Erklärung des kriminellen Verhaltens müsse auf einen allgemeinen Prozeß bezogen sein, der sich sowohl in der Kriminalität der unteren Klassen wie auch in der White-Collar Kriminalität finden lasse.

Die Hypothese, die er an Stelle der herkömmlichen Theorien vorschlägt, geht davon aus, daß die White-Collar Kriminalität genauso wie jede andere systematische Kriminalität erlernt wird, und zwar in mittelbarer oder unmittelbarer Verbindung (Assoziation) mit jenen Personen, die bereits kriminelle Verhaltensweisen praktizieren. Personen, die auf diese Weise kriminelles Verhalten erlernen, sind wegen ihres Umgangs mit

---

[7] „White-Collar Criminality", *op. cit.*, pp. 8—9.

Kriminellen von einem häufigen und engen Kontakt mit den gesetzestreuen Personen abgeschnitten. Ob eine Person kriminell wird oder nicht, wird nach dieser Theorie nur von der Häufigkeit und der Enge des Kontakts mit kriminellen oder nicht kriminellen Verhaltensweisen bestimmt.

Der Prozeß des Erlernens wird von Sutherland „differential association" genannt und wird von ihm als genetische Erklärung der White-Collar Kriminalität wie auch der gewöhnlichen Kriminalität angesehen. Diejenigen, die später White-Collar Kriminelle werden, stammen im allgemeinen aus einem wohlhabenden Elternhaus, haben die höhere Schule mit dem Abschlußexamen und einigen Idealen verlassen und werden dann plötzlich im Geschäftsleben in eine Situation gestellt, in der kriminelles Verhalten praktisch Brauch und Gepflogenheit ist. Die kriminellen Bräuche und Gepflogenheiten werden von dem jungen Geschäftsmann genauso in sein Verhaltenssystem aufgenommen wie jeder andere Brauch und jede andere Gepflogenheit. Der Kriminelle der unteren Gesellschaftsklasse, der in heruntergekommenen Wohnvierteln aufwächst und sich bereits jung mit anderen Verbrechern anfreundet, unterzieht sich im Prinzip demselben Prozeß des unterschiedlichen Kontakts oder der differentiellen Assoziation. Ebenso wie der Geschäftsmann erlernt er seine verbrecherische Handlungsweise von seiner mittelbaren oder unmittelbaren sozialen Umwelt.

Der zweite entscheidende Gesichtspunkt ist nach Sutherlands Theorie die Desorganisation der Gesellschaft. Der Prozeß der differentiellen Assoziation endet nur *dann* in der Kriminalität, wenn die Gesellschaft nicht eine geschlossene Front gegen die Kriminalität bildet. Das Gesetz übt einen Druck in bestimmter Richtung auf die Gesellschaft aus, während andere Kräfte in die entgegengesetzte Richtung drängen. Das bedeutet für das Geschäftsleben ein Konflikt zwischen den „Spielregeln", nach denen die Geschäfte praktisch abgewickelt werden, und der gesetzlichen Rechtsordnung. Ein Kaufmann wird trotz seines guten Willens, den Gesetzen zu folgen, durch den Konkurrenzkampf gezwungen, die Methoden seiner Konkurrenz anzunehmen. Diese Darstellung wird durch das hohe Ausmaß an Bestechungen im Geschäftsleben illustriert, das trotz der scharfen Bekämpfung durch die Organisationen des Handels und der Wirtschaft nicht abnimmt. Es erscheint unmöglich, in der Gesellschaft eine einheitliche und wirksame Front gegen diese Kriminalität zu bilden, da die Gesellschaft sich aus Gruppen und Individuen zusammensetzt, die alle ihre eigenen Interessen verfolgen und der Kriminalität keine Einhalt gebietende Front entgegenstellen[8].

---

[8] *Ibid.*, pp. 10—11.

Eine entgegengesetze Deutung

Auf der Grundlage eines Überblicks über die bisherigen Darstellungen und auf Grund seiner eigenen Beobachtungen in Oslo kommt Aubert zu dem Ergebnis, daß die White-Collar Kriminalität durch die jeweilige soziale Struktur empfindlich beeinflußt wird und daß sie zugleich symptomatisch für die Art der sozialen Struktur ist. Nach den norwegischen Gesetzen werden für White-Collar Verbrechen zwar schwere Strafen angedroht; Aubert fand jedoch, daß die Verfolgung dieser Straftaten äußerst langsam, wenig wirkungsvoll und unterschiedlich vor sich geht. Aubert zeigte weiter, daß ein charakteristisches Merkmal des White-Collar Kriminellen seine Zugehörigkeit zu einer Gruppe mit einem besonderen und weitverbreiteten System von Rationalisierungen für White-Collar Delikte ist, einer Gruppe, die über ein hohes Sozialprestige außerhalb des Bereichs der eigentlichen Kriminalität und über großen wirtschaftlichen und politischen Einfluß verfügt. Der White-Collar Kriminelle gehöre nicht zur Gruppe der genuin abweichenden Persönlichkeiten. Als abweichend werde sein Verhalten nur insoweit angesehen, als seine Gruppe und ihre Normen nicht bekannt sind. Aus dem Ergebnis seiner Untersuchungen in Oslo schließt Aubert, daß die führenden Persönlichkeiten des Geschäfts- und Wirtschaftslebens widerstreitende Rollen spielen müssen: Sie sollen einerseits gesetzestreue Bürger, andererseits aber auch Mitglied der das Wirtschaftsleben beherrschenden Gesellschaftsgruppe sein. Die Verwobenheit in dem letzteren Bereich gehe gewöhnlich der Rolle des gesetzestreuen Bürgers vor.

Aubert betont den Unterschied in den Motivationen derjenigen Geschäftsleute, die die staatlichen Kontrollen in einer Weise umgehen, die von ihrer Gesellschaftsgruppe akzeptiert wird, und derer, die sich bei ihren Rechtsverletzungen überhaupt nicht um Recht und Ordnung kümmern, wie es beispielsweise bei den Schwarzmarkthändlern weitgehend der Fall ist; allerdings gehören diese in Wirklichkeit auch nicht der Gesellschaftsgruppe des Geschäfts- und Wirtschaftslebens an[9].

Im Zusammenhang mit seinen soziologischen Forschungen in Norwegen untersuchte Aubert Wirksamkeit und Aufnahme neu eingeführter gesetzlicher Vorschriften über die Arbeitsbedingungen der Hausangestellten. Die neuen Vorschriften wurden zumeist von den Hausfrauen in hohen gesellschaftlichen Stellungen verletzt. Interviews mit den Dienstmädchen zeigten eine nahezu 100prozentige „Kriminalität" ihrer Arbeitgeberinnen, die den offiziellen Stellen unbekannt bleibt, da die Dienst-

[9] Vilhelm Aubert, „White-Collar Crime and social Structure", *American Journal of Sociology*, Vol. 58 (1952—1953), pp. 265—268.

mädchen und die Nachbarn, denen die Verstöße bekannt werden, kaum etwas dagegen unternehmen. (Aller Wahrscheinlichkeit nach sind die gesetzlichen Vorschriften den Dienstmädchen weitgehend unbekannt; sie würden sich auch außerdem wohl fürchten, Rechtsbehelfe in Anspruch zu nehmen. Unter den Nachbarn besteht wahrscheinlich eine stillschweigende Übereinkunft, die Lage nicht zu ändern und der sozialistischen Regierung und der Gewerkschaft eine geschlossene Front zu bieten.) Aubert fand außerdem noch verschiedene Umstände, die bei einer Interpretation der strafbaren Verletzungen der Arbeitsschutzgesetze durch Hausfrauen zu berücksichtigen sind[10].

Zusammenfassend führte Aubert aus: „Wieder einmal wird bewiesen, daß ein spezifischer Typ der Gesetzesverletzung auch einen spezifischen Typ der Interpretation benötigt. Durch die vielen verschiedenen juristischen Definitionen des strafbaren Verhaltens werden die unterschiedlichsten Erscheinungen unter dem Begriff der Kriminalität zusammengefaßt, die häufig nur wenig gemeinsam haben. Dieses scheint auch auf die White-Collar Kriminalität zuzutreffen. Sie tritt in sehr unterschiedlichen Erscheinungsformen auf und wird aus diesem Grunde auch verschiedene Deutungen ihrer Entstehungsursachen erfordern. Es sollten darum solche universalen und ziemlich nichtssagenden Prinzipien wie ‚alles kriminelle Verhalten wird erlernt‘ außer Betracht bleiben“[11].

Seine Feststellungen unterstützen die Annahme des Verfasser, daß die Erscheinung der White-Collar Kriminalität *keineswegs* die Formulierung einer neuen alle Kriminalitätsformen umfassenden Theorie erfordert. Es entspricht besser der Wirklichkeit, bei kriminologischen Forschungen bestimmte Eigenarten der einzelnen Kriminalitätsformen zu untersuchen und auf Verallgemeinerungen zu verzichten.

Das Paradox

Obwohl es auf den ersten Blick befremden mag, ist die White-Collar Kriminalität viel stärker im Bereich des amerikanischen Wirtschaftssystems als in den weniger freien Wirtschaftssystemen anderer Länder wahrnehmbar. Der Grund liegt darin, daß das amerikanische System des freien Wettbewerbs, das durch einen starken Konkurrenzkampf, geringe Gewinnspannen, Massenproduktion und Antikartellregelungen gekennzeichnet ist, seit einiger Zeit der Kontrolle durch staatliche Organe unterworfen ist. Die Gewöhnung einiger Geschäftsleute an scharfe und unredliche Praktiken, die im Gegensatz zu den geltenden gesetzlichen Bestim-

---

[10] *Ibid.*, pp. 269—270.
[11] *Ibid.*, p. 270.

mungen stehen, bilden die White-Collar Kriminalität im amerikanischen Geschäftsleben. Trotz allem ist der Handel in den Vereinigten Staaten im Vergleich zu anderen Ländern ein Muster an Redlichkeit. Es kommen bemerkenswert wenig Fälschungen von Arzneien und Lebensmitteln vor. Die Öffentlichkeit kümmert sich äußerst wenig um die Preise. Der Handel und die Industrie in anderen Ländern haben ihre riesigen Kartelle, die die Preise beherrschen und festsetzen. Die amerikanischen Geschäftsleute arbeiten mit einer überraschend geringen Gewinnspanne, wenn man sie mit denen anderer Länder vergleicht. Wegen der Normung der Produkte und der verschiedenen Warenarten ersteht der amerikanische Käufer gewöhnlich genau die Qualität, die er bezahlt. Und er zahlt festgesetzte Preise unter einem einheitlichen Preissystem für alle Einzelhändler. Die Industrie und der Handel halten sich in den USA gewöhnlich in den vorgeschriebenen Grenzen und Vorschriften. Es gibt jedoch Möglichkeiten für großangelegte Umgehungen. Durch die Eigenart dieser Verhältnisse kommt es zu dem Paradox, daß der beste, ehrlichste und tüchtigste Kaufmann der Welt zugleich auch, wenn auch selten, ein White-Collar Krimineller sein kann.

10. KAPITEL

Einführung in die Entwicklung der Kriminalätiologie

Seit langem erforscht die Wissenschaft die Ursachen der Kriminalität. Bis zum Beginn des achtzehnten Jahrhunderts waren dämonologische oder naturalistische Deutungen verbreitet. Man nahm an, daß der Verbrecher von bösen Geistern besessen sei oder daß er an einer Geisteskrankheit leide. Im Laufe des achtzehnten Jahrhunderts entwickelte sich die sogenannte klassische Schule der Kriminologie. Sie wurde in der Hauptsache von dem Italiener Beccaria (1735—1795) und dem Engländer Bentham (1748—1832) vertreten. Die klassische Schule gründete auf dem Gedankengut des Rationalismus: Der Mensch tritt von der Vernunft geleitet durch Verträge in Beziehung zu seinen Mitmenschen und hat die Fähigkeit, sich zwischen Recht und Unrecht zu entscheiden. Hinzu trat eine hedonistische Deutung des menschlichen Verhaltens: Der Mensch wird von Lust und Unlust geleitet, er strebt nach dem, was ihm Freude bereitet und wendet sich ab von dem, was Schmerz und Strafe mit sich bringt. Die Fähigkeit, zwischen Recht und Unrecht zu wählen, wird auch vom modernen Strafrecht vorausgesetzt. Deshalb werden besondere Regelungen für den Fall der Unzurechnungsfähigkeit eines Täters getroffen.

Mit der Entwicklung der Naturwissenschaft und der Statistik sowie später der Anthropologie, Soziologie, Psychiatrie und Psychologie wurde die rationalistische Deutung aufgegeben. Die Wissenschaft wandte sich den Ursachen zu, die im Zusammenhang mit den Erbanlagen, dem Körperbau, dem Charakter sowie der physikalischen und sozialen Umwelt des Menschen stehen.

Zu Beginn des neunzehnten Jahrhunderts fiel bei geographischen Untersuchungen auf, daß in Gebieten mit unterschiedlichen klimatischen Bedingungen auch Unterschiede in der Kriminalität bestanden. Auf Grund dieser Beobachtungen entstand die „Thermaltheorie", nach der heißes Klima Verbrechen gegen die Person fördern soll, kaltes Klima dagegen Straftaten gegen das Vermögen. Ein anderer Ausgangspunkt ergab sich, als etwa ab 1830 statistische Erhebungen als staatliche Aufgaben wahrgenommen wurden. Die amtlichen Statistiken ließen eine unterschiedliche Verteilung der Straftaten in verschiedenen Gebieten der europäischen Staaten erkennen. Hierdurch wurde die Aufmerksamkeit auf sozial-ökonomische Umstände gelenkt, die eine unterschiedliche Häufung von Verbrechen hervorzurufen schienen. Gegen Ende des neunzehnten Jahrhunderts beobachteten statistisch orientierte Wissenschaftler einen Zusammenhang zwischen den jährlichen Schwankungen der Verbrechensrate und den Schwankungen der Kornpreise. Einem hohen Getreidepreis folgte eine hohe und einem niedrigen Getreidepreis eine niedrige Verbrechensrate.

Die sensationellste Theorie des späten neunzehnten Jahrhunderts war die des Italieners Lombroso (um 1876). Sie versetzte der rationalistischen Theorie den Todesstoß. Zu dieser Zeit war der Darwinismus gerade den Kinderschuhen entwachsen. Die Anthropologen hatten soeben die Erforschung primitiver Völker begonnen mit dem Ziel, ein System der sozialen Evolution zu entwickeln. Lombroso behauptete, daß der Schwerverbrecher, insbesondere der Mörder, schon als Krimineller geboren sei. Er war der Meinung, daß körperliche und seelische Merkmale (Stigmata und Anomalien) eine Rückartung zum primitiven Menschen (Atavismus) anzeigen könnten. Später änderte er seine Theorie und räumte ein, daß auch Epilepsie und Gehirnerkrankungen sich auf das Verhalten auswirken könnten. Noch später gab er zu, daß nicht alle Täter bereits als Verbrecher geboren würden; einige seien auf Grund ihrer Anlage nur kriminell gefährdet (criminaloid). In seinem letzten Werk berücksichtigte er außerdem, daß auch ungünstige Umweltverhältnisse zusammen mit kriminellen Erbanlagen zur Entstehung kriminellen Verhaltens führen könnten. Lombroso begründete mit seiner Theorie vom geborenen Verbrecher die Schule der Kriminalanthropologie, die zwei Generationen später in

Europa als kriminalbiologische Schule bekannt wurde. Die Lehre des Italieners Ferri führte um 1884 zur Schule der Kriminalsoziologie. Ferri richtete seine Aufmerksamkeit nicht nur auf die Ursachen in der sozialen Umwelt. Er wies nachdrücklich darauf hin, daß die Kriminalitätsursachen ebenso in den physikalischen Eigenschaften der Umwelt wie auch in den Erbanlagen und in der Konstitution des Menschen zu finden seien. Man kann Ferri deshalb als Eklektiker bezeichnen. Er hat ebenso wie Lombroso mit dem Rationalismus gebrochen. Die Lehren, die mit dem Rationalismus und der klassischen Schule gebrochen haben, werden häufig unter der Bezeichnung Positivismus zusammengefaßt. Diese Bezeichnung soll andeuten, daß als Ursache der Kriminalität nicht der unfaßbare freie Wille in Betracht kommt, sondern positiv erkennbare Umstände wie die Erbanlage, die physische und psychische Konstitution des Menschen und seine Umwelt.

Ferris Einfluß ist besonders in der europäischen Kriminologie bis in die Gegenwart hinein wirksam geblieben. In der amerikanischen Soziologie wurde dagegen Ferris Ansicht von der Bedeutung der ungünstigen Bedingungen der sozialen Umwelt zum Ausgangspunkt weiterer Forschungen. Zunächst rückte die soziale Desorganisation in den Brennpunkt der Aufmerksamkeit. Später entstanden Theorien, die die Entstehung der Kriminalität auf die Assoziation mit kriminellem Verhalten (differential association), auf die Identifikation mit kriminellen Bezugspersonen (differential identification), auf die Zugehörigkeit zu kriminellen Gruppenkulturen (subcultur) oder den Mangel an innerem und äußerem Halt (containment) zurückführten. Inzwischen verstärkte sich aber die Erkenntnis, daß es wahrscheinlich unmöglich ist, für alle Erscheinungsformen der Kriminalität eine generelle Theorie zu formulieren. Es wurde deshalb von einigen amerikanischen Soziologen als notwendig erachtet, stärker die Erforschung spezifischer Arten der Kriminalität und homogener Tätergruppen in den Vordergrund zu stellen.

Die meisten Bemühungen, die das delinquente und kriminelle Verhalten besser in das Blickfeld kriminologischer Untersuchungen rückten, wurden von der amerikanischen Soziologie in der letzten Generation aufgewandt. Von Wichtigkeit war insbesondere der Bruch mit der Auffassung von der Bedeutung des Drucks ungünstiger Umweltverhältnisse, der in den Vereinigten Staaten in den zwanziger Jahren vollzogen wurde.

Die Untersuchungen des Engländers Charles Goring verdienen eine besondere Erwähnung. Gestützt auf Messungen und Statistiken legte er um 1910 dar, daß die von Lombroso beobachteten Hirn- und Skelettmerkmale geborener Krimineller bei 3000 englischen Strafgefangenen nicht aufzufinden waren. Goring fand dagegen einen gewissen Zusammenhang zwischen der physischen Konstitution und der Art der Kriminalität, der im großen und ganzen darauf beruht, daß gewisse Körpertypen ihrer Natur nach für bestimmte Arten von Tätigkeiten ausgewählt erscheinen. Außerdem fand Goring, daß Schwachsinn wahrscheinlich der wichtigste kriminogene Faktor sei, und daß die sozialen Umstände nur einen geringen Einfluß auf die Kriminalität hätten. Diese Untersuchung ist als ein Modell kriminologischer Forschung in die Geschichte der Kriminologie eingegangen, wenn auch Gorings unzureichend genormte Messung des Schwachsinns und ungenügende Beachtung des Einflusses sozialer Umstände zu berücksichtigen sind.

Europas Mediziner, Psychiater und Anthropologen haben sich dagegen mit ganzem Herzen der Lehre vom „wirklichen Kriminellen" verschrieben, der ein ausgeprägter Rückfallverbrecher ist und nach seiner Entlassung aus dem Gefängnis sehr schnell wieder straffällig wird. Sie haben versucht, die physische wie die psychische Verfassung des „wirklichen Verbrechers" wie auch die des weniger ernst zu nehmenden Täters zu bestimmen. Die kriminelle Konstitution ist eine Fiktion der kriminalbiologischen Schule Europas und in Wirklichkeit eine neolombrosianische Konstruktion. Die Schwierigkeit liegt darin, daß die kriminelle Konstitution des „wirklichen Verbrechers" mehr eine künstliche Konstruktion ist als eine Erscheinung der Wirklichkeit. Es ist schwierig, die Merkmale der kriminellen Konstitution so zu beschreiben, daß sie für die empirische Forschung nachprüfbar sind. Die Kriminologen, die den Gedanken des „wirklichen Kriminellen" vertreten, setzen voraus, daß die Komponenten einer kriminellen Konstitution feststellbar sind; das ist in Wirklichkeit aber nicht der Fall.

Der Wechsel von der Lombrosianischen Schule der Kriminalanthropologie zur Kriminalbiologie vollzog sich in den zwanziger Jahren. Diese Schule herrscht heute noch in Europa, von Schweden bis Italien. (Wahrscheinlich nicht in der Sowjetunion, wo andere Fiktionen gelten.) Jedoch gibt es unter den Medizinern, Psychiatern und Psychologen Westeuropas bemerkenswerte Ausnahmen, die dem biologischen Fatalismus der Kriminalbiologie nicht folgen. Die Kriminalbiologie wird in England nicht sehr stark vertreten. Auch bestehen wichtige Inseln der psychogenetischen Theorie in Dänemark, in Wien und in Zürich, wo sich Schüler von Freud, Adler oder Jung aufhalten.

Auch in Amerika sind in den Jahren von 1936 bis 1957 Untersuchungen veröffentlicht worden, die dem Körperbau Bedeutung für die Entstehung der Kriminalität zumessen. Hooton, ein Anthropologe an der Harvard Universität, verglich die anthropometrischen Messungen an amerikanischen Strafgefangenen mit denen von amerikanischen Arbeitern und kam zu dem Ergebnis, daß weiße Kriminelle deutliche Anzeichen biologischer Minderwertigkeit erkennen ließen, von der angenommen wurde, daß sie ererbt sei. Im Anschluß hieran entwickelte Sheldon eine Typologie, die bestimmten Körperbautypen nicht nur geistige und charakterliche Eigenschaften zuordnet, sondern auch die Anfälligkeit für Delinquenz und Kriminalität. Nach seiner Ansicht soll insbesondere ein bestimmtes Verhältnis zwischen mesomorphischem Körperbau und der Kriminalität bestehen. Die Bestimmung der Körperbautypen kann wahrscheinlich viel genauer sein als die Bestimmung anderer geistiger und temperamentsbedingter Umstände. Die Gluecks bestätigten durch ihre Untersuchungen Sheldons Auffassung. Sie fanden in ihren Tabellen eine erhebliche Häufung der Delinquenz bei ausgeprägt mesomorphischem Körperbau und zogen hieraus Schlüsse auf die potentielle Delinquenz der anderen Körperbautypen. Obwohl diese Ansichten auf umfangreiche Untersuchungen gestützt wurden, können sich viele Soziologen, Psychiater und Psychologen einfach nicht mit den Untersuchungsergebnissen der Gluecks abfinden und warten auf weitere Untersuchungen, die die Behauptungen der Gluecks widerlegen.

Eine andere Richtung, die hauptsächlich von Psychiatern, Psychoanalytikern und Psychologen vertreten wird und die sich mit geistig-seelischen Störungen und Krankheiten wie auch mit Kriminalität und Delinquenz beschäftigt, kann als psychogenetische Schule bezeichnet werden. Nach dieser Theorie sind Charakter und Persönlichkeit eine Funktion der Erfahrungen aus den zwischenmenschlichen Beziehungen in der frühen Kindheit, ohne daß es entscheidend auf die Erbanlagen und den Körperbau ankommt. Die Begriffe psychogenetisch und funktionell berühren sich eng. Als psychogenetisch wird die Entstehung der Charakterstruktur aus der Erfahrung bezeichnet, während der Begriff funktionell für die Entstehung von Geisteskrankheiten verwendet wird, wenn eine Krankheit durch die Spannungen und Beanspruchungen des Lebens hervorgerufen wurde, um sie von den Störungen zu unterscheiden, die durch Schädigungen des Zentralnervensystems bei Unfällen oder Krankheiten entstehen. Die Bezeichnung psychogenetisch bezieht sich immer auf Entwicklungszustände, die weit in die frühe Kindheit zurückreichen.

Die amerikanische Psychiatrie sieht die Ursache schwerer Rückfallkriminalität meistens in seelischen Störungen psychogenetischen Ursprungs, die unter der Bezeichnung Persönlichkeitsstörungen (personality disorders) zusammengefaßt werden. Dieser Begriff umfaßt eine Anzahl verschiedener Erscheinungen wie die unzulänglich ausgestattete Persönlichkeit (inadequate personality), die emotional labile Persönlichkeit (emotionally unstable personality) und die sexuell abweichende Persönlichkeit (sexual deviation). Mit diesen Bezeichnungen wird sorgfältig spezifiziert, was lange Zeit in dem Schlagwort Psychopathie zusammengefaßt war. Wie bereits dargelegt, herrscht in der amerikanischen Psychiatrie die Ansicht vor, daß Persönlichkeitsstörungen psychogenetischen Ursprungs sind. Im Gegensatz hierzu stehen allerdings einige, die mit großem Aufwand die These vertreten, die Psychopathie werde durch Schädigungen der Gehirnstränge hervorgerufen.

Personen, die an Persönlichkeitsstörungen leiden, sind nicht in der Lage, sich in schwierigen Lebenssituationen gut anzupassen. Einige werden leicht aggressiv. Diese Personen sind kriminell gefährdet und viele von ihnen werden Rückfallverbrecher. Sie stehen im Gegensatz zu den Personen, die an einer Psychoneurose leiden und die von ihren Ängsten, phobischen Reaktionen und sonstigen Störungen eher von Straftaten zurückgehalten werden als daß sie eine Gesetzesverletzung begehen. Wenn allerdings der neurotische Mechanismus die Form einer obsessiven Zwangsreaktion annimmt, dann kann es vorkommen, daß der Neurotiker stiehlt oder zum Brandstifter wird. Gewöhnlich ist der Neurotiker so weit in sich selbst gezügelt, daß er eher leidet und Todesängste aussteht, als daß er straffällig wird.

Die Anhänger der Freudschen Lehre unter den Psychologen und Psychiatern, insbesondere Freuds Schüler Aichhorn, richten ihre Aufmerksamkeit auf eine mangelhafte Entwicklung des Ichs und des Über-Ichs, die von ihnen als Folge einer falschen Erziehung während der ersten Kinderjahre gedeutet wird. Kriminelles Verhalten folgt aus der Unfähigkeit des Ichs und des Über-Ichs, Impulse aus dem Inneren zu beherrschen. Von allen Neo-Freudschen Theorien, die auf dem Versagen des Verhaltenskontrollsystems aufgebaut sind, ist die von Redl vielleicht am besten durchdacht und kann am ehesten bei der Behandlung verwendet werden. Aber Aichhorn, Alexander, Friedländer, um einige der Neo-Freudianer zu erwähnen, gelten ebenfalls als Autoritäten.

Der amerikanische Soziologe bezweifelt, ob Neo-Freudianer wie Aichhorn oder Redl mit ihrer Theorie der Wirklichkeit näherkommen als die meisten der amerikanischen Psychiater, die übereinstimmend der Lehre von den seelischen Störungen folgen. Beide Richtungen sind der Grundtendenz nach psychogenetisch. Beide sehen die Ursache der Kriminalität in seelischen Störungen. Beide neigen zu der Behauptung, ein großer Teil der jugendlichen und erwachsenen Verbrecher passe in ihr Schema. Der Soziologe nimmt dagegen eher an, daß die neo-freudschen Theorien und die psychiatrischen Theorien von den Persönlichkeitsstörungen nur für einen kleinen Teil der Rückfallverbrecher zutreffen. Es läßt sich aber nicht übersehen, daß die psychogenetische Schule — wenn es erlaubt ist, sie so zu etikettieren —, immer mehr an Format gewonnen hat, nachdem sie zusammen mit dem wachsenden Funktionalismus und Freudianismus nach dem ersten Weltkrieg entstanden war.

Zusammenfassend läßt sich sagen, daß es augenblicklich drei Auffassungen gibt, die um die Vorherrschaft bei der Erklärung kriminellen Verhaltens streiten: die Konstitutions-Schule, die psychogenetische Schule und die soziologische Schule. In den Vereinigten Staaten wird wahrscheinlich der Hauptkampf zwischen der soziologischen und der psychogenetischen Schule ausgefochten. Die Konstitutions-Schule ist verhältnismäßig schwach vertreten. Auf der anderen Seite hat die Konstitutions-Schule (Kriminalbiologie) in Europa jedoch das Übergewicht, und die psychogenetische und soziologische Schule nehmen einen schwachen, wenn nicht sehr schwachen zweiten und dritten Platz ein.

In Anbetracht der Tatsache, daß alle drei Hauptschulen der Kriminologie grundlegende Schwächen aufweisen, schlägt der Verfasser eine Theorie vor, die für eine Deutung des gesamten mittleren Bereichs der Kriminalität geeignet ist. Nicht erfaßt werden lediglich Extreme des delinquenten und kriminellen Verhaltens, die offensichtlich auf die Teilnahme an einer kriminellen Gruppenkultur zurückzuführen sind, wie bei der organisierten Kriminalität oder bei den Unternehmungen der kriminellen Stämme in Indien, oder andere extreme kriminelle Verhaltensweisen, die auf sehr starke und nicht beherrschbare innere Impulse zurückgehen. Die Theorie des Verfassers geht von der Vorstellung aus, daß innere (self) und äußere (social) Kontrollen allein oder im Zusammenwirken miteinander den Menschen gegenüber delinquentem und kriminellem Verhalten abschirmen. Sie bilden einen Schutzwall gegenüber äußerem Druck und Zug und gegenüber den Impulsen aus dem Inneren und stellen so den „Halt" des Menschen dar. Aus diesem Grunde wurde die Theorie Halt-Theorie (Containment Theory) genannt. Maßgebend für das Zustandekommen kriminellen Verhaltens ist die Stärke oder Schwäche des menschlichen Kontrollsystems.

Die Halttheorie genügt den Anforderungen für eine Wirksamkeit auf verschiedenen Gebieten. Hierfür spricht nicht zuletzt, daß die Komponenten der inneren und äußeren Kontrolle wahrscheinlich von der Forschung spezifiziert und in Einzelfalluntersuchungen ermittelt werden können, und daß sich Soziologen, Psychiater, Psychologen und Psychoanalytiker auf sie einigen können.

Zu Beginn des zwanzigsten Jahrhunderts, als die Kriminalanthropologie und die Kriminalsoziologie vorherrschten, untersuchte ein Psychiater namens William Healy systematisch die Lebensgeschichten von mehreren hundert Straffälligen, die seiner Klinik von dem Jugendgericht in Chicago zugewiesen worden waren. Er fand, daß die seinen Fällen zugrunde liegenden tatsächlichen Verhältnisse komplexer waren als es nach den kriminologischen Theorien sein konnte. Seine Untersuchungen lenkten die Aufmerksamkeit auf den Umstand, daß in jedem einzelnen Fall eine Vielzahl kausaler Faktoren wirksam ist. Ein ausführlicher Bericht über Healys Aufsehen erregenden Bruch mit den zu seiner Zeit herrschenden Theorien wird im 11. Kapitel gegeben. Andere wichtige Beiträge zu der Erforschung der kausalen Faktoren an Hand von Einzelfällen sollen dort ebenfalls besprochen werden. Sonderbarerweise wurde jedoch die Methode, die kausalen Kriminalitätsfaktoren in Einzeluntersuchungen zu erforschen, nie vorherrschend in der Kriminologie. Die Kriminologen fuhren fort, nach einer allgemeinen Theorie des kriminellen Verhaltens zu suchen. Die Methode der Einzelfallstudien wurde, wie es aus den Angaben des 11. Kapitels ersichtlich ist, vereinzelt etwa von 1915 bis 1950 angewendet.

In vielen Ämtern und Anstalten, die sich mit jugendlichen oder erwachsenen Straffälligen befassen, werden Unterlagen über die behandelten Fälle gesammelt: in den Probation- und Parolierungsämtern, in den Kliniken, Gefängnissen, Besserungsanstalten und Erziehungsheimen. Wenn die Unterlagen gut geführt werden, enthalten sie eine Darlegung der individuellen Probleme des Falles, Informationen über den Hintergrund, Angaben über psychologische, ärztliche und psychiatrische Untersuchungen und Hinweise über die Behandlung. Während diese Unterlagen bei der Behandlung Straffälliger notwendig gesammelt werden müssen, bereitet es unüberwindliche Schwierigkeiten, sie eigens für Forschungszwecke systematisch zu sammeln.

Es gibt in der Welt einige Kliniken, die im Laufe der Zeit ein umfangreiches Archiv ausführlicher Aufzeichnungen ihrer Fälle angesammelt haben. Diese Archive stehen dem Forscher für systematische Forschungen schon lange zur Verfügung[1]. Dem Verfasser sind jedoch keine großangelegten systematischen Forschungen bekannt, die auf das Material dieser Archive gestützt worden wären.

Der Soziologe Clifford R. Shaw zeigte um 1930 in zwei Monographien, welch tiefe Einblicke die selbst erzählte Lebensgeschichte eines Jungen gewähren kann, wenn sie ergänzend zu den klinischen Befunden, die

[1] Die Judge Baker Foundation Clinic in Boston, zu der Dr. William Healy gegangen ist, nachdem er seine Klinik in Chicago verlassen hatte, sowie das Langholmen Gefängnis in Stockholm, dessen langjähriger Leiter Dr. Olof Kinberg war, haben beide eine Einladung für Forscher ausgesprochen, ihre Archive zu benutzen. Es gibt außerdem mehrere andere Kliniken in Europa und in den Vereinigten Staaten, die dem Sachverständigen ihre Archive öffnen würden.

durch die üblichen Untersuchungen und Ermittlungen festgestellt werden, herangezogen wird. Seine Darstellungen beruhen auf erbetenen Autobiographien, die die Welt des einzelnen Deliquenten und seine Haltung zur Welt offenbaren sowie den Prozeß, in dem sich seine kriminelle Laufbahn entwickelt hat[2]. Während diese Monographien zu den wertvollsten Arbeiten auf dem Gebiete der Kriminologie gehören, kann die ausführliche Form der Autobiographie kaum zu systematischen Forschungen benutzt werden. Der Aufwand an Zeit und Kosten für die Sammlung einer großen Anzahl solcher Arbeiten wäre zu groß.

Viel eher durchzuführen ist eine Untersuchung von 500 straffälligen und 500 nichtstraffälligen Jungen, wie sie von den Gluecks vorgenommen wurde (siehe im einzelnen im 11. Kapitel). Sie ließen die üblichen medizinischen und psychiatrischen Untersuchungen durchführen und sammelten Unterlagen über die gesellschaftlichen und familiären Hintergründe in standardisierter Form. Auf diese Weise konnten sie die Verteilung jedes einzelnen Faktors in der Gruppe der Delinquenten mit der Verteilung in der Gruppe der Nichtdelinquenten vergleichen. Der Vergleich ermöglichte eine Gesamtdeutung in der Form einer verallgemeinernden Formulierung auf der Grundlage spezifizierter Basiskomponenten. Aber niemand anders scheint geneigt, eine ähnliche Untersuchung zu unternehmen, um die Ergebnisse der Gluecks zu bestätigen oder zu widerlegen.

Das Interesse richtet sich immer noch darauf, einen leichteren Weg zu einer allgemeinen Erklärung der Delinquenz und der Kriminalität zu finden. Es besteht wenig Hoffnung auf eine sorgfältige und systematische Erforschung der kriminogenen Faktoren auf der Grundlage des Vergleichs großer Gruppen delinquenter mit entsprechenden Kontrollgruppen nicht delinquenter Personen. Die Kriminologen selbst scheinen Theorien zu bevorzugen, die aus Untersuchungen hervorgehen, wie die von Lange über die kriminellen Zwillinge, die von Kretschmer über Körperbau und Charakter, die von Friedlander über antisoziale Charakterbildung, die von Redl über hyperaggressive Halbwüchsige, die von Sutherland über differentielle Assoziation und die von Cohen über kriminelle Subkulturen. Vielleicht kann die Halttheorie die Soziologen, Psychologen, Psychiater und Psychoanalytiker veranlassen, systematische Fallstudien zu betreiben und die spezifischen Komponenten des Verhaltens zu identifizieren. Wenn nicht, dann werden auch weiterhin Theorien auf der Grundlage einseitiger Stichproben (phantom samples) gesponnen, die zur Hauptsache nur in der Vorstellungswelt der Theoretiker existieren.

---

[2] Clifford R. Shaw, *The Jack-Roller* (Chicago, University of Chicago Press, 1930); with M. E. Moore, *The Natural History of a Delinquent Career* (Chicago, University of Chicago Press, 1931).

11. KAPITEL

Die Falluntersuchung als Methode zur Erforschung kriminogener Faktoren

Healys erste Untersuchungsreihe

Während die Kriminologen in Europa und Amerika ihre allgemeinen Theorien entwickelten, beschäftigte sich der amerikanische Psychiater William Healy etwa von 1909 bis 1914 in detaillierten Einzelfalluntersuchungen mit mehren hundert jugendlichen Rückfalltätern, die das örtliche Jugendgericht seiner Erziehungsberatungsstelle in Chicago überwiesen hatte. Er konnte zeigen, daß die Kausalität kriminellen Verhaltens viel zu komplex ist, als daß sie durch eine generelle Theorie erfaßt werden könnte. Bei den von ihm untersuchten 823 jugendlichen Straffälligen fand er für den einzelnen Fall durchschnittlich 3,5 ursächliche Faktoren. Es ist offensichtlich, daß Healys Ergebnisse viel stärker die Vorstellung von der Vielfältigkeit der Kriminalitätsursachen unterstützen als den Einfaktorenansatz, auf dem noch immer von manchen Kriminologen bestanden wird. Geistige Anomalität und besondere charakterliche Eigenarten wurden als individuelle kausale Faktoren von ihm am häufigsten beobachtet; hieran schlossen sich schlechte häusliche Verhältnisse als ein sozialer oder Umweltfaktor mit der zweitgrößten Häufigkeit an. Indirekt auf das Verhalten einwirkende erbliche Belastung stand an dritter und schlechter Umgang, ein weiterer Faktor der Umgebung, an vierter Stelle[1].

Ein Fall zur Illustration

Später wurde Healy Direktor einer Beratungsstelle in Boston. Nachfolgend sei ein Fall dargestellt, den Healy dort untersuchte und 1922 veröffentlichte. Eine Zusammenfassung dieses Falls mag zur Erläuterung seiner Methode dienen[2].

Gregorius Mantos, 16 Jahre und 2 Monate alt, griechische Eltern, in Griechenland geboren, in den Vereinigten Staaten seit 7 Jahren, mit 11 Jahren erstmalig vor dem Jugendgericht wegen Diebstahls in Erscheinung getreten, in den folgenden 3 Jahren 9 verschiedene Anzeigen: Betteln, Fortlaufen von zu Hause, Einbruch usw. Bei verschiedenen Pflegeeltern frech, faul, schmutzig, heftig, eingebildet.

Familie: Vater 61 Jahre alt, geboren in Griechenland, Volksschulbildung, kam mit 31 Jahren nach den Vereinigten Staaten, ging wieder in die Heimat zurück, heiratete dort, 2 Kinder wurden geboren, brachte die Familie dann nach

---

[1] William Healy, *The Individual Delinquent* (Boston, Little, Brown & Company, 1914), pp. 130—131.

[2] *Judge Baker Foundation Case Studies*, Case No. 1, Boston, privately published, 1922.

Amerika, ging wiederum nach Griechenland zurück, dann wieder nach Amerika mit jüngster Tochter, ließ 2 Söhne daheim, die er schließlich für immer nach Amerika holte. Ehrlicher, fleißiger Arbeiter. Mutter gesund, starb mit 42 Jahren. Ältester Sohn 17, arbeitet in Fabrik, Schwester bei Pflegeeltern.

Entwicklung: Normale Geburt, wurde gestillt, wiegt mit 15 Jahren 11 Monaten 104 Pfund.

Zu Hause und Umgebung: Ländlich in Griechenland, in Amerika (Boston) ärmlich, ein Zimmer, Küche, jugendliche Bande.

Gewohnheiten und Interessen: Spielt auf der Straße, zu Hause Gespräche über klassische Literatur und Geschichte, kein Interesse an Sport, raucht nicht, trinkt selten Kaffee, streunt in den Straßen mit Gefährten umher.

Schulleben: Zwei Jahre Volksschule in Griechenland. In Boston 3 Klassen in einem Jahr. Schlechte Leistungen in den oberen Klassen.

Untergebracht bei Pflegeeltern: In Kleinstadt, Pflegevater Reisender, ein erwachsener Sohn aus dem Haus, die Mutter will wieder ein Kind ins Haus. Ohne Erfolg. Ein Jahr später auf Farm, zu schwere Arbeit. Dann bei einer Witwe mit drei Kindern, freundlich, aber nachgiebig. Bleibt viel auf der Straße. Dann in Arbeiterhaushalt, Mutter gibt sich viel Mühe mit ihm, aber er hat schlechte Gesellschaft.

Körperliche Entwicklung: Klein, ziemlich stark, ohne Befund.

Geistige Entwicklung: Normal begabt, eigensinnig, ohne Pflichtgefühl.

Eigener Bericht des Jungen: Meint, Amerika sei besser als Heimat, bessere Schulen, aber die Jungen lernen Schlechtes auf der Straße. Es wird viel gestohlen. Er lernt Selbstbefriedigung. Vater sei gut zu ihm gewesen. Er mochte Pflegeeltern, bis auf den Farmer. Er sei zufrieden und ohne Sorgen.

Wahrscheinliche unmittelbare Ursachen: (a) der *frühen* Straffälligkeit: 1. Mangel an Anpassung wegen Einwanderung. 2. Straßenleben. 3. Schlechte Gesellschaft. 4. Zu wenig Aufsicht durch Eltern. 5. Armut; (b) der *späteren* Schwierigkeiten: 6. Häufige Streitigkeiten mit den Pflegeeltern, 7. Charakterfehler, 8. Minderwertigkeitsgefühle in den Pflegestellen, 9. keine Entwicklung der Verantwortlichkeit durch ständige Annahme von Wohltätigkeit.

Spätere Führung: Lebte wieder beim Vater, in Einzimmer-Wohnung. Beendete Schule, ist dann nicht wieder straffällig geworden. Pflegestellen halfen ihm, alte Gefährten, mit denen er stahl, zu vergessen.

Wie ersichtlich, findet Healy 5 Ursachen für die frühe Straffälligkeit, die alle aus besonderen Situationen erwachsen: Einwanderung, Straßenleben, schlechte Gesellschaft, unzureichende Überwachung und Armut.

Burts Untersuchung

Im Jahre 1925 veröffentlichte der britische Psychologe Cyril Burt eine systematische Studie über die ursächlichen Faktoren, die er in einer Gruppe von 123 Jungen und 74 Mädchen, die ihm zwecks klinischer Diagnose von den Jugendgerichten Londons überwiesen worden waren, gefunden hatte. Burt sammelte zusätzlich ähnliche Daten über 400 bisher nicht auffällige Jungen und Mädchen, die aus der gleichen Nachbarschaft wie die straffällig gewordenen Fälle stammten. Burt stellte fest, daß ungefähr 9 verschiedene Umstände (conditions) in jedem seiner Fälle in unterschiedlichen Kombinationen und wechselnder Stärke die von ihm untersuchten Kinder zum deliquenten Verhalten geführt hatten. Er kam zu der Auffassung, daß die Anhäufung von ungünstigen Umständen die Delinquenz verursacht hatte. Denn bei den delinquenten Kindern fand er beinahe dreimal soviel ungünstige Faktoren wie bei den nicht auffälligen (937,0 gegenüber 326,8 auf 100 bezogen)[3]. Es erscheint zweifelhaft, daß bei gewöhnlichen klinischen Untersuchungen von Psychologen und Psychiatern 9 ursächliche Faktoren pro Kopf gefunden werden können. Denn Kliniker werden immer dazu neigen, nur die Faktoren zu suchen, die unmittelbar einen Ausdruck im Verhalten finden, und die anderen, die nur den Hintergrund des einzelnen Falles bilden, zu vernachlässigen. Dies ist wahrscheinlich der Grund, weshalb Burt bei seinen systematischen Untersuchungen durchschnittlich 9 und Healy bei seinen nicht an einem Faktorenkatalog orientierten Untersuchungen hingegen nur 3,5 Faktoren je Fall fand. Von den einzelnen kriminogenen Faktoren waren von Burt zerrüttete Familienverhältnisse am häufigsten beobachtet worden. Es folgen krankhafte körperliche und an dritter Stelle besondere angeborene emotionale Umstände.

Healys zweite Untersuchung

Zwanzig Jahre nach seiner bahnbrechenden Arbeit in Chicago beschäftigte sich Healy ein zweites Mal mit der Untersuchung einzelner Fälle zur Erforschung der ursächlichen Faktoren. Dieses Mal analysierte er 105 jugendliche Delinquenten (größtenteils Jungen, aber auch einige Mädchen), die von den *Child Guidance Clinics* in New Haven, Boston und Detroit, angefangen mit dem Jahr 1929, beobachtet worden waren, und 105 *nicht* straffällig gewordene Geschwister. Bei der Auswahl der Geschwister wurde darauf geachtet, daß sie nach Möglichkeit das gleiche Geschlecht wie die delinquenten Kinder hatten und ihnen dem Alter nach möglichst nahe standen. In den meisten Punkten der gesamten Untersuchung ergaben die Delinquenten ein ungünstigeres Bild als ihre nicht delinquenten Geschwister. Bei den Delinquenten wurden 170 Entwicklungsstörungen festgestellt gegenüber 74 bei den nicht delinquenten Geschwistern; 25 charakterliche Störungen wurden bei ihnen mit Sicherheit diagnostiziert gegenüber 2 bei den nicht Delinquenten; 46 Fälle von Betätigungsdrang und nervöser Unruhe standen keinem einzigen Fall bei den nicht delinquenten Geschwistern gegenüber; desgleichen 31 Fälle von starker Anschlußbereitschaft an Gangs gegenüber 11; 38 Fälle von ausge-

[3] Cyril Burt, *The Young Delinquent* (London, University of London Press, Ltd., 3rd and revised edition, 1938), p. 603. The first edition was published in 1925. The findings have not been changed in the subsequent edition.

sprochenem Minderwertigkeitsgefühl gegenüber 4. Ohne Zweifel war das wichtigste Ergebnis in der Untersuchung die Tatsache, daß in 91% der Fälle (96 von 105) „sich deutlich nachweisen ließ, daß die delinquenten Geschwister sehr unglücklich und unzufrieden mit ihren Lebensbedingungen waren oder doch wenigstens eine Bereitschaft mit sich brachten, sich von emotional provozierenden Situationen oder Erlebnissen in extremer Weise beunruhigen zu lassen." Dem stand im scharfen Gegensatz gegenüber, daß nur 13% der *nicht* delinquent gewordenen Geschwister als unglücklich oder unzufrieden diagnostiziert wurden[4].

Gluecks Untersuchung

Sheldon und Eleanor Glueck haben in einer ausführlichen Untersuchung 500 delinquente Jungen aus Boston, die in staatliche Heime für jugendliche Delinquenten eingeliefert worden waren, mit der gleichen Anzahl nicht auffälliger Jungen verglichen[5]. Im Gegensatz zu den Untersuchungen Healys haben sie keine Anzeichen dafür gefunden, daß delinquente Jungen von schlechterer Gesundheit sind oder mehr psychische Defekte aufweisen als nicht delinquente. Von den delinquenten Jungen wurde berichtet, daß sie in ihrer ersten Kindheit etwas kränklicher waren als die Nichtkriminellen; daß sie Bettnässer seien, sich unruhiger verhielten und in stärkerem Maße Fingernägel kauten. Die nicht Delinquenten zeigten dagegen stärkere nervöse Belastungen, mehr nervöse Hautkrankheiten, mehr Gesichtszucken — um nur einige Vergleiche zu erwähnen. Hinsichtlich des Körperbaus (abgesehen von der gesundheitlichen Beschaffenheit) herrschte bei den delinquenten Jungen mehr als bei den nicht delinquenten ein überlegener maskuliner Typ vor[6].

Psychologisch zeigten sich die delinquenten Jungen stärker auf konkrete Tatsachen eingestellt. Sie lernten leichter aus ihren Handlungen als aus Büchern. Die nicht Delinquenten waren dagegen mehr auf symbolisches, indirektes und abstraktes Lernen eingestellt[7].

Die delinquenten Jungen zeigten sich in viel größerem Ausmaße als die nicht Delinquenten trotzig, übelnehmerisch, feindlich, verdächtigend, zersetzend, impulsiv, lebhaft, extrovertiert. Außerdem ordneten sie sich weniger leicht einer Autorität unter. Aus psychiatrischen Untersuchungen

---

[4] William Healy and Augusta F. Bronner, *New Light on Delinquency and Its Treatment* (New Haven, Yale University Press, 1936), pp. 73—77, 122, 128—129.

[5] Sheldon and Eleanor Glueck, *Unravelling Juvenile Delinquency* (New York, The Commonwealth Fund, 1950).

[6] *Ibid.*, pp. 181, 196.

[7] *Ibid.*, p. 207.

wurde hergeleitet, daß die Delinquenten über weniger emotionelle Stabilität verfügen als die nicht Delinquenten, und daß sie abenteuerlustiger, beeinflußbarer und eigensinniger waren. Sie neigten auch eher dazu, sich gehen zu lassen[8].

Die Familien, in denen die delinquenten Jungen aufgewachsen waren, waren unzulänglicher als die, in denen die nicht Delinquenten aufwuchsen[9]. Die Delinquenten waren in fast jedem Fall Mitglieder von jugendlichen Banden, während die nicht Delinquenten nur in den seltensten Fällen daran beteiligt waren. Die Delinquenten nahmen auch eher Verbindung zu älteren und straffällig gewordenen Jungen auf als die nicht Delinquenten[10]. Die statistische Beziehung zwischen der Delinquenz und den Kontakten mit delinquenten Kameraden zeigte sich als der größte Unterschied zwischen den Delinquenten und nicht Delinquenten. Trotzdem scheinen die Gluecks anzunehmen, daß der Umgangsfaktor für die Delinquenz nicht ursächlich ist.

Das Gesetz der fünf Punkte

Gestützt auf die Interpretation ihrer Ergebnisse haben die Gluecks ein 5-Punkte-Gesetz formuliert, das Körperbau, Temperament sowie Intelligenzrichtung und familiäre Schwierigkeiten berücksichtigt. Wie zu erwarten war, wurde der Umgangsfaktor hierbei nicht berücksichtigt. Die Einwirkungen der Umgebung sind nur durch einen allgemeinen Faktor der Familie vertreten, so daß sich ein Verhältnis von vier zu eins zwischen den Persönlichkeitsfaktoren und den sozial-kulturellen oder Umgebungsfaktoren ergibt. Alle fünf Merkmale weisen auf Faktoren und Kräfte hin, die die Persönlichkeit in der frühen Kindheit und den Körperbau vor der Geburt (Vererbung) formen.

Die Delinquenten lassen sich als Gruppe nach diesen fünf Punkten von den nicht Delinquenten wie folgt unterscheiden: 1. physisch gesehen haben sie einen im wesentlichen athletischen Körperbau (kräftig, wohlgebaut, muskulös); 2. dem Temperament nach sind sie in ruheloser Weise energiegeladen, impulsiv, extrovertiert, aggressiv, destruktiv (oft sogar sadistisch) — Züge, die mehr oder weniger zu dem sprunghaften Wachstum und seinen psychologischen Korrelaten und Folgen in Beziehung gebracht werden können; 3. der Einstellung nach sind sie feindselig, trotzig, übelnehmerisch, argwöhnisch, eigensinnig, sozial bestimmend, abenteuerlustig, unkonventionell und ungehorsam einer Autorität gegenüber;

---

[8] *Ibid.*, pp. 240—241, 251—252.
[9] *Ibid.*, p. 107.
[10] *Ibid.*, p. 167.

4. der Intelligenzrichtung nach neigen sie mehr zu direktem und konkretem, anstatt zu symbolischem intellektuellem Ausdruck, und verhalten sich weniger methodisch, wenn sie sich Problemen nähern; 5. ihrem familiären Herkommen nach sind sie in viel größerem Ausmaß als die Vergleichsgruppe in Elternhäusern aufgezogen worden, wo wenig Verständnis, wenig Liebe, wenig Stabilität und wenig Nestwärme vorhanden war[11]. Ihre Eltern waren unfähig, wirkliche Führer und Beschützer zu sein, oder waren — um die Ausdrucksweise der psychoanalytischen Theorie zu gebrauchen — während der ersten Stadien der Charakterentwicklung ungeeignet, ein wünschenswertes Vorbild für die Bildung eines festgefügten, ausgeglichenen und sozial normalen Superegos darzustellen.

Gluecks Prognose

Auf der Grundlage der in ihrer Untersuchung ermittelten Daten entwickelten die Gluecks eine Prognosetabelle, die von Merkmalen ausgeht, welche sich schon sehr früh im Leben eines Kindes, etwa bis zum Eintritt in das schulpflichtige Alter, erkennen lassen; denn der Gedanke der Verhütung der Kriminalität besteht vor allem darin, potentielle Delinquenten so früh wie möglich zu erkennen. Die Ergebnisse ihrer Untersuchung ließen fünf verschiedene Faktoren für eine wirkungsvolle Voraussage ausreichend erscheinen. Konsequenterweise wählten sie folgende fünf das Familienleben beeinflussende Faktoren für ihre Prognosetabelle aus: 1. die Erziehung des Jungen durch den Vater, 2. die Überwachung des Jungen durch die Mutter, 3. die Zuneigung des Vaters zu seinem Jungen, 4. die Zuneigung der Mutter zu ihrem Jungen und 5. der Zusammenhalt der Familie[12].

Freys Untersuchung

Der Schweizer Kriminologe Erwin Frey untersuchte als Schüler von Franz Exner mit den Methoden der Kriminalbiologie die Lebensläufe und psychiatrischen Berichte von 160 Jugendlichen im Alter von 14 bis 18 Jahren. Sie waren von dem Baseler Jugendgericht während der Jahre 1939 bis 1948 in Erziehungsanstalten eingewiesen worden. 85 von diesen 160 Fällen hatten im Dezember 1948 noch nicht ganz das Alter von 23 Jahren erreicht und waren noch nicht länger als vier Jahre aus der Anstalt entlassen worden. Die restlichen 75 Fälle waren 23 Jahre alt und seit wenigstens vier Jahren aus der Anstalt entlassen[13]. Der Durchschnittsaufent-

---

[11] *Ibid.*, pp. 281—282.

[12] *Ibid.*, p. 261.

[13] Erwin Frey, *Der Frühkriminelle Rückfallsverbrecher* (Basel, Switzerland, Verlag für Recht und Gesellschaft, 1951), pp. 95—97.

halt dieser 75 Fälle in der Anstalt betrug zwei Jahre. Sie waren durchschnittlich seit 6½ Jahren aus der Anstalt entlassen. Das Durchschnittsalter am Stichtag (dem 31. Dezember 1949) der Untersuchung war 26 Jahre. Dreiunddreißig von diesen 75 waren bis zum Stichtag nicht rückfällig geworden, wohingegen 42 wieder straffällig geworden waren. Die 42 rückfälligen Probanden teilte Frey in 15 Gelegenheitsverbrecher und 27 Gewohnheitsverbrecher ein, je nachdem sie fünf oder weniger als fünfmal wegen Vergehen oder Verbrechen bestraft worden waren, die sie nach Erreichung der Volljährigkeit — 20 Jahre in der Schweiz — begangen hatten[14]. Die 27 Rückfälligen, die wenigstens das Alter von 23 Jahren erreicht hatten und seit vier Jahren aus der Anstalt entlassen waren, konnten so als eine Gruppe betrachtet werden, deren Tendenz zum Gewohnheitsverbrechertum feststellbar war.

Die 27 zum Gewohnheitsverbrecher tendierenden Kriminellen gehören zur Hauptsache zur Gruppe der Psychopathen und besonders der schwachsinnigen Psychopathen. Frey behauptet, daß früh straffällig gewordene Psychopathen sehr wahrscheinlich später zu Gewohnheitsverbrechern werden[15]. Von den 75 Fällen im Alter über 23 Jahre stammten 44 aus einem normalen Elternhaus und 31 kamen aus zerrütteten Familienverhältnissen. Aber es bestand nur ein geringer, statistisch nicht signifikanter Unterschied zwischen dem Anteil der Jugendlichen, die aus normalen Elternhäusern zu Gewohnheitsverbrechern geworden waren und denen, die aus zerrütteten Familien kamen[16].

Frey ermittelte, daß 18 von den 27 Gewohnheitsverbrechern ihre erste Straftat vor dem zehnten Lebensjahr begangen hatten, wohingegen 23 der 33 nicht Rückfälligen ihre ersten Straftaten erst im Alter von 14—18 Jahren verübten. Er behauptet, daß frühes Straffälligwerden die spätere Entwicklung zum Gewohnheitsverbrecher mitbestimmt, was wiederum hauptsächlich die Folge eines ererbten psychopathischen Charakters sei[17].

Vorprognose

Frey entwickelte, auf seinen Beobachtungen fußend, ein Prognoseschema, das auf acht einzelnen Vorprognosen beruht, die, nach seiner Darstellung, entsprechend ihrer Stärke und Gewichtigkeit gewogen werden können:

---

[14] *Ibid.*, pp. 97—98.
[15] *Ibid.*, p. 130.
[16] *Ibid.*, p. 166.
[17] *Ibid.*, p. 253.

1. Erbliche Belastung. Vorkommen von Psychosen, Psychopathien, Trunksucht, Debilität, Kriminalität usw. in der Verwandschaft.
2. Persönlichkeitstypus. Intelligenzniveau, Psychosen, psychogene Störungen, Psychopatien, sonstwie abnormer Charakter, organische Gehirndefekte, somatische Auffälligkeiten usw.
3. Milieu im Elternhaus. Stellung im Elternhaus; soziale und ökonomische Verhältnisse; erzieherische Verhältnisse.
4. Freizeitmilieu. Allgemeine Art der Verbringung der Freizeit, positive und negative Freizeitinteressen, Rolle von Kino, Bar und Dancing, Lektüre, Umgang mit Kollegen usw.
5. Erziehungsschwierigkeiten. Vorkommen von Erziehungsschwierigkeiten in den drei Entwicklungsstufen: Vorschulalter, Schulalter und Nachschulalter, spezifische Formen der Erziehungsschwierigkeiten in den verschiedenen Entwicklungsstufen, Verhältnis zu Lehrern und Mitschülern, zu Arbeitgebern und Mitarbeitern, Zuverlässigkeit in der Arbeit usw.
6. Einstellung zur Tat. Verhalten in der Strafuntersuchung, Einsicht und Reue, allgemeine Selbstbeurteilung usw.
7. Frühkriminalität. Alter beim ersten nachgewiesenen Delikt, Zahl der Rückfälle bis zur Versorgung, Rückfallstempo usw.
8. Art der Delikte. Bisher begangene Delikte, Umfang und Schwere derselben, modus operandi, Komplizenschaft, allfällige Hauptdeliktsrichtung usw.[18].

Die Perspektive

Amerikanische Biologen, Psychiater, Psychologen und Soziologen erkennen das Vorkommen von Psychopathie, Alkoholismus und Kriminalität in der Verwandtschaft nicht als Beweis für die Erblichkeit einer kriminellen Neigung an. Sie akzeptieren auch nicht, daß die Psychopathie ein angeborenes Merkmal der Persönlichkeit ist und ziehen den Gedanken vor, daß gewisse Personen in früher Kindheit eine psychogenetisch hervorgerufene Störung ihrer Persönlichkeit erfahren haben.

12. KAPITEL

Die Kriminalbiologie

Die bedeutendsten nicht soziologischen Erklärungen des kriminellen und delinquenten Verhaltens gehen von der Vererbung, der Körperkonstitution und den Persönlichkeitsstörungen aus. Von diesen drei Gruppen werden alle Theorien und Erklärungsversuche umfaßt, die zu den soziologischen im Gegensatz stehen. Die ersten beiden der oben erwähnten Gebiete überschneiden sich und verschmelzen ineinander. In Europa werden heute Kriminologen, die die Ursache der Kriminalität in der Vererbung und der Konstitution sehen, Kriminalbiologen genannt.

---

[18] *Ibid.*, pp. 324—325.

Die erbliche Belastung

Healy fand bei seinen oben dargestellten Untersuchungen ergiebiges Material für den Nachweis, daß die Erbanlagen indirekt auf das Verhalten einwirken. Durch eine Untersuchung der physischen und geistigen Merkmale der Nachkommenschaft und unter Berücksichtigung einiger Umstände, unter denen die Kinder aufwuchsen, kam er zu dem Ergebnis, daß die Vererbung in indirekter Weise bei der Verursachung der Delinquenz mitwirkt[1]. Es ist bereits erwähnt worden, daß Burt (in seiner klinischen Untersuchung Londoner krimineller Jugendlicher) beobachtet hat, daß Erbanlagen in ungefähr 40% der Fälle indirekt an der Entstehung der Delinquenz beteiligt waren[2]. In dieser Beziehung stimmt er mit Healy überein. Jedoch hat Burt die indirekten Auswirkungen der Vererbung viel höher eingeschätzt als Healys Ergebnisse zeigten. Daß Healy und Burt eine unmittelbare Einwirkung der Erbanlagen auf die Entstehung der Delinquenz abgelehnt hatten, vermochte die Bemühungen um den Nachweis nicht aufzuhalten, daß die Vererbung doch einen unmittelbaren Einfluß auf die Verursachung der Kriminalität habe.

Um die direkte Wirksamkeit der Vererbung nachzuweisen, wurden Untersuchungen von straffällig gewordenen Zwilligen angestellt. Johannes Lange untersuchte dreißig kriminelle Zwillingsgeschwister. Er konnte an seinen Fällen zeigen, daß, soweit kriminelles Verhalten in Betracht kommt, eineiige Zwillinge in augenscheinlich ähnlicher Weise reagieren, wohingegen zweieiige Zwillinge sich ganz unterschiedlich verhalten. Wenn seiner Untersuchungsmethode Bedeutung beigemessen werden kann, muß eingeräumt werden, daß ererbte Neigung bei der Verursachung der Kriminalität eine vorherrschende Rolle spielt[3]. Die Hauptschwierigkeit bei den Zwillingsuntersuchungen besteht jedoch in einer verläßlichen Unterscheidung der eineiigen von den zweieiigen Zwillingen. Nach einigen Sachverständigen läßt sich diese Trennung nur mit Sicherheit vornehmen, wenn ein Spezialarzt der Geburt beiwohnt. Eine weitere Schwierigkeit liegt darin, daß bei den Zwillingsuntersuchungen nicht sorgfältig genug auf den Vorgang des Aufwachsens in scheinbar gleicher oder verschiedener Familienumgebung geachtet wird.

Nach Adolf Lenz sind die asozialen Tendenzen und Charaktermerkmale der Vorfahren zu untersuchen, da sich in ihnen eine Verminderung der

---

[1] William Healy, *The Individual Delinquent* (Boston, Little, Brown & Company, 1915), p. 154.

[2] Cyril Burt, *The Young Delinquent* (London, University of London Press, Ltd., 3rd and revised edition, 1938), pp. 603—605.

[3] Johannes Lange, *Crime and Destiny*, translated by Charlotte Haldane (New York, C. Boni, 1930), p. 46.

Fähigkeit, soziale Anpassungen vorzunehmen, erkennen läßt. Das Auftreten von Geisteskrankheit und Gehirnleiden, von Hysterie, Epilepsie, neurotischen Merkmalen, Trunksucht und Selbstmord in der Familie und unter den Vorfahren ist ein Anzeichen dafür, daß auch die Individuen der gegenwärtigen Generation Schwierigkeiten haben werden, sich sozial angepaßt zu verhalten[4].

Die kriminelle Konstitution

Tatsächlich verschmilzt die Theorie von der Verursachung der Kriminalität durch Erbanlagen mit der Theorie der sogenannten kriminellen Konstitution in der Auffassung der europäischen Schule der Kriminalbiologie (Neo-Lombrosianismus), die sich in Europa zusammen mit dem klinischen Dienst in den Strafanstalten entwickelte. Die „wirklichen" Kriminellen sind nach dieser Auffassung Rückfällige, die von Zeit zu Zeit immer wieder dem Verbrechen verfallen. Meistens werden sie Gewohnheitsverbrecher oder abnorme Verbrecher genannt. Die Schule der Kriminalbiologie behauptet, daß „wirkliche" Verbrecher (im Unterschied zu den Gelegenheits- oder Situationsverbrechern) über eine physische und geistige Ausstattung verfügten, die ihre Fähigkeit mindert, ein rechtschaffenes Leben zu führen. Sie vertritt die Meinung, daß Schwächen der körperlichen und psychischen Konstitution größtenteils aus den Erbanlagen hergeleitet werden können; sie besteht aber nicht darauf, daß es eine spezifische kriminelle Konstitution gibt, bei der immer eine bestimmte Anzahl von *physischen* und *geistigen Merkmalen* in einer bestimmten *Kombination* zusammentrifft. Zur Diagnostizierung eines konstitutionsbedingten Verbrechers sind nach der Auffassung des großen belgischen Kriminologen Louis Verwaeck die stark variierenden Kombinationen physischer und psychischer Merkmale und Abartigkeiten festzustellen[5].

Die Auffassung von der konstitutionsmäßigen Bestimmung kriminellen Verhaltens wurde erweitert, um die Theorie Kretschmers aufzunehmen. Die Grundtypen des Körperbaus in Kretschmers Schema sind der asthenische, der athletische und der pyknische Typ sowie einige gemischte und unklassifizierte Typen. Die Personen mit asthenischem und athletischem Körperbau waren ihrer psychischen Verfassung nach vorherrschend schizophren, während die Pykniker vorherrschend manisch-

---

[4] Adolph Lenz, „Die Bedeutung der Kriminalbiologie", *Archiv für Kriminalbiologie*, Vol. 88 (1931), pp. 222—224.

[5] Louis Verwaeck, *Syllabus du cours d'anthropologie criminelle donné à la prison de Forest* (Brussels, 1926), p. 57, 61—63; „Gibt es Anhaltspunkte für die Unverbesserlichkeit des Verbrechers?" *Monatsschrift für Kriminalpsychologie und Strafrechtsreform*, Vol. 25 (1934), pp. 446—449.

depressive Züge aufwiesen[6]. Von denen, die die Psychotypologie Kretschmers auf die Untersuchung von Kriminellen angewendet haben, wird behauptet, daß die Pykniker mit ihrem vorherrschend zyklothymen Temperament grundsätzlich die leichteren Verbrechen und die Athletiker und Leptosomen (Astheniker) mit vorherrschend schizothymem Temperament häufiger gefährliche und schwerwiegende Verbrechen begehen. Von den Pyknikern wird auch angenommen, daß sie nur selten unter den Gewohnheitsverbrechern anzutreffen sind und häufig bei Unterschlagungen in den gehobenen Schichten in Erscheinung treten. Kinberg zitiert von Rhoden als Autorität für das Untersuchungsergebnis, daß schizothyme Kriminelle zu 58% und zyklothyme zu 12% unverbesserlich sind[7].

Der morphologische Typ nach Sheldon und Glueck

Bei einer Untersuchung von 200 15—21 Jahre alten männlichen Jugendlichen eines Heimes in Boston fand Sheldon bei seinen Messungen und Klassifikationen der physischen Konstitution drei Komponenten, die jedes Individuum in verschiedener Kombination aufweist. Die Komponenten wurden Endomorphie, Mesomorphie und Ektomorphie genannt. Endomorphie bedeutet das Vorherrschen der vegetativen Funktionen; Endomorphiker neigen deshalb dazu, nachgiebige und korpulente Persönlichkeiten zu sein. Mesomorphie läßt die Muskeln vorherrschen; Mesomorphiker haben deshalb einen athletischen Körperbau. Ektomorphie repräsentiert das Vorherrschen der Haut und der Nerven. Die Durchschnittsbewertung der untersuchten 200 Jungen ergab für die drei Komponenten des Körperbaus die Werte: 3,5—4,6—2,7. Diese Zahlen geben in der Reihenfolge Endomorphie, Mesomorphie und Ektomorphie den jeweiligen Grad der Ausprägung jeder der drei Körperbaukomponenten bei einem Individuum an, wobei 7,0 die absolut stärkste, 1,0 die absolut schwächste und 4,0 die mittlere Ausprägung darstellt. Bei Berücksichtigung des Umstandes, daß es sich bei den Probanden um schwierige und delinquente Jugendliche handelte, erscheint interessant, daß ihr Durchschnittstyp — jedenfalls soweit die physische Seite in Betracht kommt — ein ziemlich ausgeprägter Mesomorphiker ist. Eine Sondergruppe von 16 Fällen schwerer Delinquenz zeigte in noch stärkerem Maße die Merkmale der Mesomorphie: 3,4—5,4 —1,8[8].

---

[6] E. Kretschmer, *Physique and Character*, trans. W. J. H. Sprott (New York, Harcourt, Brace & Company, 1925), pp. 21—35.

[7] See summary of extant studies in Olof Kinberg, *Basic Problems of Criminology*, (Copenhagen, 1935), pp. 313—315.

[8] William H. Sheldon, *Varieties of Delinquent Youth: An Introduction to Constitutional Psychiatry* (New York, Harper & Brothers, 1949), pp. 14—17, 727.

Sheldons Ergebnisse haben durch die Gluecksche Untersuchung der kriminellen und nicht kriminellen Jungen eine starke Unterstützung erfahren. Eine spezielle Auswertung der physischen und anthropologischen Messungen und Untersuchungen des von den Gluecks gesammelten Materials ist von Dr. Carl C. Seltzer vorgenommen worden: Die Gruppe der delinquenten Jungen wies im Vergleich zu den nicht Delinquenten im Durchschnitt schmalere Gesichter, breitere Brustkästen, breitere Taillen und längere Unter- und Oberarme auf. 60% der jugendlichen Kriminellen und 31% der nicht Kriminellen zeigten ein Vorherrschen der mesomorphischen Komponente und somit des athletischen, muskulären Typs[9]. Die Gluecks waren hinreichend beeindruckt von dem mesomorphischen Körperbau der delinquenten Gruppe, daß sie dieses Merkmal ihrer Liste der kriminogenen Faktoren beifügten. Die Gluecks stellten außerdem bei einer ausführlichen Analyse des Zusammenhanges zwischen den Körperbautypen und der Delinquenz fest, daß den Mesomorphikern ein höheres delinquentes Potential innewohnt als den anderen Körperbautypen[10]. Sie kamen zu diesem Ergebnis durch einen Vergleich bestimmter Eigenschaften — wie Körperstärke, soziale Bestimmtheit, Ungehemmtheit der Bewegungsreaktionen, geringe Unterordnungsbereitschaft unter Autoritätspersonen und geringes Empfindungsvermögen — nicht delinquenter Mesomorphiker mit denen der anderen beiden Körperbautypen.

Kriminalbiologie nach Exner und Frey

Ein hervorragender Exponent der Kriminalbiologie jüngster Zeit war Franz Exner aus München. Eine Zusammenfassung der Hauptgedanken seines nachgelassenen Werkes (1949) soll dazu dienen, einen kurzen Überblick über die moderne Kriminalbiologie zu geben. Ererbte Anlagen in Verbindung mit einer ungünstigen Umgebung (Miliou) sind nach Exner die Ursachen des kriminellen Verhaltens. In mehreren Untersuchungen wurden geistige Anomalität, Trunksucht und Kriminalität in der Ahnenkette festgestellt, bei Gewohnheitsverbrechern häufiger als bei Erstbestraften und häufiger auch bei Früh- als bei Spät-Kriminellen[11]. Bei den Rückfallverbrechern und Frühkriminellen ließ sich außerdem ein höherer Prozentsatz an Schwachsinnigkeit, Perversion des Geschlechts-

---

[9] Carl C. Seltzer, „A Comparative Study of the Morphological Characteristics of Delinquents and Non-Delinquents" in Sheldon and Eleonor Glueck, *Unravelling Juvenile Delinquency* (New York, The Commonwealth Fund, 1950), pp. 316, 345.

[10] Sheldon and Eleonor Glueck, *Physique and Delinquency* (New York, Harper & Brothers), p. 219.

[11] Franz Exner, *Kriminologie* (Berlin, Springer Verlag, 1949), pp. 115—120.

triebes, psychopathischen Charakterzügen und athletischem Körperbau erkennen als bei Personen, die zum ersten Male oder später straffällig geworden oder nur als Gelegenheitstäter aufgefallen waren[12]. In Hinsicht auf die Rückfälligkeit führt Exner aus, daß der Hang zum Rückfall mit der Anzahl der vorhergegangenen Inhaftierungen wächst und daß der Zeitraum zwischen zwei Verbrechen mit der Anzahl der vorangegangenen Verbrechen kürzer wird[13]. Die Determinierung der besserungsfähigen Gelegenheitsverbrecher und der unverbesserlichen Gewohnheitsverbrecher ist nach Exner die Hauptaufgabe der angewandten Kriminologie. Die Faktoren, die die Rückfälligen von den nicht Rückfälligen, die Schwerverbrecher von den Gelegenheitsverbrechern trennen, sind nach Exner[14]:

1. Erbliche Belastung mit Geisteskrankheiten oder Nervenkrankheiten, Selbstmord sowie Trunksucht.
2. Erhebliche Kriminalität in der Aszendenz.
3. Schlechte Erziehungsverhältnisse: üble Einflüsse, die, ausgehend vom Elternhaus, auf den Untersuchten als Kind eingewirkt haben.
4. Schlechter Schulerfolg.
5. Nichtbeendigung einer angefangenen Lehre.
6. Unregelmäßige Arbeit.
7. Beginn der Kriminalität vor dem 18. Lebensjahre.
8. Mehr als vier Vorstrafen.
9. Besonders rasche Rückfälligkeit.
10. Interlokale Kriminalität.
11. Psychopathie (nach der Diagnose des Anstaltsarztes).
12. Trunksucht.
13. Schlechtes Verhalten in der Strafanstalt.
14. Entlassung aus der Anstalt vor dem 36. Lebensjahr.
15. Schlechte soziale und Familienverhältnisse nach der Entlassung.

Erwin Frey, ein Schweizer Schüler Exners, veröffentlichte im Jahre 1951, wie schon oben auf Seite 111—113 erwähnt, eine umfangreiche Forschungsarbeit, in der er viele der wichtigsten Behauptungen Exners zu bestätigen und zu erhärten suchte. Frey beschäftigt sich vor allem mit dem Nachweis, daß die Kriminalität in der frühen Jugend Gewohnheitsverbrechertum im Erwachsenenalter im voraus anzeigt[15].

---

[12] *Ibid.*, pp. 159—185.
[13] *Ibid.*, p. 267.
[14] *Ibid.*, pp. 309—310.
[15] Erwin Frey, *Der frühkriminelle Rückfallsverbrecher* (Basel, Verlag für Recht und Gesellschaft AG., 1951), p. 73.

13. KAPITEL

Psychogenetische Faktoren

Die Kriminalbiologen scheinen anzunehmen, daß gewissen Abartigkeiten und Neigungen bestimmte Arten des Körperbaus entsprechen. Charakter und Körperbau sind nach kriminalbiologischer Ansicht zusammen als Teile des gesamten Organismus ererbt. Die Psychoanalytiker, Psychiater und Psychologen versuchen dagegen, den Charakter von den körperlichen und ererbten Merkmalen zu trennen. Sie verstehen den Charakter als Funktion frühkindlicher Entwicklung, die ein Ergebnis der zwischenmenschlichen Beziehungen in der Familie ist. Daß die Geistesschwäche eine wichtige Ursache der Kriminalität ist, wird heute von Psychologen und Psychiatern nur noch selten behauptet. Ebenfalls werden psychotische Geistesstörungen (manisch-depressive und schizophrene Reaktionen) nur selten zur Erklärung der Kriminalität herangezogen, obgleich stark geistesgestörte Personen des öfteren Verbrechen begehen.

Die neurotischen Mechanismen

Viele Personen leiden unter unbewußten Schuldreaktionen, die neurotische Symptome in vielen verschiedenen Formen wie Kopfschmerzen, Magengeschwüre und nervöse Hautkrankheiten hervorrufen können, ohne daß eine körperliche Basis für diese Krankheiten zu erkennen wäre. Die neurotischen Symptome können sich aber auch als unlogisch-repetierendes Verhalten äußern. Solche Personen praktizieren die verschiedensten Arten von persönlichen Zeremonien, wie Händewaschen, Zählen, Temperatur messen, Puls fühlen, Gegenstände berühren und Ähnliches. Dies sind harmlose Handlungen. Jedoch gibt es einige, deren unlogisch repetierendes Verhalten die Form von Ladendiebstählen, Brandstiftungen, Voyeurismus und Exhibitionismus annehmen kann, wodurch die Behörden auf sie aufmerksam werden. Die harmlosen Zeremonien wie die schwerwiegenden Taten werden als Zwangsreaktionen diagnostiziert. Werden bei einer Betrachtung alle möglichen Neurosen einbezogen, so verstärkt sich der Eindruck, daß der nicht Kriminelle viel eher Neurotiker ist als der Kriminelle. Eine Ausnahme machen nur die vorgenannten obsessiven Zwangsreaktionen[1].

---

[1] Sheldon and Eleonor Glueck, *Unravelling Delinquency* (New York, The Commonwealth Fund, 1950), p. 239; see also Starke R. Hathaway and Elio de Monachesi, *Analyzing and Predicting Juvenile Delinquency* (Minneapolis, University of Minnesota Press, 1953), p. 137.

Der Ausschuß für Terminologie und Statistik des Amerikanischen Psychiaterverbandes (American Psychiatric Association) hat 1952 folgende vier Hauptkategorien von Störungen psychogenetischen Ursprungs benannt: 1. die funktionellen psychotischen Störungen, 2. die psychophysiologischen autonomen und inneren Störungen (oft psychosomatische Störungen genannt), 3. psychoneurotische Störungen (die wir im Zusammenhang mit Verbrechen und Vergehen unter dem Stichwort des neurotischen Mechanismus betrachtet haben), 4. Störungen der Persönlichkeit und 5. vorübergehende, situationsgebundene Persönlichkeitsstörungen. Es scheint eine ziemliche Übereinstimmung unter den Kriminologen und Psychiatern Amerikas und Englands darüber zu herrschen, daß die Psychoneurosen nur selten mit Verbrechen und Vergehen im Zusammenhang stehen, daß aber Persönlichkeitsstörungen eher mit kriminellem und delinquentem Verhalten in Verbindung gebracht werden können.

Persönlichkeitsstörungen an Stelle psychopathischer Typen

Die unreife Persönlichkeit, die paranoide Persönlichkeit (nicht psychotischer Art), die emotionell labile Persönlichkeit, die passiv-aggressive Persönlichkeit und die sozial-pathologische Persönlichkeit sind am ehesten in Verbrechen und Vergehen verwickelt. Die meisten dieser Persönlichkeitsstörungen kommen bei Personen vor, die sehr starken inneren Impulsen ausgesetzt sind, welche kaum durch die Gesellschaft und sicherlich nicht durch die Stärke ihres Ichs und Superegos aufgehalten werden können. Viele dieser Untergruppen paßten einmal in das schlagwortartige Schema der „psychopathischen Persönlichkeit“ hinein, als deren Merkmale Labilität, Unreife, Impulsivität, fehlende Selbstbeherrschung, Disziplinlosigkeit, Kontaktarmut, Gefühlslosigkeit und ähnliches gedacht wurde.

Wie bereits angedeutet, besteht in Europa die Tendenz, die Psychopathie als ererbt zu betrachten. Die psychopathische Persönlichkeit kann in mehrere Untertypen eingeteilt werden. Der Psychiater Kurt Schneider hat zehn Typen der Psychopathen festgestellt, von denen seiner Darstellung nach sieben, und zwar die Gemütlosen, Willenlosen, Hyperthymischen, Explosiblen, Geltungssüchtigen, Fanatischen und Stimmungslabilen einen Hang zur Kriminalität haben[2]. Die amerikanischen Kriminologen, Psychologen und Psychiater stimmen der Schneiderschen Ansicht und seiner Typologie nicht zu. Wie oben angedeutet, geht die vorherrschende Auffassung dahin, daß es Persönlichkeitsstörungen gibt, die in den ersten Jahren der Charakterbildung psychogenetisch entstehen.

---

[2] Kurt Schneider, *Psychopathische Persönlichkeiten*, 6. Aufl., 1943.

In Amerika wird das Auftreten sogenannter geistiger Anomalitäten in der Aszendenz *nicht* als Beweis für die Erblichkeit der Psychopathie anerkannt. Wir haben es hier mit zwei miteinander unvereinbaren Betrachungsweisen zu tun, deren Vertreter sich nicht zu der anderen Auffassung bekehren lassen.

Der Beitrag der Psychoanalyse

Die Psychoanalytiker, insbesondere Freudianer und Neo-Freudianer, haben sich viel mit der Kriminalität beschäftigt. Als extreme Funktionalisten sind sie der Meinung, daß gewohnheitsmäßige Kriminalität und Delinquenz das Ergebnis einer falschen Persönlichkeitsentwicklung ist. Sie haben sich in gleicher Weise dem psychogenetischen Ursprung des Verbrechens verschrieben wie der Terminologie-Ausschuß der Amerikanischen Psychiatervereinigung. In Amerika sind heute die meisten mit der Grundformel der Analytiker vertraut, daß die frühe Kindheit der Zeitraum ist, in dem das Individuum lernt, seinen Instinkt zu beherrschen. Das Id ist die Quelle von Triebkräften, die größtenteils asozialer Natur sind. Ego und Superego müssen entwickelt werden, um diese Triebkräfte unter Kontrolle zu bringen oder, falls notwendig, zu hemmen. Einigen Individuen mißlingt dies wegen schlechter persönlicher Beziehungen zur Mutter, zum Vater oder zu den Geschwistern und sie entwickeln so keine Fähigkeiten, die Grundtriebe des Id in angemessener Weise zu beherrschen. Sie erscheinen als ungereifte Persönlichkeiten, deren Entwicklung in eine falsche Richtung ging.

Aichhorn behauptet, daß der Delinquent wegen seiner falschen Entwicklung „wenig Fähigkeit besitzt, instinktive Antriebe zu unterdrücken und seine Energie von primitiven Zielen abzulenken". Das Kind folgt dem Lustprinzip in seinem Verlangen nach instinktivem Genuß. Im Laufe einer normalen Entwicklung wird das Lustprinzip modifiziert. Das Kind lernt, die Befriedigung aufzuschieben oder aufzugeben. Das bewußte Ego wird gezwungen, die „zügellosen Lustimpulse des Unbewußten zu mäßigen und sie in solch einer Weise zu modifizieren, daß ihre Befriedigung harmlos wird". Diese Art der Angleichung wird das „Realitätsprinzip" genannt. Aichhorn vergleicht den Verbrecher mit dem Kind, das nicht in der Lage ist, ein Vergnügen des Augenblicks für eine spätere Befriedigung aufzugeben. Nur einem Teil des Verbrecheregos ist der Schritt von der unbewußten Lustwelt des Kleinkindes zur Welt der Realität gelungen. Deshalb kann von dem Verbrecher gesagt werden, daß er eine „gestörte" oder falsche Entwicklung seines Egos erlebt hat[3].

---

[3] August Aichhorn, *Wayward Youth* (New York, The Viking Press, 1936), pp. 148, 190, 198.

Aichhorn hatte viele Schüler, die sehr stark zur dynamischen Erklärung der Kriminalität beigetragen haben. Von ihnen sind besonders Kurt Eissler, Käte Friedländer, Otto Bettelheim und Fritz Redl zu nennen. In einer Gedächtnisschrift für Aichhorn formulierte Käte Friedländer ihre These der antisozialen Charakterstruktur neu, die sie ursprünglich in einem früheren Werk dargelegt hatte. Was sie die „antisoziale Charakterbildung" genannt hatte, ist das Ergebnis einer gestörten Ich-Entwicklung, die stattfindet, wenn aus verschiedenen Gründen die Modifikation der verschiedenen, instinktiven antisozialen Triebkräfte nicht oder nur teilweise gelungen ist. In den Fällen, wo die frühe Erziehung mißlang, kann ein dreijähriges Kind keine Spannungen ertragen und zieht sich leicht zu autoerotischen Handlungen zurück, wenn es in seinen Objektbeziehungen frustriert wird. Das Kind zeigt dann leicht unerwünschte Antriebe wie etwa Aggressionen[4].

Fritz Redl, einer der bekanntesten Schüler Aichhorns, hat eine besondere Version der Ego-Störungen dargelegt. Von allen psychoanalytischen Theorien kommt die von Redl wahrscheinlich der Wirklichkeit am nächsten. Die Verbindung zwischen Feindschaft und Aggressivität, die aus den frühen und traumatischen Kindheitsbeziehungen und den Schwächen oder Störungen im Kontrollsystem des Verhaltens in Ego und Superego entstehen, ist von allen neo-freudschen Theorien bei ihm am klarsten aufgebaut. Die pathologische Haßreserve, aufrechterhalten und geschützt durch ein „kriminelles Ego" und unbehindert durch ein unzureichendes Superego, erklärt ziemlich genau die hyper-aggressiven und „passivaggressiven" Menschen, die auf Grund eines unüberbrückbaren inneren Drucks kriminell werden. Es entsteht nur die Frage, wieweit wir die Reihe der gefährlichen Gesetzesübertreter hinabsteigen müssen, ehe wir auf Individuen treffen, für die Redls Gedankengang zutrifft. Die Soziologen werden sagen, daß jedenfalls der Kriminologe als Verhaltensforscher ziemlich tief zu den Schwerkriminellen hinabsteigen muß, bis er auf pathologischen Haß trifft[5].

---

[4] Käte Friedländer, „Latent Delinquency and Ego Development", in *Searchlights on Delinquency*, ed. Kurt R. Eissler (New York, International Universities Press, Inc., 1949), pp. 205—215.

[5] Fritz Redl and David Wineman, *Children Who Hate* (Glencoe, III., The Free Press, 1951), pp. 27, 142—144, 201—207. Siehe auch Fritz Redl and David Wineman, *Controls from Within* (Glencoe, III., The Free Press, 1952), pp. 16—20.

14. KAPITEL

Die soziologischen Kriminalitätstheorien

Mit Entstehung der sogenannten Schule der Kriminalsoziologie richtete sich gegen Ende des 19. Jahrhunderts die Aufmerksamkeit auf die Bedingungen der sozialen (wirtschaftlichen wie politischen) Umwelt. Die Kriminalsoziologie sah in ihnen die Ursachen oder Mitursachen für die Entstehung von Kriminalität und Delinquenz. Ferri und die anderen zeitgenössischen Kriminologen wiesen darauf hin, daß die Erklärung der Kriminalität nicht allein auf individuellen Anomalien und den Einwirkungen aus der physikalischen Umwelt (wie beispielsweise klimatische Verhältnisse) basieren könne und daß ihre Bekämpfung nicht allein Sache der Strafgesetze, der Rechtsprechung und des Strafvollzuges sei.

Die Entwicklung der Kriminalsoziologie

Die Beweise für ihre Behauptungen bezog die Kriminalsoziologie aus der Kriminalstatistik, so mangelhaft deren damaliger Entwicklungsstand auch gewesen sein mag. Die Kriminalstatistik lenkte die Aufmerksamkeit auf die schlechten Zustände, unter denen die Straffälligen lebten und auf den Druck, den diese Zustände auf die Menschen ausüben. Nach Ferri bestehen die sozialen Faktoren aus der Dichte der Bevölkerung, der öffentlichen Meinung, den Sitten und der Religion, den Familienverhältnissen, dem Schulsystem, den gewerblichen Tätigkeiten, dem Alkoholismus, den wirtschaftlichen und politischen Verhältnissen, der öffentlichen Verwaltung, Gerichtsbarkeit und Polizei und den allgemeinen Rechts- und Strafvollzugseinrichtungen[1].

Selbst Lombroso kam später dazu, den soziologischen Faktoren eine gewisse Bedeutung beizumessen und wies in seinem letzten großen Werk auf die verschiedenen ungünstigen Bedingungen hin, die eine Person zum Verbrecher werden lassen[2]. Auch in diesem Falle diente die Statistik den Zwecken der Kriminalsoziologie. Der deutsche Psychiater Gustav Aschaffenburg veröffentlichte eine in der Hauptsache auf deutschen Statistiken gestützte kriminologische Abhandlung, in der er die zur Kriminalität führenden Ursachen in allgemeine und persönliche Gründe einteilte. Unter die allgemeinen Gründe zählte er Jahreszeit, Rasse, Reli-

---

[1] Enrico Ferri, *Criminal Sociology* (New York, D. Appleton and Company, 1896), p. 53.

[2] Cesare Lombroso, *Crime, its Causes and Remedies*, transl. Henry P. Horton (Boston, Little, Brown and Company, 1911).

gion, Stadt und Land, Beruf, Alkohol und andere Genußmittel, Prostitution, Glücksspiel und ungünstige wirtschaftliche Bedingungen[3].

Neuerdings hat Hans von Hentig in seinen amerikanischen Veröffentlichungen die Rolle der sozialen Bedingungen und ihre Verbindung mit dem Verbrechen ähnlich stark betont. Schon vor seiner Flucht aus dem nationalsozialistischen Deutschland war von Hentig einer der bedeutendsten Vertreter der kriminalsoziologischen Schule in Deutschland. Auch von ihm werden Statistiken verwendet, um die Verbindung zwischen Delinquenz und Kriminalität einerseits und den verschiedenen sozialen Umständen andererseits darzustellen. Von Hentigs soziale Faktoren (er nennt sie „social forces") stehen dem kriminellen und delinquenten Verhalten etwas näher als die Faktoren, die die früheren Kriminologen anführten. Er führt die Arbeitslosigkeit und auch andere soziale und wirtschaftliche Bedingungen an wie Inflation und wirtschaftliche Depression, Familienzwistigkeit und die Zerrüttung der Familie, Familienstand, uneheliche Geburt, das Stiefkinderverhältnis, Aufenthalt im Waisenhaus, desorganisierte und ungünstige Nachbarschaft. Wie Ferri und Aschaffenburg behauptet auch von Hentig nicht, daß die sozialen Bedingungen die einzigen ursächlichen Faktoren der Kriminalität seien. Er sagt im Gegenteil, daß das kriminelle Verhalten dem Wechselspiel zweier Gruppen von Kräften entspringe, nämlich den individuellen Tendenzen des Einzelmenschen und den vielen Kräften, die von außen auf ihn einwirken[4].

Die Schule der Kriminalsoziologie stützt sich auf die Voraussetzung, daß eine schlechte oder ungünstige Umgebung einen Druck auf die Person ausübt. Dieser Druck drängt den einzelnen zur Kriminalität oder Delinquenz. Die Theorien dieser Schule können deshalb unter die Drucktheorien eingeordnet werden.

Die Kritik an den Theorien der Kriminalsoziologie stützt sich in der Hauptsache auf das Argument, daß viele Menschen, sowohl Erwachsene wie auch Jugendliche, unter ungünstigen Bedingungen leben und trotzdem nicht straffällig oder delinquent werden. Die Drucktheorie hat für die Frage, wer dem Druck einer ungünstigen Umgebung nachgibt und wer nicht, keine Antwort.

Nachahmung und Suggestion

Gabriel Tarde entwickelte schon vor Jahren eine rein verhaltenstheoretische Erklärung des Verbrechens, die auf den Erscheinungen der Nachahmung und der Suggestion beruht. Seiner Theorie liegt der Ge-

---

[3] *Crime and its Repression*, transl. Adalbert Albrecht (Boston, Little, Brown and Company, 1913).

[4] Hans von Hentig, *Crime: Causes and Condition*, (New York, McGraw-Hill Book Company, 1947), p. 203, pp. 209—320.

danke zugrunde, daß Nachahmung und Suggestion einen Zug (statt eines Drucks) auf die Person ausüben und dadurch auf ihr Verhalten einwirken. Nach seiner Darstellung werden kriminelle und delinquente Verhaltensmuster in der gleichen Weise erlernt und übernommen wie etwa die Mode. Der Prozeß des Erlernens geht entweder als bewußte (Imitation) oder als unbewußte Nachahmung (Suggestion) eines Verhaltens vor sich, gleichgültig ob es sich um Hoola Hoop, Sackkleidmode, Schlager, Rock an' Roll, Beatniks, Teddyboys, Gefängnisaufstände und Selbstmordverabredung oder um andere kriminelle oder nicht kriminelle Verhaltensweisen handelt.

Tardes Theorie befaßt sich jedoch stärker mit der Übertragung des Verhaltens von Person zu Person oder von Ort zu Ort, als mit den Ursachen der Kriminalität[5]. Wenn sie als Erklärung für die Entstehung der Kriminalität verstanden wird, fordert auch sie die bekannte Kritik heraus, daß sie nicht zu erklären vermag, aus welchen Gründen ein Verhalten von dem einen übernommen wird und von einem anderen nicht. Es muß ein innerer Faktor bestehen, der den einzelnen veranlaßt, ein Verhalten zu übernehmen oder die Übernahme abzulehnen. Das kann etwa eine Bereitschaft gegenüber suggestiven Einflüssen sein oder Ruhelosigkeit oder auch ein starker Wunsch nach etwas Neuem. Diese Kräfte müssen in jedem Fall stärker sein als die innere Kontrolle und der innere Halt. Besteht ausreichend Widerstand gegen die Übernahme bestimmter Verhaltensweisen oder die Wahrnehmung einer günstigen Gelegenheit, dann wird eine Suggestion keinen Erfolg haben, eine Nachahmung nicht stattfinden und ein Verhaltensmuster nicht übernommen werden.

Erlernen und differentielle Assoziation

Der amerikanische Soziologe Edwin Sutherland entwickelte eine soziogenetische Theorie des kriminellen Verhaltens. Sie besteht aus folgenden neun Grundaussagen:

1. Kriminelles Verhalten wird erlernt.
2. Kriminelles Verhalten wird erlernt in Wechselwirkung mit anderen Personen in einem Mitteilungsprozeß.
3. Das Erlernen geschieht zur Hauptsache in persönlichen, intimen Gruppen.
4. Das Erlernen kriminellen Verhaltens umfaßt sowohl Techniken als auch Motive, Antriebe, Rationalisierungen und Haltungen.

---

[5] Gabriel Tarde, *Penal Philosophy*, transl. by R. Howell (Boston, Little, Brown and Company, 1912).

5. Die spezifische Richtung der Motive und Antriebe wird danach erlernt, wie von den Bezugspersonen die Befolgung der Gesetze als günstig oder ungünstig bestimmt wird.
6. Eine Person wird delinquent, wenn sie mehr Bestimmungen (definitions) erlernt hat, die Gesetzesverletzungen begünstigen als solche, die die Befolgung der Gesetze fördern.
7. Die differentielle Assoziation ändert sich mit ihrer Häufigkeit, Dauer, Priorität und Intensität.
8. Der Prozeß des Erlernens kriminellen Verhaltens durch Assoziation mit kriminellen und antikriminellen Verhaltensmustern umfaßt alle die Mechanismen, die sich in jedem Lernprozeß finden.
9. Kriminelles Verhalten kann nicht durch allgemeine Bedürfnisse und Werte erklärt werden, weil das nicht kriminelle Verhalten ebenfalls ein Ausdruck derselben allgemeinen Bedürfnisse und Werte ist[6].

Sutherlands Thesen werden gewöhnlich als Theorie der differentiellen Assoziation bezeichnet. Ihre Grundlagen sind in der sechsten und siebten These enthalten. Wie bereits weiter oben dargestellt, verwandte Sutherland seine Theorie nicht allein für eine Deutung der Kriminalität unterer Gesellschaftsklassen, sondern auch der höheren Klassen und hier besonders der White-Collar Kriminalität.

Die Bestätigung der siebten These Sutherlands durch Short

Der amerikanische Soziologe und Kriminologe James E. Short macht darauf aufmerksam, daß die sechste These der Sutherlandschen Theorie, die einen Eckpfeiler dieser Theorie darstellt, nicht empirisch belegt werden kann, weil die Bestimmungen, die die Gesetzesübertretung fördern oder ablehnen, nicht in meß- oder zählbare Bezeichnungen umgewandelt werden können. Short hat jedoch versucht, die siebte These der Sutherlandschen Theorie empirisch zu belegen, nämlich, daß sich die differentielle Assoziation entsprechend der Häufigkeit, der Dauer, der Bedeutsamkeit und der Intensität des Kontaktes mit kriminellen Freunden und Bekannten ändert. Short hat außerdem versucht festzustellen, in welchem Ausmaß minderjährige Personen einer Gemeinde der Kriminalität und Delinquenz ausgesetzt sind und wieweit diese Minderjährigen mit erwachsenen Straffälligen in Berührung gekommen waren. Er untersuchte zunächst 125 Jungen und 50 Mädchen einer Erziehungsanstalt für delinquente Jugendliche in einem westlichen Staat der Vereinigten Staaten.

---

[6] Edwin H. Sutherland, *Principles of Criminology* (J. B. Lippincott Company, 4th edition, 1947), pp. 6—7.

Später bezog er in seine Untersuchung etwa 2300 Schüler und Schülerinnen desselben Staates im Alter von 15 bis 18 Jahren ein. Short fand zwischen den verschiedenen Stärken der differentiellen Assoziation und dem Ausmaß der Delinquenz eine deutlich erkennbare Beziehung, und zwar in positiver Richtung: bei stärkerer differentieller Assoziation trat auch eine stärkere Delinquenz in Erscheinung und bei schwächerer differentieller Assoziation eine geringere. Die Beziehung zwischen der differentiellen Assoziation und der Delinquenz war bei den Jungen stärker zu erkennen als bei den Mädchen, während die allgemeine Stärke der differentiellen Assoziation höher mit dem Ausmaß der männlichen Delinquenz korrelierte als die speziellen Größen der Häufigkeit, Dauer, Priorität und Intensität. Short sah hierin einen starken Beweis für die Richtigkeit der Theorie von der differentiellen Assoziation[7].

Bemerkenswert ist, daß Short den Begriff der differentiellen Assoziation dergestalt umformuliert hat, daß sie in ihrem Verhältnis zur Straffälligkeit empirisch getestet werden konnte. Short definierte zu diesem Zweck die differentielle Assoziation als Prozeß, in dessen Verlauf der einzelne durch den Umgang mit anderen Personen und durch die verschiedenen Kräfte, die in der Gesellschaft wirksam sind, differentiellen Zugang entweder zu delinquenten Verhaltensweisen oder zu den hergebrachten Werten hat[8].

Differentielle Identifikation (Glaser)

Wegen der bekannten Mängel der Sutherlandschen Theorie der differentiellen Assoziation schlug der amerikanische Soziologe und Kriminologe Glaser eine umformulierte Fassung unter der Bezeichnung einer Theorie der differentiellen Identifikation vor. Seine Theorie beruht auf dem Gedanken, daß eine Person in dem Ausmaß kriminelles Verhalten an den Tag legt, wie sie sich mit wirklichen oder Phantasiegestalten identifiziert, von deren Perspektive aus ihr kriminelles Verhalten annehmbar erscheint. Seine Theorie lenkt somit die Aufmerksamkeit auf die Zusammenwirkung verschiedener Komponenten bei der Auswahl des Vorbildes, und schließt auch diejenigen Prozesse ein, in denen der einzelne sein Verhalten vor sich selbst rechtfertigt[9].

---

[7] James E. Short, „Differential Association and Delinquency", *Social Problems*, Vol. 4, No. 3 (1957), pp. 233—239.

[8] James F. Short, Jr., „Differential Association with Delinquent Friends and Delinquent Behavior", *Pacific Sociological Review*, Vol. 1, No. 1, Spring (1958), pp. 21—22.

[9] Daniel Glaser, „Criminality Theories and Behavioral Images", *American Journal of Sociology*, Vol. 61, No. 5 (1957), p. 440.

Glaser gibt zu, daß die Theorie der differentiellen Identifikation, wie die der differentiellen Assoziation, das Verhalten der Situationstäter nicht erklärt und daß sie ebenfalls keine annehmbare Erklärung für die Straftaten eines Einzelgängers (etwa des abnormen Sexualverbrechers) bietet. Es trifft sicher zu, daß manche Straffällige ihr Verhalten nach Bezugspersonen oder Bezugsgruppen ausrichten, die kriminell oder antikriminell, konventionell oder nicht konventionell und radikal oder konservativ sein können. Aber nur der verdeckte individuelle Faktor bringt sie dazu, einem dargebotenen Vorbild nachzufolgen oder ihm zu verfallen. Warum der einzelne auf ein bestimmtes Vorbild hintendiert, warum ein Vorbild für ihn wichtig, bedeutungsvoll und anziehend wird, warum es im Verlaufe eines Lebens behalten, verändert oder verworfen wird — all dies sind Fragen, die Glasers Theorie nicht beantworten kann. Wie die Theorie der differentiellen Assoziation, paßt die differentielle Identifikation am besten auf eine kriminelle Person, die von Kindheit an in eine kriminelle Lebensführung hineingewachsen ist, wie es etwa der Fall ist bei den kriminellen Stämmen Indiens oder bei Personen, die von Jugend an zum Stehlen oder zur Prostitution angehalten wurden. Die Theorie scheint auch noch halbwegs auf Gangster, Racketeers und professionelle Kriminelle zuzutreffen, bei denen die Beziehungen zu den anderen Kriminellen sehr stark sind; sie weist aber ernste Mängel auf, wenn es sich um gewöhnliche Eigentumsdelikte, um Gewalttätigkeiten, Verbrechen von Einzelgängern (lonewolf), Sittlichkeitsverbrechen und um zufällige Straftaten handelt.

Delinquenz und vorhergehende delinquente Kontakte
(Eynon contra Glueck)

Kürzlich dämpften die Gluecks die Begeisterung über die sozialgenetischen Kriminalitätstheorien. Bei der Analyse der von ihnen gesammelten Daten über 500 delinquente und 500 nicht delinquente männliche Jugendliche kamen sie zu dem Schluß, daß die Zugehörigkeit zu einer Bande keinen Einfluß auf die Entstehung der Delinquenz hat. Sie fanden nämlich, daß die Mitgliedschaft in einer Bande zeitlich dem delinquenten Verhalten folgte und also nicht ursächlich mit ihm verbunden gewesen sein konnte.

Die Gluecks hatten ihre Ansicht, daß die kriminellen Kontakte für die Entstehung der Delinquenz nicht ursächlich seien, auf die Ergebnisse psychiatrischer Untersuchungen gestützt. Im einzelnen hatten die mit den Untersuchungen betreuten Psychiater gefunden, daß der Beginn des delinquenten Verhaltens bei 48% der delinquenten Jungen vor dem achten Lebensjahr lag und bei weiteren 39% im Alter von acht bis zehn Jahren. Ihre Untersuchungen zeigten also bei neun Zehntel der delinquenten

Jungen eine Tendenz zur Delinquenz vor der Zeit, zu der eine Bande in ihrem Leben eine Rolle spielen konnte[10]. Bei der Interpretation dieser Ergebnisse ist aber zu beachten, daß der bei psychiatrischen Untersuchungen erfaßte Bereich antisozialen Verhaltens weiter ist als der, den die delinquenten Jungen selbst gewöhnlich als delinquent ansehen.

Dieser Sachverhalt läßt sich durch einen Vergleich mit den Ergebnissen einer anderen Forschung deutlich erkennen. Eynon, ein Schüler des Verfassers, fand bei einer Untersuchung von 363 weißen Jugendlichen, die zeitlich nacheinander in die Boys Industrial School, Lancaster, Ohio (eine staatliche Erziehungsanstalt für delinquente männliche Jugendliche) eingewiesen worden waren, daß die offizielle Delinquenz im Durchschnitt erst im Alter von 13 Jahren einsetzte, wobei er unter Beginn der offiziellen Delinquenz das Lebensalter versteht, in dem delinquentes Verhalten des Probanden erstmalig zur Kenntnis der Polizei- oder Gerichtsbehörden gelangt war[11]. Die „nichtoffizielle Delinquenz", zu deren Feststellung die Jungen anonym auf einer Liste 12 verschiedene Delikte anstrichen, setzte in der von Eynon untersuchten Stichprobe im Durchschnitt mit elf Jahren ein[12].

Bezüglich der offiziellen Delinquenz konnte Eynon feststellen, daß fast 74% aller Jungen bei ihrem ersten auffälligen Verhalten gemeinsam mit Mittätern handelten. Das prozentuale Verhältnis zwischen den Delinquenten, die durch gemeinschaftliche Taten erstmals auffielen, und denjenigen, die zuerst als Alleintäter auffielen, ist fast gleich für die früh Auffälligen wie für die, die später auffällig geworden waren; dies gilt selbst für einen Vergleich von Fällen mit einem offiziellen Anfangsalter von acht oder neun Jahren mit solchen, die erstmals offiziell im Alter von 15, 16 oder 17 Jahren auffielen. Das gleiche Verhältnis zwischen den früh und den spät auffälligen Fällen zeigte sich bei einer Analyse ihrer nicht offiziellen Delinquenz[13].

Die Ergebnisse, die Eynon gefunden hat, bestätigen nicht die der Gluecks. Denn Mittäter scheinen immer in gleichem Maße vorhanden zu sein, ohne Rücksicht darauf, ob die Delinquenz früh oder spät einsetzt.

Die delinquente Gruppenkultur

Eng verwandt mit der differentiellen Assoziation und der differentiellen Identifikation ist die Theorie von der delinquenten Gruppenkultur,

[10] Sheldon and Eleanor Glueck, *Physique and Delinquency* (Harper and Brothers, New York, 1956), p. 41.

[11] Thomas G. Eynon, *Factors Related to Onset of Delinquency*, Ph. D. Dissertation, The Ohio State University, 1959, p. 15.

[12] *Ibid.*, p. 29.

[13] *Ibid.*, pp. 17, 36.

die von einem weiteren amerikanischen Soziologen, Albert K. Cohen, entwickelt wurde. Diese Theorie umfaßt Elemente des Lernprozesses, des Sozialisierungsprozesses (Verinnerlichung von Haltungen und Werten), des Identifikationsprozesses (mit Bezugsgruppen) und Kontakte mit gleichaltrigen und anderen Personen, die sich mit einer Gruppenkultur identifizieren. Im Unterschied zu den Theorien der differentiellen Assoziation und der differentiellen Identifikation verbindet Cohen psychogene Faktoren mit denen der delinquenten Gruppenkultur zu einer einheitlichen Theorie, um den kausalen Prozeß zu erklären. Der psychogene Faktor ist der individuelle Wunsch nach der Befriedigung bestimmter Bedürfnisse, und die delinquente Gruppenkultur stellt für den Jungen, der sich ihr nähert, die Möglichkeit zur Befriedigung dieser Bedürfnisse dar[14].

Cohen zeigt, daß die delinquente Gruppenkultur für die Jungen der unteren Klassen eine Lösung ihrer besonderen Schwierigkeiten bietet. Die delinquente Reaktion (im Gegensatz zu der vorwiegend nicht delinquenten „Eckensteher-Reaktion") erweist sich besonders als von denjenigen bevorzugte Lösung, die einen Aufstieg von der Arbeiterklasse in die Mittelklasse ablehnen[15].

Cohen beschreibt die delinquente Gruppenkultur als nicht utilitaristisch, böswillig und negativistisch. Kennzeichnend sei außerdem ein kurzfristiger Hedonismus; damit ist gesagt, daß die Banden wenig Interesse an langfristigen Unternehmen, an geplanter Tätigkeit, an der Entwicklung von Kunstfertigkeiten und ähnlichem haben[16].

Offensichtlich ist Cohens Theorie auf die untere oder die Arbeiterklasse ausgerichtet. Die Werte der Mittelklasse scheinen ein wirksames Gegenmittel gegen die Teilnahme an einer Gruppenkultur zu sein[17].

Cohen deutet aber außerdem eine Erklärung für die Delinquenz unter den männlichen Jugendlichen der Mittelklasse an, bei der er davon ausgeht, daß deren delinquentes Verhalten ein männlicher Protest gegen eine zu lange Bemutterung darstelle und Ausdruck des Grundbedürfnisses sei, die eigene Männlichkeit zur Geltung zu bringen. Für den Jungen aus der Arbeiterschicht bestanden dagegen keine Schwierigkeiten, seiner Männlichkeit Geltung zu verschaffen, da in den Familien der Arbeiterklasse die Mütter derartige Äußerungen nicht unterdrückten[18].

---

[14] Albert K. Cohen, *Delinquent Boys: The Culture of the Gang* (Glencoe, Illinois, The Free Press, 1955), p. 17.

[15] *Ibid.*, pp. 50—70.

[16] *Ibid.*, pp. 25—30.

[17] *Ibid.*, pp. 88—89.

[18] *Ibid.*, pp. 164—165.

Cohens Theorie bedarf einer Prüfung durch weitere Untersuchungen besonders in anderen städtischen Kulturen, wie zum Beispiel in Mexiko City, Bombay, Kairo und Paris. In vielen Großstädten der Welt besteht die Delinquenz der unteren Klassen stärker in einer wirtschaftlichen Kultur und weniger in einer Ablehnung der Kultur der Mittelklasse. Die Kinder werden angehalten, den Lebensunterhalt, Essen oder auch Geld herbeizuschaffen. In einer Stadt wie Bombay werden von den Kindern Reis und andere Lebensmittel gestohlen sowie Autobestandteile entwendet, um sie auf dem Diebesmarkt zu verkaufen. Die Komponenten der Gruppenkultur sind unter den Kindern aus den Slums der Städte in den Entwicklungsländern von anderer Art als in den höher entwickelten.

Die Kriminalität als Gruppenkonflikt

George B. Vold zeigte, daß ein großer Teil der kriminellen Aktivität als Konfliktsverhalten aufgefaßt werden kann. Menschen gehören Gruppen an und sind an Gruppen beteiligt, die hinsichtlich anderer Gruppen entgegengesetzte Interessen verfolgen. Die Gruppen stehen miteinander in ständigem Kampf, sie verteidigen und behaupten sich und suchen ihre Stellung zu verbessern. Wenn ihre Interessen und ihre Ziele sich überschneiden, entsteht Wettbewerb oder Kampf. Eine Gruppe, die in einer Auseinandersetzung mit einer anderen steht, befürchtet überwältigt zu werden. Diese Situation läßt unter den Gruppenmitgliedern bestimmte Einstellungen entstehen, die als Identifizierung und Loyalität, als *esprit de corps* und als besondere Moral in Erscheinung treten. Die Politik ist vor allem als Gruppenkonflikt anzusehen. Politische Gruppen bilden gegnerische Fronten und bemühen sich, etwa in der Innenpolitik, um die Schaffung von Gesetzen, die ihre Stellung und ihre Interessen schützen. Der gesamte Vorgang bei der Gesetzgebung wie auch die Vorgänge bei der Gesetzesübertretung und der Durchsetzung der Gesetze können als der Kampf der Interessengemeinschaften und Gruppen betrachtet werden, als ein Kampf um Machterwerb und Machterhaltung. Selbst der Strafprozeß ist ein Kampf zwischen dem Staat, in der Gestalt des Anklägers, und dem Angeklagten.

Auch eine Bande delinquenter Jungen kann als Minderheitsgruppe betrachtet werden, die sich im Kampf mit der übrigen Gesellschaft befindet. Sie lenkt ihre Operationen nicht durch die üblichen Kanäle des Verhaltens. Sie hat ihre eigene Wertordnung, die delinquente Gruppenkultur, die sich mit der herrschenden Gesellschaft in Konflikt befindet. Unter den Bandenmitgliedern, die die Wertmaßstäbe der herrschenden Gesellschaft nicht anerkennen, entwickelt sich eine besondere Loyalität.

In den amerikanischen Städten sind viele, die als Jungen einer Bande angehört hatten, später Mitglieder einer Bande Erwachsener geworden oder sie beteiligten sich später an der organisierten Kriminalität, an der sogenannten politischen Maschine (das sind autokratisch geführte oft von Kriminellen durchsetzte politische Organisationen in bestimmten regionalen Bereichen) oder ähnlichen Gruppen, die alle mit der Mehrheit der Gesellschaft im Kampf liegen.

Darüber hinaus zeigt Vold, daß viele Verbrechen im Gefolge von Reformbewegungen, Revolutionen und Aufruhr auftreten. Einzelne, die sich aktiv an einer Revolution oder einem Aufruhr beteiligen, verüben Gewalttaten, Sabotage und Mord als ihren Anteil an den kollektiven gegen den Feind gerichteten Aktionen.

Manche Straftaten resultieren auch aus der Auseinandersetzung zwischen Arbeitern und Arbeitgebern. Hervorgerufen durch die Verbitterung in einer Konfliktsituation wird häufig Eigentum zerstört, brechen Gewalttätigkeiten und Schlägereien aus und streiten sich die Streikwachen mit den Streikbrechern. Manche dieser Konflikte werden vor Gericht oder vor Sonderbehörden gebracht, wo sie häufig geschlichtet werden können. Viele Verbrechen entstehen als Gewalttaten, Zerstörungen und Landfriedensbruch auch in Situationen gespannter Verhältnisse zwischen den Rassen. In Afrika hat es schwere Zusammenstöße zwischen Weißen und Farbigen gegeben. Im Gefolge der Rassenunruhen in den Vereinigten Staaten traten ebenfalls Mord, Totschlag und Verheerungen auf. Nicht weniger heftig als Rassenunruhen sind Religionskriege, wie etwa in unserer Zeit noch die Vorfälle bei der Abtrennung Pakistans von Indien zeigten[19].

Die organisierte Kriminalität ist ein weiter Bereich, der nach Vold ebenfalls durch die Gruppenkonfliktstheorie gedeutet werden kann. Ein Verbrechersyndikat liefert seinen Kunden verbotene Ware oder führt verbotene Dienste für sie aus, soweit die Leistungen begehrt und bezahlt werden. Der Racketeer führt durch seine Einschüchterungen und Gewalttätigkeiten einen Konflikt herbei, wenn er auf seine Weise in den Verteilungsprozeß eingreift, um Abgaben von Lieferanten oder Kaufleuten zu erpressen oder Tribut von ihnen dafür zu fordern, daß sie ungestört ihrem Geschäft nachgehen können oder von anderen Gangstern nicht behelligt werden. Der Gewerkschaftsracketeer benutzt die Gewerkschaftsorganisation als Mittel in seinem Kampf, um die Herrschaft über andere in Konkurrenz stehende Gewerkschaften zu erringen oder

[19] George B. Vold, *Theoretical Criminology* (New York, Oxford University Press, 1958), pp. 203—219.

um auf illegale Weise Zugeständnisse von den Geschäftsleuten zu erzwingen[20].

Vold weist nach, daß die Gruppenkonfliktstheorie strikt auf Situationen begrenzt ist, in denen die einzelne Straftat die Folge einer Kollision verschiedener Gruppen ist, deren Mitglieder loyal eine „in-group"-Position einnehmen. In der Gruppenkonfliktstheorie wird die Wichtigkeit der individuellen Unterschiede als „von geringer theoretischer Bedeutung abgeschrieben". Der einzelne wird „im wesentlichen wie ein Soldat unter Bedingungen der Kriegsführung" betrachtet. Er muß durch sein Verhalten zum Sieg beitragen[21]. Vold warnt selbst vor einer Überinterpretation der Gruppenkonfliktstheorie bei der Anwendung auf Situationen, die durch andere Theorien besser erklärt werden können.

Es ist offensichtlich, daß nur bestimmte Straftaten als Gruppenkonfliktverhalten beschrieben werden können. Die Zusammenhänge zwischen kriminellem Verhalten und Banden, Minderheiten, politischen Unruhen, Rassenkonflikten und Revolutionen werden leicht übertrieben.

Wer läßt sich etwa in den Wirtshäusern Londons in Streitigkeiten mit neu eingewanderten Personen aus Jamaika verwickeln? Sind es diejenigen, die sich zufällig gerade dort befanden oder die mit den stärksten Vorurteilen? Sind es solche, die sich am leichtesten bedroht fühlen? Sicherlich läßt sich nur ein geringer Prozentsatz der Personen, die sich im Bereich einer Auseinandersetzung zwischen verschiedenen Rassen aufhalten, in den Konflikt verwickeln. Wer nimmt in solchen Situationen an den Ausschreitungen teil und wer nicht? Volds Theorie kann diese Fragen nicht beantworten.

Dennoch ist der Gruppenkonflikt eine Komponente in bestimmten Arten der Kriminalität und tritt in manchen mehr und in anderen weniger deutlich in Erscheinung. Der Gruppenkonflikt wird als Verbrechenskomponente in den männlichen Straftaten viel seltener vorhanden sein als die sehr häufige Komponente der Mittäterschaft. Wie die Mittäterschaft, kann auch der Gruppenkonflikt in beschränkten Grenzen als Faktor einer mechanischen Kriminaltheorie von Nutzen sein, die die Entstehung einer Straftat aus den Faktoren zu erklären sucht, die im Augenblick der Tatausführung wirksam sind. Für die genetischen Theorien, die die Entstehung des delinquenten und kriminellen Verhaltens als Entwicklungsprozeß zu erklären suchen, wird dagegen der Gruppenkonflikt weniger von Bedeutung sein.

---

[20] *Ibid.*, pp. 220—242.
[21] *Ibid.*, pp. 240, 309.

15. KAPITEL

Die Erklärung spezifischer krimineller Verhaltensformen

Angesichts der Tatsache, daß Kriminalität und Delinquenz viele verschiedene Verhaltensweisen umfassen, wird ohne weiteres klar, daß jede allgemeine Theorie nur mit Schwierigkeiten die ganze Breite des delinquenten und kriminellen Verhaltens zu erklären vermag. Möglicherweise werden wir einmal zur Kenntnis mehrerer spezifischer Arten der Delinquenz und Kriminalität kommen und für jede Art ihre spezifische Erklärung finden. Ohne weiteres ist zu erkennen, daß die kriminelle Tätigkeit des Racketeers sich von der eines Kleptomanen sehr unterscheidet, ebenso die Taschendiebstahlskriminalität vom „white collar crime", triebhafte Brandstiftung vom Autodiebstahl, Prostitution von der Arsenvergiftung und Fälschung vom Einbruch. Die Aufzählung ließe sich beliebig erweitern. Den Soziologen, Psychiatern und Kriminologen ist zwar die Aufgabe gestellt, den gemeinsamen Nenner in den verschiedenen Verhaltensweisen zu finden und das gemeinsame Prinzip zu erforschen, das den „anscheinend" verschiedenen Verhaltensweisen zugrunde liegt. Es dürfte vorläufig das Beste sein, sich selbst einzugestehen, daß Verschiedenheiten vorhanden sind, die nicht auf eine Formel gebracht werden können. Die Kriminologen könnten dann stärker die Erklärung spezifischer krimineller Verhaltensweisen betreiben als die Erklärung der Kriminalität im allgemeinen.

Gleichförmigkeit und Homogenität

Zu Beginn einer Forschung setzt der Kriminologe zweckmäßig die Kriterien fest, nach denen er bestimmt, welche Fälle er in seine Stichprobe einbezieht und welche ausgeschlossen bleiben sollen. Hierdurch wird es möglich, die Homogenität der Stichprobe im Hinblick auf eine spezifische Kriminalitätsform zu sichern. Jedem anderen Kriminologen ist es dann möglich, die tatsächlichen Grundlagen der Untersuchung zu erkennen; dadurch wird er in die Lage versetzt, zur Nachprüfung der Ergebnisse ähnliche Untersuchungen anzustellen und die gewonnenen Erkenntnisse zu bestätigen oder zu widerlegen. Im Augenblick besteht die Situation, daß die Stichprobe, die ein Kriminologe seiner allgemeinen Theorie zugrunde legt, wesentlich anders zusammengesetzt ist als die, welche ein anderer Kriminologe bei der Begründung seiner Theorie im Sinn hatte. Häufig genug bilden die ausgewählten Fälle nur scheinbar eine Stichprobe aus der wirklichen Kriminalität (phantom sample), so daß ein Vergleich mit den Stichproben anderer Theoretiker nicht möglich ist.

Wenn erst einmal Klarheit darüber besteht, daß verschiedene Kategorien der Verhaltensweisen dadurch aufgestellt werden können, daß bestimmte Kriterien festgesetzt werden, mit deren Hilfe einzelne Fälle aus einer anscheinend homogenen Reihe ausgeschlossen oder in sie aufgenommen werden können, dann wäre es zum Beispiel nicht weiter schwierig, die Kindesentführung durch Einzelgängerinnen als eine homogene Gruppe aufzufassen und sie von der stark variierenden Gesamtgruppe der Kindesentführer abzusondern; auch könnten Schulschwänzer und die männlichen Jugendlichen aus Großstädten, die im Alter unter 14 Jahren von zu Hause fortlaufen, in den Vereinigten Staaten zu einer homogenen delinquenten Gruppe zusammengefaßt werden; Jugendliche unter 18 Jahren, die gemeinsam Autos stehlen und sie dann nach einer Fahrt stehen lassen, ließen sich ebenfalls zu einer besonderen homogenen Verhaltensgruppe zusammenfassen. Auch triebhafte Warenhausdiebinnen könnten gut als spezifische Verhaltensgruppe zur Untersuchung und Erklärung abgesondert werden. Diese Aufzählung kann beliebig fortgesetzt werden.

Amerikanische Soziologen haben verschiedentlich versucht, besondere Ausschnitte des kriminellen Verhaltens zu untersuchen. Die Forschungen Lottiers, Lemerts und Cresseys sollen im folgenden als Gegenmittel gegen eine zu eingehende Beschäftigung mit den allgemeinen Kriminaltheorien dargestellt werden.

Lottiers Spannungstheorie

Lottier war nach der Untersuchung von 2200 Lebensläufen Straffälliger, die der Untersuchungsstelle des Gerichts in Detroit über eine Zeitspanne von sechs Jahren zugewiesen waren, in der Lage, 50 Fälle für seine Erforschung der Veruntreuung (embezzlement) auszusondern.

Der individuelle Veruntreuer ist eine Person, die eine Vertrauensstelle innehat und heimlich durch Täuschung und betrügerische Machenschaften Vermögenswerte an sich bringt, die ihr durch ihren Arbeitgeber anvertraut wurden. Diese Tätergruppe scheint eine ziemlich homogene psychosoziale Gruppe darzustellen. Die Täter haben eine überdurchschnittlich gute Schulbildung und sind von durchschnittlicher oder sogar überdurchschnittlicher Intelligenz. Sie sind gewöhnlich nicht vorbestraft. Sie haben regelmäßig und in angemessener Weise gearbeitet. Sie wohnen in einer nicht delinquenten Gegend und sind seßhaft. Sie sind verheiratet und führen jedenfalls nach außen ein glückliches Familienleben. Sie zeigen über ihre Veruntreuung aufrichtige Reue[1].

---

[1] Stuart Lottier, „A Tension Theory of Criminal Behavior", *American Sociological Review*, Vol. 7, No. 6 (1942), p. 841.

Lottiers Theorie geht davon aus, daß der einzelne, der in einer auf Wettbewerb aufgebauten Gesellschaft lebt, eine Veruntreuung begeht „als Folge von Spannungen, die von den Konflikten in den Bedingungen seiner körperlichen, seelischen, zwischenmenschlichen und kulturellen Anpassung hervorgebracht werden". Nach dieser Theorie sollen diese Bedingungen in einer konkreten Persönlichkeit vereinigt sein, so daß die Konflikte in einer oder in allen diesen Bedingungen eine allgemeine Spannung herbeiführen. Diese Spannung wird entweder verinnerlicht (internalized) und führt dann zu Änderungen in den psychologischen oder physischen Gewohnheiten, oder sie wird nach außen gelenkt (externalized), wo sie Änderungen im Verhalten hervorruft. Wenn eine Veruntreuung als Folge einer solchen Änderung des gewohnten Verhaltens in Erscheinung tritt, dann muß nach Lottier ein Zustand allgemeiner Spannung voraufgegangen sein.

Die Veruntreuung erscheint demnach als ein Versuch, die Spannung zu beseitigen. „Wenn die Spannung nicht entladen werden kann und keine andere Änderung des gewohnten Verhaltens subjektiv verfügbar erscheint, dann kommt es zur Veruntreuung." Die grundlegenden Komponenten im kausalen Vorgang sind „das Fehlen eines subjektiv verfügbaren anderen Auswegs als der Veruntreuung und die relative Größe der Spannung in der Krisensituation". Lottier behauptet, daß der Veruntreuung ohne Ausnahme eine kritische Spannungssituation voraufgeht. „Die Konflikte, die einen allgemeinen Spannungszustand hervorbringen, scheinen keinen oder nur einen geringen Bezug zur Zeit zu haben." Der Konflikt kann in der Vergangenheit liegen, in der Gegenwart vorhanden oder auch in die Zukunft hinein projeziert worden sein. Aber er muß als solcher „subjektiv erlebt" werden[2].

Die Spannungstheorie kann sowohl unter die Impulstheorien wegen der Wirksamkeit der inneren Spannung wie auch unter die Drucktheorien wegen der Bedeutung der äußeren Konflikte und des gesellschaftlichen Drucks gezählt werden. Genauso gut läßt sich aber auch sagen, daß nach der Spannungstheorie es zu einer Veruntreuung kommt, wenn der Halt einer Persönlichkeit versagt hat und die inneren Kontrollen die Spannung nicht mehr aufhalten können. Lottier meint, daß die Spannungstheorie sich auch auf andere Straftaten anwenden lasse: auf die meisten Morde, auf Vergewaltigungen und andere Gewaltätigkeiten wie auch auf viele Diebstahlsformen.

---

[2] *Ibid.*, pp. 842—843.

Auswahltheorie von Lemert

Ein anderer, recht origineller Versuch, das Verhalten einer homogenen Tätergruppe zu erklären, ist Lemerts Untersuchung der „naiven“ Scheckfälscher in dem Gebiet von Los Angeles. Seine Theorie ist als die Einengungstheorie (closure theorie) bekannt geworden, weil ihr die Vorstellung zugrunde liegt, daß sich die Auswahlmöglichkeiten einer Persönlichkeit derart einengen können, daß ihr nichts anderes mehr übrigbleibt, als einen Scheck zu fälschen, um ihren Schwierigkeiten zu entrinnen[3].

Lemert erkannte, daß von der naiven Scheckfälschung nur ein kleiner Ausschnitt des Verhaltens umfaßt wird, das rechtlich unter den Tatbestand der Fälschung (forgery) subsumiert wird, denn dieser Begriff umfaßt die Fälschung aller Urkunden wie Testamente, Wertpapiere, Verkaufspapiere und ärztliche Rezepte. Innerhalb des durch die Fälschung eines Schecks abgegrenzten Bereichs lassen sich wiederum viele Arten und Grade der Fälschung unterscheiden. Von dem Begriff des „naiven“ Scheckfälschers werden nur die Personen erfaßt, die nicht vorbestraft sind und auch früher nicht mit kriminellen oder delinquenten Personen in Kontakt oder in einem Wechselwirkungsverhältnis gestanden haben. Ausgeschlossen sind damit alle Scheckfälschungen, die mit einer kriminellen Karriere oder mit der Begehung anderer Straftaten im Zusammenhang stehen, somit auch die, welche bei einer Veruntreuung vorkommen oder von berufsmäßigen Schwindlern vorgenommen werden[4].

Lemerts Theorie wird umrissen durch eine Charakterisierung a) der Straftat, b) des Täters, c) der Tatsituation und d) des sozialpsychologischen Prozesses. Sie geht von der Hypothese aus, daß es zu einer naiven Scheckfälschung an einem kritischen Punkt im Prozeß einer gesellschaft-

---

[3] Um die Bedeutung der naiven Scheckfälschung in den Vereinigten Staaten verstehen zu können, muß man sich darüber klar werden, daß bei einem sehr großen Prozentsatz der gewöhnlichen Käufe mit persönlichen Schecks bezahlt wird. Die Geschäftsleute sind daran gewöhnt, solche Schecks selbst von ihnen völlig unbekannten Kunden ohne weiteres anzunehmen und nur ein sehr kleiner Prozentsatz dieser Schecks ist gefälscht, das heißt, nicht durch ein Bankkonto gedeckt. Die meisten Geschäftsleute sind außerdem bereit, einen persönlichen Scheck aus Gefälligkeit oder Höflichkeit auch dann zu kassieren, wenn der Betreffende nichts gekauft hat. In Kalifornien, wo es viele Touristen und neu Eingewanderte gibt, ist das Problem der Hergabe gefälschter Schecks brennender als in anderen Staaten. Deshalb sind dort besondere Strafen für die naive Fälschung meistens auf kleinere Beträge lautender Schecks gesetzlich festgesetzt worden.

[4] Edwin M. Lemert, „An Isolation and Closure Theory of Naive Check Forgery“, *Journal of Criminal Law, Criminology and Police Science*, Vol. 44, No. 3 (1953), pp. 196—197.

lichen Isolierung kommt, in typischen gesellschaftlichen Situationen, und daß sie möglich gemacht wird durch die Einengung der Verhaltensauswahl, die der Fälscher subjektiv zur Verfügung zu haben meint. Die vier aufgezählten Faktoren führen sowohl einzeln und unmittelbar wie auch in gegenseitiger Wechselwirkung die Scheckfälschung herbei[5].

a) Die naive Scheckfälschung ist im Vergleich zu Verbrechen wie Raub, Überfall, gewissen Arten des Diebstahls und Einbruchs ein ziemlich unsichtbares Delikt. In dem Verhältnis zwischen dem Aussteller eines gefälschten Schecks und demjenigen, der ihn in den Verkehr bringt, oder auch in dem Verhalten bei der Hergabe des gefälschten Schecks selbst tritt nur wenig in Erscheinung, was auf die Begehung einer Straftat hindeuten könnte. Obgleich das Scheckfälschen vom Gesetz als Verbrechen behandelt wird, hält die Öffentlichkeit es für eine ziemlich harmlose Straftat.

b) Die statistischen Daten von 1023 Fälschungen des Bezirks Los Angeles in den Jahren von 1938 bis 1939 zusätzlich zu den Interviews von 29 Scheckfälschern zeigten Lemert bei einem Vergleich mit anderen Kriminellen, daß die Gruppe der Fläscher sich vornehmlich aus weißen, in Amerika geborenen Männern zusammensetzt. Der Vergleich zeigte außerdem, daß die Fälscher bei Ausführung ihrer Straftat erheblich älter waren als die Täter anderer Delikte. Sie waren außerdem intelligenter, hatten eine bessere Schulbildung als die durchschnittliche Bevölkerung und stammten unverhältnismäßig oft aus den freien Berufen, aus der Gruppe der Angestellten und der gelernten Berufe (besonders der Verkäufer). Oft stammten sie aus reichen Familien, hatten viele Jahre in derselben Stadt gelebt, waren auch als Jugendliche kaum aufgefallen, kamen sehr selten aus delinquenten Gegenden, hatten einen Abscheu vor anderen Straftaten, zeigten eine Tendenz, sich von der Polizei abholen zu lassen oder sogar sich selbst freiwillig zu stellen und waren im ganzen gesehen liebenswürdige Leute. Aus allem folgt, „daß die Scheckfälscher aus einer Personengruppe stammen, von der man gewöhnlich nicht erwartet, daß aus ihren Reihen kriminelle Personen hervorgehen würden. Die naive Scheckfälschung tritt demnach als ein Verhalten in Erscheinung, das nicht in das allgemeine Charakterbild der Täter und auch nicht zu ihrem gewöhnlichen Verhalten paßt“.

c) Zusätzlich zu familiären Schwierigkeiten, die eine isolierende Wirkung auf den Täter ausübten, ließen sich bei den Fälschern noch weitere isolierende Faktoren aufzeigen, wie Verlust der Arbeitsstelle, Zugehörigkeit zu einer völkischen Minderheit, körperliche Behinderung und Homo-

---

[5] *Ibid.*, p. 298.

sexualität. Häufig waren sie auch Waisen oder Stiefkinder. Alle 29 befragten Scheckfälscher lebten in einer mehr oder weniger großen gesellschaftlichen Isolierung. Diese Isolierung allein kann schon als eine allgemeine Voraussetzung für die zur Ausführung einer naiven Scheckfälschung günstige Situation angesehen werden. Lemert suchte jedoch noch weiter nach spezifischeren Faktoren, die eine Fälschung herbeizuführen geeignet sind — Situationen, die die Beschaffung von Geld gebieterisch fordern oder die in Form einer Verwicklung in bestimmte Verhaltensformen Situationen herbeiführen, die die Beschaffung von Geld fortschreitend dringender machen. Als Beispiele lassen sich anführen, daß jemand seinen Freunden ein Fest gibt, hierbei feststellt, daß seine Geldmittel nicht ausreichen und trotzdem weitermachen möchte, ohne zuzugeben, daß er in Schwierigkeiten geraten ist; oder ein Soldat, der vorgibt, ein Offizier zu sein und dringend Geld benötigt, um diese Rolle weiterspielen zu können; oder jemand, der Bargeld braucht, um seine Spielschulden zu bezahlen; oder derjenige, der für seine persönlichen Bedürfnisse alle verfügbaren Reserven aufgebraucht hat und nun Schecks fälscht, um seiner Familie ein Weihnachtsfest richten zu können.

d) Es war außerdem erforderlich zu erhellen, warum gerade das Scheckfälschen als Ausweg aus einer situationsbedingten Schwierigkeit gewählt wird. Diese Wahl eines Ausweges wird im Englischen „closure" genannt und bedeutet die Einengung des Blickpunktes auf eine bestimmte Lösung. Der naive Scheckfälscher ist, obgleich sonst voll Achtung für das Gesetz und anscheinend gebildet, nicht erfahren oder geübt genug, seine Wahl auf andere Kriminalitätsformen zu richten wie das etwa ein junger Erwachsener könnte, der in einer Gegend mit hoher Delinquenz groß geworden ist und als Jugendlicher an den Unternehmungen einer Bande teilgenommen hat. Zum Herstellen eines gefälschten Schecks wird weder eine besondere Fertigkeit, noch großer Mut benötigt. Es ist die am leichtesten auszuführende Straftat. Hinzu kommt noch, daß in der gesellschaftlichen Bewertung der Scheckfälschung keine große Schande beigemessen wird. Die kriminelle Tätigkeit tritt nicht sichtbar in Erscheinung, was der Unerfahrenheit des Täters ebenfalls sehr entgegen kommt. Die gesellschaftliche Isolierung bringt eine vollkommene Aufhebung der Hemmungen oder wenigstens eine Verminderung der Empfindlichkeit den Hemmungen gegenüber mit sich. In gleicher Weise führen auch die Spannungen und das Gefühl der Dringlichkeit, hervorgerufen durch die kritische Situation, zu einem Zusammenbruch der Hemmungen[6].

Wie mit der Spannungstheorie (Lottier) lassen sich auch mit der Einengungstheorie verschiedene andere Formen der Delinquenz und Krimi-

[6] *Ibid.*, pp. 298—307.

nalität erklären. Auf den ersten Blick scheint diese Theorie recht gut auf Erscheinungen wie Schuleschwänzen, Weglaufen aus dem Elternhaus, bestimmte Arten des Mordes, Kindesentführung durch weibliche Einzelgänger, nicht organisierter Autodiebstahl Jugendlicher, von Frauen ausgeführter nicht-triebhafter Warenhausdiebstahl, Abtreibung, chronischer Alkoholismus, Rauschgiftsucht, gewohnheitsmäßiges Glücksspiel, Landstreicherei, gewöhnliche kriminelle Karrieren, Gangstertum, Racketeering und „white collar crime" zu passen. All diese Tätigkeiten stellen besondere Arten des delinquenten oder kriminellen Verhaltens dar, die durch deutlich erkennbare Kriterien umrissen werden können. Mehrere hiervon können ebenso befriedigend durch die Spannungstheorie erklärt werden, besonders das Schuleschwänzen, das Fortlaufen, das nicht-triebhafte Stehlen der Frauen und die Abtreibung.

Der Spannungstheorie gegenüber hat die Einengungstheorie einige technische Vorteile. Sie bringt in zentripetaler Anordnung das Äußere und das Innere. Die Informationen, die die konzentrische Einengung der Auswahl auf einen einzigen möglich erscheinenden Ausweg erkennen lassen, können einem einfachen Lebenslauf entnommen werden. Sie lassen sich aus den Unterlagen über die Interviews oder aus der in den amtlichen Akten festgehaltenen Fallgeschichte ersehen. Eine Sammlung der Daten nach den Voraussetzungen der Spannungstheorie setzt eine klinische Beobachtung voraus und eine Begutachtung, die dem durchschnittlichen Forscher nicht ohne weiteres zur Verfügung steht.

Systematische Scheckfälscher

Bei einer weiteren Untersuchung befaßte sich Lemert mit einer anderen homogenen Gruppe von Delinquenten, und zwar mit der Gruppe der systematischen Scheckfälscher, die einen Gegensatz bildet zu der oben dargestellten Gruppe der naiven Scheckfälscher. Es ist schwer, diese Arbeit einer Theorie zuzuordnen. Der Untersuchung liegt der Plan zugrunde, die Brauchbarkeit von fünf Thesen zu überprüfen, die Sutherland zur Deutung des *systematischen* kriminellen Verhaltens aufgestellt hat. Die Formulierung dieser Thesen lautet: 1. Der Diebstahl wird zu einer regelrechten geschäftlichen Betätigung; 2. jede Tat wird sorgfältig geplant, einschließlich einer eventuell erforderlichen Bestechung (fix); 3. technische Fertigkeiten werden verwendet, besonders solche zur Behandlung von Menschen; 4. der Dieb zieht von Ort zu Ort, hat jedoch in einer Stadt sein Hauptquartier; 5. der Dieb hat kriminelle Verbindungen, die einen Kreis von Bekannten umfaßt, der ihm gleiche Gesinnung, Sympathie und Verständnis entgegenbringt, der Verhaltensregeln aufrechterhält und sich durch eine besondere Sprache verständigt.

Aus einer Gruppe von 75 Personen (8 Frauen und 67 Männer), die mit Ausnahme von dreien Strafen wegen Scheckfälschungen in kalifornischen Gefängnissen verbüßten, wurden 30 als systematische Scheckfälscher abgesondert. Diese 30 Scheckfälscher betrachteten sich selbst als „check men“, sie hatten eine Technik für die Hergabe von Schecks entwickelt und hatten ihr Leben um die Zahlung mit wertlosen Schecks organisiert. Während Lemert genug Material für den Nachweis fand, daß seine 30 Probanden den systematischen Fälschern zuzurechnen sind, ist es doch zweifelhaft geblieben, ob sie als professionelle Kriminelle in die Kategorie der professionellen Diebe eingeordnet werden können. Die dreißig untersuchten Fälle passen nämlich nicht sehr gut in den von den fünf Sutherlandschen Thesen gesteckten Rahmen[7].

1. Es ist zweifelhaft, ob die „check men“ ihre Straftaten als regelrechten Beruf betrachten. Sie zeigten Verlegenheit und Unsicherheit bezüglich der Möglichkeit, erfolgreich oder sicher vom Scheckfälschen leben zu können. Alle gaben zu, daß Verhaftung und Gefängnisstrafe nicht zu vermeiden seien. Viele „check men“ beschrieben die Zeit ihrer Fälschungen als eine Zeit, in der sie auf großem Fuß gelebt hatten. Das Bild einer kühlen, berechnenden, prosaischen und berufsmäßigen Haltung eines Kriminellen, der seine Straftaten als geschäftsmäßiges, in einer Gruppenkultur gerechtfertigtes Verhalten ansieht, ließ sich bei den untersuchten Fällen nicht finden.

2. Auch hinsichtlich der zweiten These (das Planen der Unternehmungen) zeigte sich, daß das Verhalten der Scheckfälscher hiervon abweicht. Tatsächlich macht die augenblickliche Technik des Scheckeinlösens eine genaue Planung überflüssig. Die meisten Befragten gaben aber an, daß die Situation ausgenützt werden muß, wie sie sich gerade ergibt. Es herrschte auch Übereinstimmung darüber, daß Scheckfälscher nur selten zu einer Bestechung greifen, um den Folgen ihrer Straftaten zu entgehen.

3. Die technischen Fertigkeiten sind gewöhnlich nicht sehr weit entwickelt, und es bedarf deshalb auch keiner langen Lehrzeit, um sie sich anzueignen. Die meisten „check men“ zeigten jedoch eine Vorliebe für einfache und schnell ablaufende Methoden. Eine Anzahl sprach sich gegen vorher geplante und eingerichtete Situationen aus.

4. Wie der professionelle Dieb, so zieht auch der systematische Scheckfälscher von Ort zu Ort. Nur einer der befragten „check men“ sprach davon, daß er in einer bestimmten Gemeinde beheimatet sei, aber auch er zögerte, sie als sein Hauptquartier zu bezeichnen. Gewöhnlich ziehen die Scheckfälscher in einer bestimmten Gegend umher.

---

[7] Edwin M. Lemert, „The Behavior of the Systematic Check Forger“, *Social Problems*, Vol. 6, No. 2 (1958), p. 141.

5. Der schärfste die Kategorien trennende Unterschied zwischen dem professionellen Dieb und dem systematischen Scheckfälscher liegt im Bereich der Assoziation. Soweit die „check men“ mit einem hochentwickelten System arbeiten, vermeiden sie meistens Kontakte und Zusammenarbeit mit anderen Kriminellen. Nur vier von den dreißig Untersuchten hatten mit Scheckfälscherbanden zusammengearbeitet. Drei hatten kriminelle Beziehungen zu anderen auf vertraglicher Grundlage unterhalten in der Form, daß sie die Schecks von anderen erwarben. Sechs von den dreißig arbeiteten ausschließlich mit einer bestimmten anderen Person zusammen. Die übrigen siebzehn führten ihre Unternehmungen immer allein durch. Es war sehr schwierig, mehr als eine rudimentäre Gleichartigkeit in den Anschauungen und den Verhaltensregeln zu finden. Auch hinsichtlich einer gemeinsamen Sprache waren die Befunde gering. Nur vier konnten die Gaunersprache der Scheckfälscher und Diebe einigermaßen erkennen und wiedergeben[8].

Es ist offensichtlich, daß Lemert die Sutherlandschen Thesen des professionellen Diebstahls durch seine Untersuchung der systematischen Scheckfälscher im ganzen gesehen nicht erhärten konnte. Eine Ausnahme von den vorherrschenden Abweichungen bildet lediglich die Übereinstimmung in der vierten These hinsichtlich des Umherziehens. Lemert fand, daß Sutherlands Beschreibung des professionellen Diebstahls vielleicht im neunzehnten und frühen zwanzigsten Jahrhundert auf Scheckfälscher zugetroffen haben mag. Aber das Scheckfälschen hat sich den wandelnden Methoden des Geldverkehrs angepaßt. Das systematische Herstellen falscher Wertpapiere zum Zwecke der Veräußerung ist selten geworden. Die Zusammenarbeit in Gruppen steigert heutzutage die Gefahr. Alle Umstände der modernen Formen des Scheckverkehrs haben den Scheckfälscher gezwungen, als Einzelgänger zu arbeiten[9].

Nach Lemert besteht die wichtigste Schlußfolgerung aus diesen Daten in der Feststellung, daß der systematische Scheckfälscher keine kriminellen Lehrmeister und in seiner frühen Entwicklung keine kriminelle Gesellschaft gehabt hat. Die Moral und die Werte des Scheckfälschers bleiben im Grunde die der Mittel- oder Oberschicht und werden nur selten mit der Moral der professionellen Verbrecher vereint. Die Scheckfälschung existiert auch heutzutage noch in ihrer systematischen Form, aber nicht als professionelles Verhaltenssystem, das durch die Assoziation mit anderen Kriminellen erworben und aufrechterhalten wird[10].

---

[8] *Ibid.*, pp. 141—145.
[9] *Ibid.*, pp. 145—146.
[10] *Ibid.*, p. 148.

Der Mißbrauch von Vertrauensstellungen

Eine weitere interessante Untersuchung einer homogenen Tätergruppe liegt der Studie Cresseys über die Veruntreuung zugrunde. Die Gefangenenakten dreier Strafanstalten wurden nach Inhaftierten untersucht, die wegen der Verletzung finanziellen Vertrauens eine Strafe zu verbüßen hatten. Die Stichprobe wurde weiterhin durch die Kriterien abgegrenzt, daß die zu untersuchenden Gefangenen ihre Vertrauensstellung mit guten Absichten angetreten haben mußten und das ihnen gewährte Vertrauen durch eine Straftat verletzt hatten. Cressey ging bei seiner Untersuchung so vor, daß er zunächst eine Hypothese über das Zustandekommen der Veruntreuung aufstellte und deren Richtigkeit durch einen Vergleich mit seinem Untersuchungsmaterial überprüfte. Sobald sich zeigte, daß die Hypothese nicht zutraf, wurde sie verworfen und die Untersuchung mit einer modifizierten Hypothese fortgesetzt. Im Laufe seiner Untersuchung entwickelte er fünf Hypothesen. Er beließ es bei der fünften Hypothese, weil er in seiner Stichprobe keinen Fall fand, auf den diese Hypothese nicht zugetroffen hätte[11].

Die fünfte Hypothese lautet: Finanzielle Vertrauensstellungen werden mißbraucht, wenn Personen in der Vorstellung, sich in nicht mitteilbaren finanziellen Schwierigkeiten zu befinden, die Möglichkeit gewahr werden, durch Verletzung ihrer Vertrauensstellung diese Schwierigkeiten zu beheben, und sie zugleich für ihr Verhalten in dieser Situation Formulierungen finden, die es ihnen ermöglichen, ihre Vorstellungen von sich selbst als einer Vertrauensperson und als eines Verbrauchers veruntreuter Vermögensbestandteile in Einklang zu bringen[12].

Cressey behauptet, daß er nicht nur keinen negativen Fall gefunden habe, sondern daß andererseits auch alle Elemente seiner fünften Hypothese vorhanden seien, wenn es zu einer Veruntreuung kommt. Die Grundbestandteile der Cresseyschen Formulierung sind: die Feststellung der Schwierigkeiten durch die straffällige Person, das Bewußtsein, daß die Schwierigkeiten durch eine Vertrauensverletzung gelöst werden können und Rationalisierungen, die es dem Betreffenden ermöglichen, die Dualität seiner Lage zu integrieren.

Von den drei Bestandteilen seiner Formulierung scheint Cressey den der Rationalisierung am wichtigsten zu finden. Eine Verletzung des finanziellen Vertrauens wird durch die Vertrauensperson danach ausgesucht, welche Formulierungen (verbalizations) ihr zur Rationalisierung

---

[11] Donald R. Cressey, *Other People's Money: A Study on the Social Psychology of Embezzlement* (Glencoe, Illinois, Free Press, 1953), pp. 20—25.

[12] *Ibid.*, pp. 27—30.

zur Verfügung stehen. Diese Personen hatten ursprünglich verinnerlichte Ideale der Ehrlichkeit, doch entstand für sie die Notwendigkeit, ihre Zuflucht in Rationalisierungen zu suchen, die ihnen den Vertrauensbruch gestatteten und gleichzeitig das Ideal der Ehrlichkeit aufrechterhielten. Persönliche und gesellschaftliche Eigenschaften sind nur insofern wichtig, als sie auf das Vorhandensein und Zusammentreffen der drei Komponenten der Hypothese mittelbaren Einfluß ausüben[13].

Cressey meint, seine Theorie sei eine Erlerntheorie, da die Vertrauenspersonen sich erst bewußt werden müßten, daß ihre Vertrauensstellung durch bestimmte Methoden verletzt werden könne. Für dieses Erlernen gäbe es mancherlei gesellschaftliche Quellen, von denen die Zeitungen nicht die letzten seien. Aus diesen Quellen hätten die Täter sowohl die Kenntnisse erworben, ihre Arbeit ehrlich auszuüben, wie auch die Fertigkeit, das Vertrauen zu mißbrauchen. Die Fähigkeit, das Vertrauen zu mißbrauchen, müsse schon *vorhanden* sein, wenn für die Vertrauensperson eine nicht mitteilbare Schwierigkeit entsteht. Auf der Grundlage dieser schwachen und zweifelhaften Verbindung des Treubruchs mit der Erlernung von Fertigkeiten behauptet Cressey, daß seine Hypothese mit der Theorie der differentiellen Assoziation übereinstimme.

Es bleibt zweifelhaft, ob diese Folgerungen zutreffen. In Cresseys Untersuchung befindet sich nicht einmal genügend Material für eine Stützung der Glaserschen Bezugsgruppentheorie. Die Identifizierung des Treubrechers mit einer besonderen kriminellen Gruppenkultur ist nicht hinreichend nachgewiesen. Cressey führt dies zwar nicht aus, aber die Schlußfolgerung dürfte nicht von der Hand zu weisen sein, daß die von ihm untersuchten Treubrecher ihre Tat als Einzelgänger begangen und keine Verbindung mit einer Welt der Veruntreuer, der Scheckfälscher, der professionellen Kriminellen und der Unterwelt hatten. Ihre einzige indirekte Verbindung hierzu war ihr Wissen, daß das Vertrauen hier und da mit diesen oder jenen Mitteln verletzt wurde. Die meisten von uns wissen, daß zweifelhafte Abmachungen und unehrliche Machenschaften ausgeführt werden. Dies ist jedoch noch nicht einer aktiven Identifizierung mit einer Bezugsgruppe gleichzusetzen. Es bedeutet nur, daß die meisten von uns Kenntnis von den Fälschungen der Geschäfts -und Wertpapiere haben. Damit ist noch nicht hinreichend eine Identifizierung nachgewiesen, auf der eine Erlerntheorie aufgebaut werden könnte, wie sie die Theorie von der differentiellen Assoziation oder die Bezugsgruppentheorie ist.

---

[13] *Ibid.*, pp. 142—145.

Cresseys Formulierungen lassen sich besser mit der Halttheorie vereinbaren, denn die drei Bestandteile seiner Theorie sind im wesentlichen Komponenten des inneren Haltes. Der Täter faßt bestimmte Umstände als nicht mitteilbare Schwierigkeiten auf; in ihm entsteht eine Vorstellung, diese Schwierigkeiten auf bestimmte Weise zu lösen, und er entwickelt Rationalisierungen, um sein Tun vor sich selbst rechtfertigen zu können. All dies sind Merkmale des Ichs und des inneren Halts.

16. KAPITEL
Die Halttheorie

In diesem Abschnitt soll eine kurze Zusammenfassung der neuen Theorie des Verfassers gegeben werden, für die die Bezeichnung Halttheorie (containment theory) vorgeschlagen wird[1]. Dadurch, daß sie den persönlichen und sozialen Halt der Persönlichkeit zum Ausgangspunkt für eine Deutung der Entstehung des kriminellen und delinquenten Verhaltens nimmt, unterscheidet sie sich von den anderen Kriminalitätstheorien, die von einzelnen Zuständen oder Vorgängen in der Persönlichkeit oder ihrer Umwelt ausgehen.

Eine gewisse Ungenauigkeit läßt sich bei einem Versuch, die kriminologischen Theorien nach ihrem Brennpunkt einzuteilen, nie ganz vermeiden. Dennoch erscheint eine Eingruppierung aller Theorien unter dem Gesichtspunkt, ob sie die Entstehung der Kriminalität zur Hauptsache aus dem Druck (pressure) einer ungünstigen Umwelt, dem Zug (pull) bestimmter gesellschaftlicher Vorgänge oder den Impulsen (push) aus dem Inneren des Menschen herleiten, nicht ganz ungerechtfertigt. Der Kürze halber sind deshalb bei der Besprechung und Gegenüberstellung Druck-, Zug- und Impulstheorien unterschieden worden.

Die Theorien, die den sozialen oder sonstigen Umweltverhältnissen und Vorgängen den größten Einfluß auf die Entstehung der Kriminalität beimessen, lassen sich unter die Druck- und Zugtheorien einordnen. Eine Drucktheorie geht von dem Einfluß aus, den ungünstige soziale, wirtschaftliche oder politische Verhältnisse auf die Person ausüben. In ihren Folgerungen ist sie entschieden klassenorientiert. Die Theorien der kriminalsoziologischen Schule sind weitgehend hier einzuordnen. Der Kriminal-

[1] Die Theorie wurde in einem Vortrag vor der Forensisch-Psychologischen Gesellschaft an der Universität Hamburg dargelegt. Der ungekürzte Vortrag ist in der Monatsschrift für Kriminologie und Strafrechtsreform, Jahrgang 44, Heft 1—2, Februar 1961 erschienen. Eine vollständige Darstellung befindet sich auch im 18. Kapitel der dritten Auflage des Lehrbuchs des Verfassers, The Crime Problem, erschienen bei Appleton-Century-Crofts, New York, 1961.

soziologie sehr nahe steht Bongers Theorie von der Verursachung der Kriminalität durch wirtschaftliche Verhältnisse, wenn sie nicht überhaupt unter die kriminalsoziologischen Theorien zu zählen ist. Der Druck eines kapitalistischen Systems auf die Besitzlosen soll nach dieser Theorie die Hauptursache der Kriminalität sein. Bongers Theorie zeigt deutlich alle Merkmale einer klassenorientierten Drucktheorie. Die Proletarier, die Angehörigen der arbeitenden Klasse, werden nach seiner Theorie unverhältnismäßig stark durch den Druck der kapitalistischen Gesellschafts- und Wirtschaftsordnung zur Kriminalität gedrängt.

Die anderen soziologischen Theorien, die bereits im 14. Kapitel, beginnend mit der Nachahmungstheorie (Tarde), dargestellt wurden, die Theorie der differentiellen Assoziation (Sutherland) und der differentiellen Identifikation (Glaser) und die Gruppenkultutheorie (Cohen) sind als Zugtheorien anzusehen. Nach ihnen entsteht kriminelles Verhalten, wenn der einzelne sich bestimmte Verhaltensweisen zu eigen macht. Der einzelne sucht nach Verhaltensformen, er folgt ihnen und wird von ihnen angezogen.

Desorganisation als Ursache sozialer Haltlosigkeit

Seit mehr als einer Generation wird in der amerikanischen Soziologie hervorgehoben, daß die gesellschaftliche Desorganisation für die Verursachung der Kriminalität von größerer Bedeutung ist als die Auswirkungen schlechter sozialer Verhältnisse, wie sie von der älteren Kriminalsoziologie in den Vordergrund gestellt worden waren. Eine Auflösung sozialer Strukturen, gleich, ob sie als Niedergang, Zerstörung, Übergang, Änderung, Konflikt, Wirrwar oder Chaos in Erscheinung tritt, bringt eine Verminderung des Einflusses der gesellschaftlichen Steuerungsinstitutionen auf das Verhalten mit sich und eine Aufweichung einer festen moralischen und sittlichen Front in der öffentlichen Meinung und der allgemeinen Einstellung. In diesen Situationen brechen einzelne Personen durch die Begrenzungen der sozialen Kontrolle. In einer desorganisierten Gesellschaft wird es deshalb schwer, eine wirksame Gesellschaftsordnung aufrechtzuerhalten.

Soweit Kriminalität und Delinquenz in Betracht kommen, besteht in der Soziologie Einigkeit darüber, daß keine eins-zu-eins Beziehung zwischen Kulturkonflikt, sozialem Zusammenbruch und sozialen Veränderungen einerseits und dem normverletzenden Verhalten andererseits besteht. Die soziale Desorganisation allein ergibt keine hinreichende Erklärung dafür, daß viele Personen selbst unter sehr desorganisierten Verhältnissen nicht straffällig werden, sondern ein verhältnismäßig normgemäßes Leben führen. Diese Gruppe stellt die Mehrheit selbst in den stark kriminellen Gegenden der Großstädte und unter denen dar, die in einer in Fluß geratenen oder zerrissenen Gesellschaftsordnung leben. Die Fragen, warum einige Personen die Begrenzungen einer morschen Gesellschaftsordnung durchbrechen, andere dagegen nicht, und warum in seltenen Fällen selbst die festen Begrenzungen starker gesellschaftlicher Kontrollen durchbrochen werden, finden keine Antwort, solange der sozialen Desorganisation lediglich ganz allgemein eine Rolle bei der Entstehung von Delinquenz und Kriminalität zugedacht wird. Im folgenden werden zur Erklärung der Entstehung von Kriminalität und Delinquenz die Grundzüge einer Modellvorstellung entwickelt, die geeignet sind, diese offenen Fragen zu beantworten und zugleich den weiten, mittleren Bereich der Delinquenz und der Normverletzungen zu deuten, soweit nicht extreme Fälle von Persönlichkeitsstörungen und der Identifikation mit delinquenten Gruppenkulturen in Betracht kommen. Die Entstehung von Kriminalität und Delinquenz wird durch das negative Zusammenwirken zweier Faktoren erklärt, die als innerer (self-control, effective super ego) oder äußerer (social) Halt (containment) bezeichnet werden. Nach Einführung dieser beiden Faktoren läßt sich zeigen, daß die Auswirkungen der sozialen Desorganisation nicht als Druck der verschiedenen wirtschaftlichen und sozialen Bedingungen oder als Zug der verschiedenen in Konflikt miteinander stehenden Kulturmuster in einem in Fluß geratenen oder zerrissenen Milieu das delinquente oder normwidrige Verhalten herbeiführen, sondern der hierdurch hervorgerufene Mangel an äußerem Halt.

Der Mangel an Halt

Das Anwachsen der Kriminalität in den modernen Ländern kann mit dem Aufstieg eines Ballons verglichen werden; dabei nimmt der gesellschaftliche Halt die Rolle des Ballasts ein, sein Fehlen bedeutet ein starkes und schnelles Emporsteigen. Der fehlende Halt ist in der modernen Gesellschaft als Mangel an festbestimmten Begrenzungen des Verhaltens, als Zusammenbruch der Verhaltensregeln, als Nichtvorhandensein bestimmter Rollen für die Halbwüchsigen wohl bekannt. Mit anderen Worten fehlt in der modernen Gesellschaft eine Haltstruktur, in die junge Menschen hineinwachsen können, die ihnen neue Rollen, neue Erwartungen und neue Begrenzungen ihrer Aktivität an Stelle der zerfallenen alten Struktur der letzten Generationen bereitstellt. Das Leben der Halbwüchsigen spielt sich zur Zeit gewissermaßen ohne Drehbuch ab, ohne feste Vorschriften und ohne Leitung.

Das Leben in der Familie und in den anderen Bezugsgruppen vermittelt dem einzelnen Jugendlichen nur wenig Begrenzungen oder Rollen. Der Weg steht offen zur Verherrlichung des Ich auf Kosten der anderen, und viele Halbwüchsige nehmen die Möglichkeit wahr. Die Verherrlichung des Ich ist immer dann möglich, wenn die Struktur der Gruppe schwach oder auf ein Mindestmaß herabgedrückt ist. Die Betonung des einzelnen und die Verflüssigung der Gesellschaftsordnung (horizontale und vertikale Mobilität zusätzlich zum Wechsel der Kulturmuster) unterstützen die Tendenz zur Verherrlichung des einzelnen und zur Erprobung und Niederwerfung der wenigen bestehenden Begrenzungen. Das Fehlen fester Grenzen und Rollen verursacht nicht nur die Selbstverherrlichung, sondern bewirkt zugleich eine Verminderung der Fähigkeit, mit Behinderungen fertig zu werden (low frustration tolerance).

Das Fehlen von Grenzen und bestimmten Rollen, verbunden mit dem Anwachsen der Selbstverherrlichung und der Entwicklung einer geringen Frustrationstoleranz kann zusammen als Ursache für den Anstieg der Kriminalität in einer beweglichen, in Fluß geratenen und stark individualisierten Gesellschaft angesehen werden. Dieser Gedanke ist sicher von einigem Wert für die Deutung der Situation in den Vereinigten Staaten und in den europäischen Großstädten, in denen die Industrialisierung mit der Individualisierung zusammengetroffen ist. Dagegen lassen sich in den Städten und Dörfern der Entwicklungsländer die Begrenzungen und Rollen noch deutlich erkennen und bewirken zusammen mit der großen Frustrationstoleranz der dortigen Bevölkerung einen verhältnismäßig starken Halt trotz des Wohnens auf der Straße, des Mangels an Wohnraum und der Arbeitslosigkeit in den großen städtischen Zentren.

Das Vorhandensein oder Fehlen sowohl von innerem wie auch von äußerem Halt erklärt recht gut den Gegensatz zwischen den unterentwickelten und hochentwickelten modernen Gesellschaftsstrukturen. Die Theorie von der Wirksamkeit des inneren und äußeren Halts ist nicht notwendig klassenorientiert, wenn man nicht annehmen will, daß die Mittelklasse in einem besonderen Maße Haltstrukturen entwickelt und erhält, wie es in den unteren und oberen Gesellschaftsklassen nicht der Fall ist. Die Halttheorie läßt sich auch gut vereinbaren mit den Ergebnissen der Beobachtungen in den unterentwickelten Ländern, und zwar mit dem Verhalten der dortigen Bevölkerung im Weichbild der großen Städte wie auch mit dem der bäuerlichen und dörflichen Völker, die alle noch weit entfernt sind von dem Zusammenstoß mit den Einflüssen eines in Fluß geratenen individualisierten Milieus.

Die Modellvorstellung der Halttheorie

Innerer und äußerer Halt stehen zwischen dem Druck wirtschaftlicher Bedingungen, dem Zug der sozialen Umwelt und den Impulsen aus dem

Inneren des Menschen. Eine schematische Darstellung hätte folgende Anordnung:

Am oberen Ende der vertikalen Anordnung über dem Individuum ist die Schicht des sozialen Drucks zu denken, die das Individuum in Gestalt ungünstiger Lebensumstände überlagert und nach unten drückt.

Ebenfalls im oberen Bereich setzen die Zugfaktoren an, die nach oben oder seitwärts gerichtet sind und das Individuum von seiner gewohnten Lebensweise und den von ihm angenommenen Verhaltensnormen abziehen. Bei diesen Zugfaktoren ist an die Einwirkungen angesehener Persönlichkeiten, schlechter Gesellschaft, krimineller oder delinquenter Gruppenkulturen, von Gruppen mit abweichendem Verhalten, der Massenkommunikationsmittel, der Propaganda, der Suggestion und ähnlicher Kräfte zu denken.

In einem Kreis, der das Individuum unmittelbar umgibt, befindet sich die Struktur des mehr oder weniger wirksamen äußeren Halts. Diese den einzelnen haltende Struktur wird gebildet aus der Teilnahme an dem Leben seiner Familie und der anderen, Halt gewährenden Gruppen. Die Wirksamkeit des äußeren Halts darf mit einer Pufferzone verglichen werden. Seine Komponenten sind eine konsequente moralische Haltung in der sozialen Umgebung, eine Stärkung durch gesellschaftliche Institutionen, vernünftige Verhaltensnormen und Erwartungen, Zusammenhalt, direkte und indirekte gesellschaftliche Verhaltenskontrollen, Vorkehrungen für ein vernünftiges Ausmaß an Tätigkeit wie auch für Auswege und Sicherheitsventile, das Gefühl der Zugehörigkeit zu einer bestimmten Gruppe und ähnliches. Diese Komponenten helfen der Familie und den stützenden Gruppen, den Druck zu absorbieren und dem Zug schlechter Gesellschaft entgegenzuwirken. Die Pufferlage des äußeren Halts muß unter Umständen auch eine zweite Linie der Verteidigung darstellen gegen innere Impulse, wenn der innere Halt ihnen nicht gewachsen ist.

Unter dieser Lage des äußeren Halts ist der innere Halt des einzelnen zu denken. Dieser ist ein Ergebnis guter oder schwacher Verinnerlichung (internalization) von Verhaltensnormen. Die Kennzeichen eines starken und wirksamen inneren Halts sind gute Selbstbeherrschung, starkes Ich, gut entwickeltes Überich, gute Selbstkonzeption, starke Widerstandsfähigkeit gegenüber Beeinflussungen, große Frustrationstoleranz, gut entwickelter Sinn für Verantwortung, Zielstrebigkeit, die Fähigkeit, Ersatzbefriedigungen zu finden, Spannung mindernde Rationalisierungen und ähnliche Eigenschaften. Der innere Halt ist die zentrale Instanz, die die Impulse von innen und den Druck und Zug von außen abzuwehren hat. Seine Aufgabe wird bei einem wirksamen äußeren Halt wesentlich erleichtert. Wenn der äußere Halt jedoch schwach ist, dann muß der innere

Halt zusätzliche Kräfte aufbringen, um den einzelnen vor dem Abgleiten in Delinquenz und Kriminalität zu bewahren.

Aus der untersten Lage unseres Schemas wirken die inneren Impulse in die Haltstruktur hinein. Ohne Rücksicht darauf, ob sie psychischen oder organischen Ursprungs sind, gehen innere Impulse von extremer innerer Unruhe und Unzufriedenheit, inneren Spannungen, feindlichen Einstellungen, Aggressivität, starkem Verlangen nach sofortiger Befriedigung der Bedürfnisse, extremer Beeinflußbarkeit, auflehnender Einstellung gegenüber Autoritätspersonen, Minderwertigkeitsgefühlen, Schuldreaktionen, Ängsten, Zwangsvorstellungen, organischen Schädigungen und ähnlichem aus. Einige der aufgeführten Impulse, insbesondere die letzteren, erweisen sich gewöhnlich als zu stark für eine Beherrschung durch den inneren oder äußeren Halt.

Sieben Tests der Halttheorie

Der oben entwickelten Modellvorstellung von dem Ineinanderwirken der Haltinstanzen entspricht eine allgemeine Theorie der Kriminalität, die im Gegensatz zu den Druck-, Zug- und Impulstheorien als Halttheorie bezeichnet werden kann. Sie ist als allgemeine Theorie zu verstehen, die am besten geeignet ist, den gesamten mittleren Bereich der Kriminalität und Delinquenz zu erklären. Von der Deutung ausgenommen bleiben lediglich die Fälle extremer Charakter- und Gemütsstörungen, Schädigungen pathogener Art, situationsbedingte Straftaten, soweit eine Persönlichkeit von besonderen Ereignissen überrannt wird, und extreme Fälle krimineller Umweltseinflüsse, wenn etwa eine gesamte Gruppe oder Familie, ein gesamter Volksstamm oder ein gesamtes Dorf sich einem kriminellen Parasitenleben widmet. Daß die Halttheorie eine geeignete Grundlage für die Erklärung der gesamten Kriminalität darstellt, die nur die vorstehend dargelegten Extreme nicht berücksichtigt, ergeben folgende sieben Tests:

1. Zu einer allgemeinen Theorie der Kriminalität und Delinquenz eignet sich die Halttheorie am besten, weil sie den größten Teil der Delinquenz und der Kriminalität zu erklären vermag. Theorien, die von Impulsen, Zug oder Druck ausgehen, erfassen nur einzelne Aspekte der Einwirkungen auf das Verhalten, während der Halt selbst zwischen Impuls, Zug und Druck zu denken ist und somit eine zentralere Stellung im Verhalten einnimmt als diese.

2. Die Halttheorie ist in gleicher Weise für eine Erklärung der Straftaten gegen die Person wie auch für eine Erklärung von Straftaten gegen das Vermögen geeignet. Die Theorien, die von der differentiellen Assoziation, der kriminellen Gruppenkultur, den Bezugsgruppen und den Ge-

sellschaftsklassen ausgehen, scheinen dagegen stärker auf die Erklärung der Vermögenskriminalität ausgerichtet zu sein, wie die psychoanalytischen Theorien stärker auf die Deutung krimineller Aggressionen ausgerichtet sind.

3. Die nächstwichtigste Probe der Halttheorie ist die Prüfung, ob sich auf ihrem Boden eine Übereinstimmung zwischen Psychiatrie, Psychologie und Soziologie erzielen läßt. Alle drei Wissenschaften gehen von dem Vorhandensein von Selbstvorstellungen und Selbstkonzeptionen aus und erkennen an, daß sich diese durch Identifikation mit bedeutsamen anderen Personen entwickeln. Zugleich wird übereinstimmend angenommen, daß das Ich eine Steuerungsinstanz darstellt. In allen drei Disziplinen dürfte somit nichts der Annahme entgegenstehen, daß der Halt der Persönlichkeit den entscheidenden Einfluß auf das Verhalten ausübt.

4. Die Gültigkeit der Halttheorie wird auch dadurch bestätigt, daß man die Komponenten des inneren und des äußeren Halts bei der Untersuchung der einzelnen Fälle auffinden kann.

5. Die Halttheorie stellt eine wirksame theoretische Grundlage für die Behandlung der Straffälligen dar. Die Behandlung kann in einer Veränderung der Umgebung bestehen. Ein großer Teil der Behandlung außerhalb und innerhalb der Anstalt besteht jedoch immer darin, das Ich oder die Selbstkonzeption zu stärken. Das kann auch dadurch geschehen, daß einer Person die Möglichkeit geboten wird, sich mit bedeutsamen Vorbildern zu identifizieren.

Eine eingehende Behandlung des jugendlichen oder erwachsenen Straffälligen umfaßt auch die Aufgabe, eine wirksame Verbindung des Gefährdeten zu Bezugsgruppen zu schaffen, die ein Gefühl der Zugehörigkeit und seines Wertes und Status entstehen lassen kann. Gleich ob der Straffällige von der Bewährungshilfe, in der Anstalt oder nach der Entlassung behandelt und betreut wird, diese Grundsätze für die Errichtung des inneren und äußeren Halts werden immer eine Rolle spielen müssen.

6. Die Halttheorie kann auch bei der Verbrechensverhütung geeignete Mittel und Wege weisen, jedenfalls bei der Vorbeugung gegenüber der Jugendkriminalität. Es ist möglich, Kinder mit gutem innerem Halt von denen mit dürftigem zu unterscheiden. Bei unseren Untersuchungen konnten wir feststellen, daß die Lehrer der sechsten Klasse die Kinder herausfinden konnten, die eine dürftige Sozialisierung aufwiesen und auf die Kriminalität zusteuerten. Das zwölfjährige Kind befindet sich an der Schwelle zur offiziellen Straffälligkeit. Wir fanden, daß selbst Kinder in den Elendsvierteln gegen die Straffälligkeit immun sind, wenn sie eine günstige Ichkonzeption und eine gute Vorstellung von der Familie, der Schule und ähnlichen Institutionen haben.

Wenn bei einer Untersuchung im Schwellenalter von 12 Jahren gefährdete Kinder entdeckt werden, so sollte es möglich sein, einen Weg zu finden, diesen Kindern Halt einzuimpfen, der stärker ist als der normaler Kinder, und der ihnen auch in einer ungünstigen Umgebung eine stützende Hilfe sein kann.

7. Von Bedeutung für die kriminologische Forschung ist, daß sich der innere wie der äußere Halt, wenn auch nicht immer genau, so doch wenigstens abgeschätzt oder angenähert, messen läßt. Für die Messung des inneren Halts hat Dinitz zusammen mit dem Verfasser im Zusammenhang mit der Selbstkonzepttheorie den Nachweis hierfür geführt[2].

17. KAPITEL

Die Bekämpfung der Erwachsenenkriminalität

Die moderne Gesellschaft hat ein lebenswichtiges Interesse daran, der Ausbreitung der Kriminalität Einhalt zu gebieten und ihr Ausmaß auf ein Minimum einzuschränken. Im Unterschied zur Behandlung und Resozialisierung des Straffälligen sowie zur Vorbeugung von Straffälligkeit und Delinquenz befaßt sich die Bekämpfung der Kriminalität damit, den Umfang des strafbaren Verhaltens in Grenzen zu halten, seine Verbreitung und seinen Einbruch in neue Gebiete zu verhindern und die Gesellschaft gegen die Angriffe der abnormen Verbrecher und der Gewohnheitsverbrecher zu schützen. Oft wird in den Begriff der Kriminalitätsbekämpfung auch die Vorbeugung und die Behandlung einbezogen. Obgleich die Bereiche sich überschneiden, empfiehlt es sich, die eigentliche Bekämpfung der Kriminalität von der Vorbeugung und von der Behandlung der Straffälligen zu trennen.

In diesem so begrenzten Sinne bezieht sich die Bekämpfung der Kriminalität auf die Tätigkeit der Polizei und der Gerichte, sowie auf die der Gesetzgebung, soweit strafrechtliche Schutzgesetze und zwischenstaatliche Vereinbarungen und Verträge zur Bekämpfung der Kriminalität in Betracht kommen.

Die verschiedenen Polizeisysteme in den Vereinigten Staaten

Der Polizeidienst in den Vereinigten Staaten ist vorwiegend Angelegenheit der örtlichen Behörden. Hauptverantwortlich für ihn sind die Städte,

[2] Walter C. Reckless, Simon Dinitz, and Ellen Murroy, „Selfconcept as an Insulator against Delinquency". *American Sociological Review*, Vol. 21, No. 6 (1956).

Walter C. Reckless, Simon Dinitz, and Barbara Kay, „The Self Component in Potential Delinquency and Non-Delinquency", *American Sociological Review* Vol. 22, No. 5 (1957).

Bezirke und andere Gebietskörperschaften, die auch die Last der Finanzierung zu tragen haben. Für die Bekämpfung der Kriminalität sind nach der Verfassung der USA die Staaten zuständig, die ihrerseits diese Aufgabe zum größten Teil den Städten und Bezirken übertragen haben. Die Tradition der Vereinigten Staaten neigt zur Dezentralisierung der Regierungsgewalt. Der Amerikaner fürchtet eine vollkommen durchorganisierte staatliche Polizei. Er will eine örtlich verwaltete Polizei, die er beherrschen kann.

Es ist jedoch nötig geworden, einen staatlichen Polizeidienst zu entwickeln, mit zwar beträchtlich beschränkter aber ständig wachsender Zuständigkeit. Die Hauptaufgabe der staatlichen Polizei ist die Überwachung des Verkehrs auf den Landstraßen. Ihr Aufgabenkreis bei der Verbrechensbekämpfung und Rechtsdurchsetzung ist somit ziemlich klein.

Auch die Bundesregierung unterhält mehrere Ämter zur Wahrnehmung polizeilicher Aufgaben, so zum Beispiel die Postinspektion, die für die Bekämpfung des Diebstahls von Briefen und anderem Postgut zuständig ist, die Ämter für das Zoll- und Steuerwesen und für die Überwachung des Verkehrs mit Rauschgiften. Die berühmteste Einrichtung unter den Polizeiämtern der Bundesregierung ist das Bundeskriminalamt (Federal Bureau of Investigation) im Justizministerium. Dies Amt hat unter den anderen Bundesämtern mit polizeilichen Aufgaben die weiteste Zuständigkeit. Wenn in manchen Filmen das FBI als Geheimpolizei dargestellt wird, so wird seine wirkliche Tätigkeit grob verkannt. Die FBI-Agenten müssen sich ausweisen, wenn sie jemanden vernehmen wollen. Eine Verhaftung können sie nur vornehmen, wenn sie im Besitz eines von einem Bundesgericht ausgestellten Haftbefehls sind und auch nur für den Fall einer Verletzung von Bundesrecht. Die Hauptfunktion aller bundesstaatlichen Polizeiämter ist die Aufklärung von Verletzungen bundesstaatlicher Gesetze. Sie greifen nicht in die Zuständigkeit der örtlichen Polizeibehörden ein, deren Kompetenz die Durchführung der einzelstaatlichen Gesetze und der Satzungen und Verordnungen der Städte umfaßt.

Man darf nicht außer acht lassen, daß jeder einzelne Staat in den USA sein eigenes Strafrecht hat und daß die Städte ebenfalls eigene Strafbestimmungen erlassen. Das Strafrecht der Einzelstaaten enthält die wichtigsten zur Bekämpfung des Verbrechens erlassenen Gesetze. Die örtliche Polizei und die örtlichen Gerichte haben die Durchführung dieser Gesetze zu gewährleisten. Das Bundesstrafrecht ist auf Angelegenheiten der Bundesgerichtsbarkeit beschränkt, wie Straftaten gegen die Post, Falschmünzerei, Verletzungen von Bestimmungen über den zwischenstaatlichen Warenverkehr und ähnliches. Eine Ausnahme stellt das Strafrecht des Distrikts von Columbia dar, das dem einzelstaatlichen Recht ähnelt.

Die Organisation der Polizeibehörde in den Großstädten

Die bestorganisierten Polizeibehörden (außer dem FBI und der in ihrer Zuständigkeit stark eingeschränkten staatlichen Polizei) findet man im Bereich der Vereinigten Staaten in den Großstädten. Diesen Polizeibehörden stehen ausreichende personelle und sachliche Mittel zur Verfügung, um die moderne Kriminalität bekämpfen zu können, während den Polizeiämtern in den Kleinstädten und in den Bezirken diese Voraussetzungen weitgehend fehlen.

Die Hauptkomponente des modernen Polizeidienstes in den Großstädten der USA ist der Streifendienst durch uniformierte Polizeibeamte. Die Polizeibeamten des Streifendienstes stellen auch zur Hauptsache den Schutz der Öffentlichkeit dar. Sie haben die Aufgabe, ihr Gebiet „sauber" zu halten durch wachsames und sachgemäßes Verhalten bei Verhaftungen, Ermittlungen und Inspektionen. Sie müssen fähig sein, mit allen Bedingungen und Lagen in der richtigen Weise fertig zu werden und dürfen ihre Verantwortung nicht auf andere Abteilungen der Polizeibehörde abwälzen.

Eine der wichtigsten Aufgaben einer wirksamen Verbrechensbekämpfung ist die sachgemäße Verteilung der Polizeistreifen nach Zeit und Ort. Bestimmte Abschnitte des Tages erfordern mehr polizeiliche Tätigkeit als andere. Obgleich der Polizeidienst auf einer 24-Stunden-Basis aufgebaut sein muß, sind Vorkehrungen für die Gipfelbelastungen zu treffen.

In seiner Untersuchung über die tageszeitliche Verteilung der Verbrechen, Vergehen, Unfälle und Verhaftungen im Polizeibezirk von Wichita, Kansas, im Jahre 1938 berichtet Wilson, daß die Vormittagsstunden wesentlich weniger aktiv seien als die Nachmittags- und Abendstunden. Die meisten polizeilichen Vorkommnisse fielen in die Zeit von 11 Uhr abends bis Mitternacht, dann folgten in abnehmender Aktivität die Stunden von 20 bis 21, 19 bis 20, 15 bis 16, 16 bis 17, 21 bis 22, 17 bis 18, 12 bis 13, 18 bis 19 und 22 bis 23 Uhr[1]. Eine ähnliche Untersuchung über die stundenweise Verteilung der Anzeigen, Meldungen, Verhaftungen und Unfälle im Bereich der Polizeibehörde von Greensboro, N. C., im Jahre 1941 bestätigte, daß die Stunden nach zwölf Uhr mittags wesentlich aktiver sind als die vor dieser Zeit. Als die neun aktivsten

[1] O. W. Wilson, „Distribution of Police Patrol Force", *Public Administration Service*, No. 74 (Chicago, 1941), p. 11.

Stunden trat hier die Zeit von 16 bis 17, 23 bis 24, 19 bis 20, 14 bis 15, 22 bis 23, 21 bis 22, 20 bis 21, 15 bis 16 und 9 bis 10 Uhr mit jeweils abnehmender Aktivität in Erscheinung[2].

Der Bereich, den eine einzelne Polizeistreife zu überwachen hat, wird in den Städten durch einen besonderen Plan bestimmt. In den amerikanischen Städten erhöht sich die Größe dieses Bereiches gewöhnlich in dem Maße, in dem sich das Gebiet vom Stadtmittelpunkt entfernt. Außerdem bestimmen jedoch noch andere Faktoren die räumliche Ausdehnung des Gebietes, das ein Polizeibeamter im Streifendienst wirksam überwachen kann, wie zum Beispiel die Häufigkeit der dort bekannt gewordenen Delikte, das Ausmaß sozialer Desorganisation, Verkehrskonstellationen, Eigenart des Straßennetzes und die Gefährdung des Polizeibeamten.

Die nächstwichtige Komponente des Polizeidienstes ist die motorisierte Patrouille. Sie ermöglicht eine Herabsetzung der zwischen der Verbrechensbegehung und dem Beginn der Verfolgung verstreichenden Zeitspanne. Wenn die Patrouille mit Rundfunkempfang- und Sendegerät ausgestattet ist, kann sie leicht befehligt und an den Ort des Bedarfs herangeführt werden. Zusätzlich zu dem Einsatz in Notfällen können die motorisierten Patrouillen auch für Zwecke des gewöhnlichen Rundgangs eingesetzt werden.

Zur Unterstützung und Ergänzung des motorisierten und nicht motorisierten Streifendienstes bestehen als weitere Abteilungen der Polizeibehörden der Ermittlungsdienst, das Sittendezernat, der Straßenverkehrsdienst und die Abteilung für Jugendsachen. Die Ermittlungsabteilung (detective division) ist für die Ermittlung und Verhaftung gesuchter Personen und die Aufklärung bekannt gewordener Verbrechen zuständig, deren Täter noch nicht ermittelt werden konnten. Gewöhnlich konzentriert sich die Tätigkeit dieser Abteilung auf die Aufklärung schwerer Delikte und auf eingehende kriminalistische Ermittlungen zur Aufklärung von Verbrechen. In einer gut organisierten Polizeibehörde sollte die Ermittlungstätigkeit nicht ausschließlich in der Hand der Ermittlungsabteilung liegen, sondern viele Fälle sollten normalerweise von den Polizeibeamten des Streifendienstes bei ihren Rundgängen erledigt werden. Das Sittendezernat ist in den Polizeibehörden der USA eine Spezialabteilung, die den Beamten des Streifendienstes Hilfe leistet in der Behandlung besonderer Fälle, bei denen Glücksspiel, Prostitution, unerlaubter Verkauf alkoholischer Getränke, Absteigequartiere und ähnliches eine Rolle spielen. Vom Standpunkt der Bekämpfung der Straffälligkeit tritt die Straßen-

[2] V. A. Leonard, *Police Organization and Management* (Brooklyn, The Foundation Press, 1951), p. 231.

verkehrsabteilung nur insoweit in den Blickwinkel, als darauf geachtet werden muß, daß sie nicht der Patrouillearbeit die nötigen Kräfte entzieht zur Abwicklung der normalen Verkehrsaufgaben.

Zu den bereits beschriebenen Dienstabteilungen treten bei den großstädtischen Polizeibehörden die sogenannten Stabsabteilungen. Zu ihnen gehören das Archiv, der Erkennungsdienst, das Personalamt, die Vermögensverwaltung und die Transportabteilung. Damit die verschiedenen Abteilungen der Polizeibehörden ein wirksames Mittel zur Bekämpfung der Kriminalität bilden können, sollen nach Leonhard die Dienst- und Stabsabteilungen einer einheitlichen Leitung unterstellt sein. Hierdurch soll vermieden werden, daß zwischen den Abteilungen Rivalitäten entstehen, daß eine Abteilung ihre Zuständigkeit in den Bereich einer anderen ausdehnt und daß die der Patrouillenarbeit dienenden Abteilungen aus ihrer unterstützenden und sekundären Stellung zu einer die Polizeiarbeit beherrschenden Funktion gelangen[3].

Die Kriterien für die Qualität des Polizeidienstes

Es ist ohne weiteres einzusehen, daß die Wirksamkeit des Polizeidienstes hinsichtlich der Verbrechensbekämpfung nicht lediglich nach der Anzahl der Beamten beurteilt werden kann, oder dem Verhältnis zwischen der Anzahl der Beamten und der Größe der Bevölkerung des zu überwachenden Bereichs (es gibt Bereiche, in denen sich die Anzahl der Polizeibeamten zur Anzahl der Einwohner wie 1 zu 500 verhält). Nach Leonhard sollte die Wirksamkeit der Polizei auch nicht auf der Grundlage der pro Kopf der Bevölkerung für die Polizei aufgewandten Kosten, der Kriminalitätsrate, des Prozentsatzes der aufgeklärten Delikte oder des Prozentsatzes der Verurteilungen abgeschätzt werden, sondern vielmehr allein unter Beachtung polizeilicher Gesichtspunkte, etwa inwieweit in der Organisation einer Polizeibehörde die Dienstabteilungen ihrer Bedeutung entsprechend berücksichtigt werden, inwieweit eine gute Auswahl und Führung des Personals erfolgt, ob das Archiv zweckdienlich eingerichtet und das Streifensystem den örtlichen Verhältnissen angepaßt ist. Entscheidend sollte immer sein, inwieweit die Polizei ihrer Hauptaufgabe gerecht wird, der Bevölkerung gute Überwachung und Schutz zu sichern[4].

Diese Gedankengänge können noch einen Schritt weitergeführt werden. Da den Zahlen über die vorgenommenen Verhaftungen und Verurteilungen keine Kriterien für die Zweckmäßigkeit der Organisation

[3] *Ibid.*, p. 105.
[4] *Ibid.*, pp. 18—21, 404—439.

einer Polizeibehörde entnommen werden können, entsteht die Frage nach einem geeigneten Maßstab. Aus dem oben Gesagten ergibt sich zwanglos, daß die *Angemessenheit* der polizeilichen Mittel an die polizeilichen Aufgaben das entscheidende Kriterium ist. Durch die Planung ihrer Operationen, durch ihre personelle Besetzung, Organisation und Ausstattung muß die Polizei in der Lage sein, ihre Aufgaben angemessen auszuführen. Sie muß der großen Beweglichkeit mancher Krimineller ebensogut gewachsen sein wie der Geschicklichkeit anderer Tätergruppen. Sie muß ungehindert handeln können, insbesondere bei der Bekämpfung der organisierten Kriminalität. Sie muß gewillt sein, eine Tat auch dann als Straftat zu behandeln, wenn es Unbequemlichkeiten mit sich bringen könnte. Sie muß Straffällige, deren Strafe zur Bewährung ausgesetzt wurde oder die bedingt aus der Strafhaft entlassen wurden, angemessen behandeln und zu einer Zusammenarbeit mit den zuständigen Bewährungshelfern bereit sein.

Nicht zuletzt sollte von den Polizeibehörden erwartet werden, daß sie für die Behandlung der jugendlichen Straffälligen Organisationsformen entwickeln, die dem Sinn und Geist der Jugendstrafgesetzgebung entsprechen. Dies ist für die Polizei in den meisten Bereichen nicht leicht gewesen. Wenn in einzelnen Gebieten besondere Gesetze und Einrichtungen für die Sonderbehandlung von Alkoholikern bestehen, dann sollte die Polizei auch die vorgesehenen Maßnahmen in die Wege leiten und die Betroffenen den entsprechenden Behörden zuweisen. Das gleiche gilt, wenn besondere Gesetze und Einrichtungen für die Untersuchung und Diagnostizierung abnormer Sittlichkeitsverbrecher bestehen. Von der Polizei ist dann zu erwarten, daß sie zweckmäßige Maßnahmen vor und nach der Einweisung trifft. Ebenso gehört zu der Angemessenheit des Dienstes, daß der Polizei ein gutes Polizeigewahrsam zur Verfügung steht, dessen Qualität nach den höchsten Maßstäben zu messen ist.

Die Schwächen der Polizei in den Kleinstädten und Bezirken

Obgleich die Polizeibehörden in den großen Städten bedeutende Fortschritte erzielt haben, wird es noch lange dauern, bis der Polizeidienst in den mittleren Städten und Kleinstädten den Stand erreicht hat, der ihn zu einer wirksamen Bekämpfung der Kriminalität befähigt. Das Problem scheint vor allem darin zu liegen, daß nicht die Mittel aufgewendet werden, die erforderlich sind, um gute Polizeibehörden aufzubauen und zu unterhalten, fähige Behördenleiter zu finden und qualifiziertes Personal heranzubilden.

Die Organisation einer wirksamen Verbrechensbekämpfung gestaltet sich in den Gendarmerieämtern in den Bezirken (counties) der Vereinigten

Staaten im großen und ganzen noch wesentlich schwieriger. Es besteht ein großer Widerstand gegen jede Modernisierung und Reorganisierung von seiten der Bezirksbehörden, der ländlichen Bevölkerung, und selbst von seiten der Gendarmeriebeamten. Der Widerstand ist hier viel größer als in den Städten, wo fortschrittliche Bewegungen Verbesserungen verlangen. Es gibt jedoch auch Gendarmerieämter, besonders in den größeren Bezirken, in denen sich Großstädte befinden, wo sowohl im Dienst wie im Personal entscheidende Fortschritte erzielt worden sind.

Die staatliche Polizei

Die staatliche Polizei oder die sogenannte Landstraßenpatrouille (highway patrol) beteiligt sich in zunehmendem Maße an der Bekämpfung der Kriminalität. Sie wird auch von der Gesetzgebung in wachsendem Maße mit Befugnissen für Verhaftungen wegen anderer Straftaten als Straßenverkehrsdelikte ausgestattet. Wie in den Polizeibehörden der Großstädte, so ist auch in den staatlichen Polizeibehörden ein Interesse an der Anwerbung und Ausbildung befähigten Personals entstanden, was den Dienst sicher wesentlich stärken wird. Die staatliche Polizei hat außerdem ein gutes System von Funkverbindungen geschaffen und verfügt über die Möglichkeit, bei der Verfolgung flüchtiger motorisierter Verbrecher den Einsatz und, falls erforderlich, auch den Bau von Straßensperren vom Flugzeug aus zu leiten. In der gegenwärtigen Situation kann jedoch die staatliche Polizei nur als Ergänzung der groß- und kleinstädtischen Polizeibehörden und der Gendarmerieämter betrachtet werden. Es wird aber nur eine Frage der Zeit sein, bis die staatliche Polizei in den Vereinigten Staaten den größten Teil des Polizeidienstes in den Gebieten außerhalb der Großstädte und den bisher von der Gendarmerie versorgten Bezirken übernimmt.

Im Laufe der Zeit wird in verschiedenen Staaten der USA die Notwendigkeit entstehen, zu einer Vereinheitlichung der Bekämpfung von Kriminalität und Delinquenz den gesamten Polizeidienst in einer einheitlichen staatlichen Polizei zusammenzufassen, die dann Nebenstellen in den Hauptstädten und Bezirken unterhalten wird. Es ist nur dem historischen Zufall zu verdanken, daß der Polizeidienst in die Zuständigkeit der örtlichen Behörden gelangte, statt in die des Staates. Früher war auch die Dezentralisation der Polizei viel stärker berechtigt als unter den heutigen Verhältnissen. Die Probleme der Kriminalität und Delinquenz haben sich in einem Maße geändert, daß die Kräfte der ehrenamtlichen Gendarme (deputy sheriff), der örtlichen Landpolizei (constable) und selbst der meisten lokalen Polizeibehörden überfordert werden. Außerdem legt auch die Leichtigkeit der Nachrichtenübermittlung und des

Verkehrs mehr denn je zuvor die Errichtung eines einheitlichen staatlichen Polizeisystems nahe, das dem staatlichen Justizministerium der Leitung und Finanzierung nach zu unterstellen wäre.

Gericht und Strafprozeß

Das Gerichtssystem eines jeden Landes umfaßt erheblich mehr als lediglich staatliche Einrichtungen zur Verhandlung von Rechtsfällen. So ist auch in den Vereinigten Staaten von den gerichtlichen Strafverfahren nicht zu trennen das Amt des Anklägers, die Möglichkeit, gegen Leistung einer Sicherheit von der Untersuchungshaft verschont zu werden, die Möglichkeit, sich eines Rechtsanwalts zur Verteidigung zu bedienen, das Vorverfahren, Erhebung der Anklage durch das Große Schwurgericht (indictment) oder durch die Anklagebehörde (information), die Hauptverhandlung vor dem Schwurgericht, die Wahl der Richter, die Möglichkeit, Rechtsmittel einzulegen, die Festsetzung von Beweisregeln durch die übergeordneten Gerichte, die Gültigkeit des „common law" und die Garantien der Verfassung.

Die Strafgerichtsbarkeit für Erwachsene wird in den Vereinigten Staaten von drei verschiedenen Gerichtstypen ausgeübt: den unteren Gerichten (inferior courts, die auch magistrate courts, police courts, justice of the peace courts, mayor's courts und municipal courts genannt werden), den Gerichten der Primärgerichtsbarkeit (bekannt als common pleas courts, superior courts, circuit courts, special sessions courts), die gewöhnlich neben der Strafgerichtsbarkeit auch die Zivilgerichtsbarkeit ausüben, und den obersten Gerichten (supreme courts), die als Rechtsmittelgerichte tätig werden.

Bei erwachsenen Tätern geht die Strafverfolgung im allgemeinen wie folgt vor sich: Die Polizei verhaftet den Beschuldigten und stellt den Schuldvorwurf fest. Wenn dem Beschuldigten eine unbedeutendere Straftat vorgeworfen wird, wie zum Beispiel eine Übertretung, so kann er von einem der unteren Gerichte verurteilt werden, welches auf Freispruch, Geldstrafe, Schadensersatz, Aussetzung der Verhängung einer Strafe (probation), Gefängnis (jail) oder Unterbringung im Arbeitshaus (workhouse) gewöhnlich bis zu einem Jahr erkennen kann.

Wenn das Verfahren wegen einer bedeutenderen, aber doch noch ziemlich geringfügigen Straftat eingeleitet wurde, zum Beispiel wegen Diebstahls geringwertiger Gegenstände, hat der Beschuldigte zu entscheiden, ob er von seinem Recht auf Verhandlung vor einem Schwurgericht und auf Wahl eines Verteidigers Gebrauch machen will oder ob er hierauf verzichtet.

Hat die Polizei den Vorwurf eines schweren Verbrechens (felony) erhoben, so wird der Beschuldigte zunächst zu einer Voruntersuchung (preliminary hearing) dem Polizeirichter (magistrate) vorgeführt. Der Beschuldigte kann bereits zu diesem Zeitpunkt die Hilfe eines Verteidigers in Anspruch nehmen; er kann jedoch noch keine Verhandlung vor dem Schwurgericht fordern. Der Polizeirichter hat auf Grund seiner Ermittlungen zu entscheiden, ob hinreichende Gründe bestehen, den Beschuldigten dem Staatsanwalt des Bezirks (district attorney) zu überstellen, damit dieser entweder die Anberaumung einer Verhandlung vor dem Großen Schwurgericht (grand jury) veranlassen kann zur Erhebung der Anklage (determine an indictment) oder, wo es die Einrichtung des Großen Schwurgerichts nicht gibt, die Anklage selbst erhebt (filing an information).

Wenn das Große Schwurgericht oder der Staatsanwalt die Anklage erheben, dann gelangt der Fall in die Zuständigkeit eines Strafgerichts der Primärgerichtsbarkeit. Zu Beginn der Verhandlung vor diesem Gericht kann sich der Angeklagte als schuldig oder nicht schuldig bekennen, er kann einen Verteidiger wählen oder, falls er mittellos ist, das Gericht um die Stellung eines Verteidigers bitten, und er kann, wenn er sich als nicht schuldig bekannt hat, auf der Verhandlung vor dem Schwurgericht (trial jury) bestehen oder hierauf verzichten. Der Verteidiger kann die Anberaumung einer neuen Verhandlung vor dem Schwurgericht beantragen[5] und, wenn diesem Antrag nicht stattgegeben wird, Rechtsmittel einlegen, wenn auch in der Praxis nach einem Schuldspruch der Geschworenen oder der Strafverhängung von dieser Möglichkeit kaum Gebrauch gemacht wird. Während des gesamten Verfahrens hat der Beschuldigte in der Untersuchungshaft gesessen und hat auf die Verhandlung vor dem Großen Schwurgericht oder die Anklageerhebung durch den Staatsanwalt und auf die Hauptverhandlung gewartet, wenn ihm nicht gegen Sicherheit erlaubt wurde, auf freiem Fuß zu bleiben.

Die Schwächen der amerikanischen Strafgerichtsbarkeit

In der amerikanischen Strafgerichtsbarkeit, der ein demokratisches, auf der angelsächsischen Tradition fußendes Rechtssystem zugrunde liegt, hat das Gericht im Strafverfahren gewissermaßen die Rolle eines Schiedsrichters. In dem Rechtsstreit zwischen dem Staat oder der Gemeinde auf der einen und dem Angeklagten auf der anderen Seite hat das Gericht die Aufgabe, dafür zu sorgen, daß dem Recht Genüge getan wird

---

[5] See Ernest Wilfred Puttkammer, *Administration of Criminal Law* (Chicago, University of Chicago Press, 1953).

und nicht, daß der Staat gewinnt. Mit anderen Worten, dieses System schützt die Freiheit des einzelnen gegen den Mißbrauch der Macht durch den Beamten. Damit entsteht in den Vereinigten Staaten das Problem, im Strafverfahren einerseits die Grundfreiheiten des einzelnen zu wahren, andererseits aber auch die Strafgerichtsbarkeit als wirksames Mittel zur Bekämpfung des Verbrechens einzusetzen.

Theoretisch ist das amerikansiche System dieser Aufgabe gewachsen, in der Praxis zeigt es sich jedoch recht schwach. Die durch langen Gebrauch geheiligte Sitte, daß die Richter und Staatsanwälte in ihr Amt gewählt werden, hat unsere Gerichte dem Einfluß der Politik zugänglich gemacht. Dies ist besonders in den amerikanischen Gemeinden der Fall, die eine sogenannte „politische Maschine" besitzen, das heißt mächtige, autokratisch geführte Parteiorganisationen. Die Gerichtshöfe sind oft den Mächten der Korruption untertan. In den Fällen, wo sich das organisierte Verbrechertum mit der lokalen „politischen Maschine" verbunden und etwa finanzielle Unterstützung bei den politischen Wahlen geleistet hat, dienen die Gerichte eher den Interessen der organisierten Verbrecher, als daß sie dem Recht Gehör verschaffen. Ein furchtloses, unbestechliches, tüchtiges Gericht vermag das organisierte Verbrechertum wirksam zu bekämpfen.

Gericht und soziale Hilfe

Abgesehen von der Notwendigkeit, die Tätigkeit der Gerichte zu beschleunigen und sie der Korruption zu entziehen, entsteht ein weiteres Problem mit der Frage, wie weit die Gerichte besondere Einrichtungen schaffen sollen, die es ermöglichen, in besonderen Fällen angemessene Hilfe zu leisten. An den unteren Gerichten sind in manchen Städten Spezialdienste entwickelt worden für die Behandlung von Sonderfällen, wie Verkehrsstraftaten, Straftaten Jugendlicher und Straftaten, in denen Frauen oder Kinder verwickelt sind. An einigen Gerichten der unteren Gerichte und der Primärgerichtsbarkeit sind besondere klinische Dienste entwickelt worden zusätzlich zu der Bewährungshilfe. Die Frage, ob nicht wenigstens bei den unteren Gerichten Sondergerichte zur Behandlung von Alkoholikern eingerichtet werden sollten, kann hier nur angedeutet werden. Das Problem der Alkoholikerbehandlung ist für diese Gerichte von erheblicher Bedeutung, denn ein großer Teil der von ihnen zu leistenden Arbeit hat sich hiermit zu beschäftigen.

Die Gerichte werden in Zukunft stärker gewillt sein müssen, Maßnahmen ohne Strafcharakter heilender oder schützender Art durchzuführen. Beispielsweise mag ein Staat eine Kommission zur Bekämpfung des Alkoholismus ins Leben gerufen und durch Gesetz besondere Einrichtungen für die Behandlung von Alkoholikern eingerichtet haben, die sowohl gerichtlich eingewiesene Fälle aufnehmen wie auch auf freiwilliger Basis Behandlungen durchführen. Sache der Gerichte und Anklagebehörden wäre dann, dieser Kommission und ihren Einrichtungen die wirklich Süchtigen zuzuleiten, während die Verhängung von Geldstrafen und die Unterbringung im Arbeitshaus auf die Fälle zu beschränken wäre, bei denen schon Strafmaßnahmen genügend „ernüchternde" Wirkung haben. In ähnlicher Weise könnte ein Staat etwa eine Einrichtung für die Diagnostizierung von Sexualverbrechern einrichten und durch Gesetz bestimmen, daß bestimmte Gruppen sexuell abnormer Straffälliger von den Gerichten diesen Einrichtungen zuzuweisen sind. Gericht und Anklagebehörde müßten dann bereitwillig den Empfehlungen dieser diagnostischen Einrichtungen folgen und bei der Bestimmung der Maßnahmen sich stärker von Gesichtspunkten des Schutzes und der Behandlung als der Bestrafung leiten lassen. Auch für die Behandlung von Rauschgiftsüchtigen könnten örtliche oder staatliche Einrichtungen für Einweisungen durch die Gerichte und für freiwillige Aufnahmen zur Verfügung gestellt werden. Richter und Staatsanwälte müßten dann stärker von der Möglichkeit einer Wiederherstellung des Süchtigen im Wege der Behandlung überzeugt sein, als von der abschreckenden Wirkung strafender Maßnahmen. Die entgegengesetzte Einstellung der Richter und Staatsanwälte dürfte auch weitgehend für die begrenzte Anwendung des Gesetzes über die Gewohnheitsverbrecher verantwortlich sein. Richter wie Staatsanwälte verhalten sich diesem Gesetz gegenüber ablehnend. Die Gerichte machen auch nicht von den Möglichkeiten der Strafaussetzung zur Bewährung in vollem Maße Gebrauch, obgleich auf diesem Gebiet allerhand Fortschritte zu verzeichnen sind. Wir finden immer noch Richter, die die selektive Anwendung der Strafaussetzung zur Bewährung nicht schätzen und diese Maßnahme nicht anwenden.

Obwohl den Gerichten bereits jetzt die Möglichkeit gegeben ist, die Verhängung einer Strafe zur Bewährung auszusetzen, entstand doch die Frage, ob es nicht besser wäre, die Gerichte zu ermächtigen, bei Ersttätern schon die Verurteilung auszusetzen. Das Rechtsinstitut einer Aussetzung der Verurteilung könnte sinnvoll auf eine Reihe von Tätergruppen angewendet werden, die einer besonderen Behandlung bedürfen, wie zum Beispiel chronische Alkoholiker, Prostituierte, sexuell Abnorme und andere, für die die Gerichte und die gewöhnlichen Strafvollzugseinrichtungen gegenwärtig so wenig tun können. Die Aussetzung der Verurteilung könnte letzten Endes zu einem Ausgangspunkt für eine neue Form werden, sich mit Straffälligen zu befassen, die sich stärker einer Behandlung als einer Bestrafung annähert. Wenn der Straffällige sich nach einer Zeit der Bewährungsaufsicht, der Behandlung in einer Anstalt oder einer nachgehenden Beaufsichtigung oder auch nach allen drei Maßnahmen zufriedenstellend geführt hat, könnte er als erfolgreich angepaßt aus der Betreuung und Aufsicht entlassen werden. Außerdem wäre auch die Eintragung im Strafregister zu löschen.

Schließlich scheint die Entwicklung dahin zu tendieren, die Gerichte zu ermächtigen, statt zeitlich bestimmter Strafen unbestimmte Verurteilungen auszusprechen. Das könnte zum Beispiel zur Folge haben, daß ein Gericht in Zukunft den Angeklagten nicht mehr zu einer bestimmten Strafe zu verurteilen und gleichzeitig für die Verbüßung die Strafanstalt festzusetzen hat, sondern daß es nach den dann geltenden gesetzlichen Vorschriften den Angeklagten unter einer unbestimmten Verurteilung staatlichen Behörden (department of welfare, department of correction, adult authority) zu überstellen hat. Der entscheidende Gesichtspunkt einer solchen Regelung wäre der, daß die Gerichte, selbst wenn sie einen guten klinischen Dienst und eine gute Bewährungshilfe zur Verfügung haben (was allerdings selten der Fall ist), nicht die Kenntnis besitzen, die für eine sachgemäße Entscheidung der Fragen erforderlich ist, in welche Anstalt ein verurteilter Straffälliger eingewiesen werden soll, welche Besonderheiten in der Anstaltsbehandlung er zu seiner Wiederherstellung benötigt, wie er sich auf das Leben in einer Anstalt einstellen wird, und ob und wann er entlassen werden kann. Die Beantwortung dieser Fragen bedarf der Untersuchung und der Beobachtung während mehrerer Monate, was am besten durch ein Team von Fachleuten in einer Spezialanstalt durchgeführt werden kann.

Was letzten Endes einmal die Rolle des Gerichtswesens in der Bekämpfung der Straffälligkeit sein wird, kann hier nicht entschieden werden. Es ist jedoch sicher, daß die Gerichte, falls sie in Zukunft überhaupt noch eine wirksame Rolle in der Bekämpfung der Kriminalität spielen wollen, sich stärker die Grundsätze der Resozialisierung zu eigen machen müssen, statt, ausschließlich der Abschreckungstheorie folgend, vorwiegend als Behörden mit summarisch strafenden Aufgaben tätig zu werden.

Die Aufgaben der Gesetzgebung

Zur wirksamen Bekämpfung der Kriminalität sind angemessene Gesetze erforderlich. Obgleich es wahr ist, daß die Strafgesetze in den Vereinigten Staaten wesentlich besser sind als ihre Ausführung, so besteht doch auch in diesem Bereich noch ein Bedürfnis für Verbesserungen.

Nach den im Jahre 1949 abgeschlossenen Untersuchungen Tappans haben 43 der Staaten der USA und der Distrikt von Columbia Gesetze zur

Behandlung von Gewohnheitsverbrechern erlassen. Das erste dieser Gesetze ist das inzwischen berühmt gewordene Baumes Law von New York (1926), nach dem eine lebenslängliche Zuchthausstrafe über einen Delinquenten zu verhängen ist, der zum dritten Male wegen eines Verbrechens zur Verurteilung ansteht. Nach den Mitteilungen der Behörden sollen in fünfzehn Staaten diese Gesetze bei der Bekämpfung der Gewohnheitskriminalität „ziemlich wirksam" sein. Acht andere Staaten berichteten dagegen, daß bei ihnen die Gesetze wirkungslos geblieben seien. Es läßt sich jedoch nachweisen, daß diese Gesetze in vielen Fällen selten oder nur sparsam angewendet oder sogar umgangen worden sind[6]. In England sind die gleichen Erfahrungen mit ähnlichen Gesetzen gemacht worden. Auch dort zeigten sich die Gerichte abgeneigt, diese Gesetze anzuwenden. Der Gedanke der Sicherungsverwahrung für den Gewohnheitsverbrecher und den abnormen Straffälligen scheint im kontinentalen Europa stärker anzusprechen als in den anglo-amerikanischen Ländern.

In den meisten Staaten gelten für die Behandlung geistesgestörter Krimineller besondere Bestimmungen. Gewöhnlich werden geistesgestörte Kriminelle in eine Nervenheilanstalt oder eine spezielle Einrichtung eingewiesen, aus der sie nach Wiederherstellung ihrer Gesundheit zur Verbüßung ihrer Strafe in eine Strafanstalt überführt werden. Einige Staaten haben versucht, die gesetzlichen Grundlagen für eine besondere Kontrolle schwachsinniger Verbrecher zu errichten, besonders zur Behandlung der Fälle, die wegen geistiger Unterentwicklung unbeherrschbare kriminelle Tendenzen zeigen. Nur in wenigen Staaten gelten Gesetze, die den Behörden erlauben, abnorme Sittlichkeitsverbrecher in Sicherungsverwahrung zu nehmen und einer Behandlung zu unterziehen. Es gibt praktisch keine gesetzliche Grundlage für eine wirksame Kontrolle der kriminellen Psychopathen. Gewöhnlich wird von der Öffentlichkeit wie auch von juristischen Kreisen jeder Gesetzesvorlage großer Widerstand entgegengesetzt, die dem Staat die Möglichkeit einräumen soll, kriminelle Psychopathen in Sicherungsverwahrung zu nehmen. Unsere Gesellschaft ist mit dem Gedanken groß geworden, daß der einzelne vom Standpunkt strafrechtlicher Verantwortung entweder vollkommen zurechnungsfähig oder vollkommen unzurechnungsfähig ist. Psychopathen leiden jedoch nach der Rechtsprechung der Gerichte nicht unter einer Geistesgestörtheit, die als mangelnde Zurechnungsfähigkeit berücksichtigt werden könnte. Die Gerichtspsychiater waren bisher nicht gewillt, einen Psychopathen als geistesgestört zu betrachten, während die Psychiater der Nervenheilan-

---

[6] Paul W. Tappan, „Habitual Offender Laws in the United States", Federal Probation, Vol. 13 (1949), p. 28.

stalt ihn als nicht psychotischen Fall entließen. Der kriminelle Psychopath bedarf jedoch des ärztlichen Rates und ist vielleicht noch „tiefer" gestört, als der psychotische Patient.

Mehrere Staaten haben als Ergebnis der großen Anteilnahme der Öffentlichkeit Gesetze erlassen zur Behandlung abnormer Sexualverbrecher. Erwähnung verdient besonders die zufriedenstellende Behandlung, die das Problem in den Gesetzen von New Jersey gefunden hat und die diagnostischen Einrichtungen, die dort auf Grund dieser Gesetze errichtet sind.

Die unbestimmte Verurteilung

In den Gesetzen mehrerer Staaten ist schon seit langem die Möglichkeit vorgesehen, unbestimmte Strafen zu verhängen. Gewöhnlich wird die Strafdauer nur nach Mindest- und Höchstmaß bestimmt, etwa von einem bis zu drei Jahren, von fünf bis zehn, zehn bis zwanzig oder von einem Jahr bis lebenslänglich. Das unbestimmte Urteil war im Gegensatz zu der Verhängung einer zeitlich fest umrissenen Strafe dazu bestimmt, die Berücksichtigung individueller Unterschiede unter den Strafgefangenen zu ermöglichen und den Gefangenen einen Anreiz zur Umstellung durch ein Mittel zu geben, daß die Verkürzung der Haft in ihre eigenen Bemühungen stellt. Jedoch wurde dem Gedanken des unbestimmten Urteils in mehreren Staaten und von seiten der Bundesregierung Widerstand entgegengesetzt, insbesondere von seiten der Richter, die darin einen Eingriff in die den Gerichten zustehende Befugnis zur Strafverhängung erblickten.

Vom Standpunkt des Schutzes der Gesellschaft aus gesehen, könnte ein ideales Gesetz durch die unbestimmte Verurteilung den Strafanstalten die Möglichkeit geben, gefährliche, aggressive und unverbesserliche Verbrecher länger in Haft zu halten, als es jetzt bei der bestimmten Strafzeit oder bei einem angegebenen Höchstmaß möglich ist. Wenn zum Beispiel eine Strafe von einem Jahr bis zu lebenslänglich bei allen Straffälligen ausgesprochen würde, dann könnte ein sachverständiges Klassifikationskomitee den Straffälligen entlassen, sobald er resozialisiert ist. Falls eine Sicherheitsklausel für nötig erachtet wird, könnte vorgesehen werden, daß das erkennende Gericht nach einer gewissen Zeit die Gründe für eine weitere Inhaftierung überprüfen darf[7].

Die Schutzgesetzgebung

Neben der Schaffung von rechtlichen Grundlagen für die Kontrolle und Sicherungsverwahrung gefährlicher, abartiger und Gewohnheitsver-

[7] John Barker Waite, *The Prevention of Repeated Crime* (Ann Arbor, Mich., University of Michigan Press, 1943), p. 58.

brecher ist es auch Aufgabe der Gesetzgebung, besonderen kriminellen Lagen wirksam entgegenzutreten. Zum Beispiel haben seit vielen Jahren eine Reihe von Staaten ein Verbot über den Verkauf von Schußwaffen verhängt, soweit er nicht mit besonderer staatlicher Lizenz betrieben wird, in der Absicht, auf diese Weise den Gebrauch von Schußwaffen bei kriminellen Unternehmungen oder Verhaltensweisen, die zu Überfall oder Mord führen, einzugrenzen. Aber diese Gesetze sind nie energisch durchgesetzt worden, so daß es heute in den meisten Orten ohne große Schwierigkeiten möglich ist, sich Schußwaffen und Munition zu beschaffen — selbst dort, wo der Verkauf an sich verboten ist. Die Tatsache, daß von den organisierten Verbrechern seit vielen Jahren unvermindert leichte Maschinengewehre benutzt werden, führt zu der Forderung, die gesetzlichen Vorschriften über den Verkauf und die Verteilung von Schußwaffen zu überprüfen. Zur Zeit scheint die amerikanische Öffentlichkeit noch nicht bereit zu sein, eine bundesstaatliche Regelung der Aufsicht über Schußwaffen und Munition zu dulden. Sollten allerdings die mit Hilfe von Schußwaffen ausgeübten Verbrechen in bedrohlicher Weise zunehmen, dann könnte unter Umständen die Öffentlichkeit sich bereit finden, eine gesetzliche Regelung zu unterstützen, die der Bundesregierung die Möglichkeit gibt, eine das ganze Gebiet der Vereinigten Staaten umfassende Überwachung des Handels mit Schußwaffen und ihrer Verwendung durchzuführen.

Zwischenstaatliche Vereinbarungen

In einem Land, das so frei und beweglich ist, wie die Vereinigten Staaten, stellt die Leichtigkeit, mit der die staatlichen Grenzen überschritten werden und der lokalen Gerichtsbarkeit ausgewichen werden kann, eine große Schwierigkeit für die Bekämpfung der Kriminalität dar, besonders in bezug auf die Verfolgung eines Verbrechers, die Ladung von Zeugen und die Auslieferung. Solche Schwierigkeiten entstehen in kleinen europäischen Ländern, wie Holland und Dänemark, nicht. Ein Verbrecher kann dort nur schwer die Landesgrenzen überschreiten und sich im Nachbarland nicht ohne die nötigen Papiere aufhalten.

Angesichts der Schwierigkeiten, die der Justizpflege durch die zwischenstaatliche Mobilität und die Unverletzlichkeit örtlicher Zuständigkeiten wie auch durch das Fehlen einheitlicher Gesetze entstanden waren, wurde im Oktober 1935 zur Lösung dieser Probleme eine zwischenstaatliche Konferenz einberufen, zu der Vertreter der einzelnen Staaten und der Bundesregierung entsandt wurden. Diese Konferenz war vor allem das Ergebnis von Besprechungen, die im Dezember 1934 in Washington auf Veranlassung des Generalstaatsanwalts stattgefunden hatten. Das

Ergebnis der Konferenz war die Gründung eines zwischenstaatlichen Ausschusses, der seit jener Zeit ständig tagt und zwischenstaatliche Vereinbarungen und eine Vereinheitlichung der staatlichen Gesetze zur Bekämpfung bestimmter Bereiche der Kriminalität fördert[8]. Der größte Teil der einheitlichen Gesetze, die der Ausschuß inzwischen befürwortet hat, sind Gesetzesvorlagen, die die nationale Konferenz zur Vereinheitlichung der Gesetzgebung (National Conference of Commissioners on Uniform State Laws) ausgearbeitet hatte.

Bis 1942 hatten 34 Staaten Gesetze erlassen, die die zwischenstaatliche Verfolgung von Straffälligen beschleunigen, und fünf Staaten hatten Gesetze verabschiedet, die die sofortige Verfolgung eines Straffälligen über die Grenzen örtlicher Zuständigkeit hinaus im Bereich des Staates ermöglicht. Nach diesen Gesetzen darf jeder ordnungsgemäß eingesetzte Polizeibeamte einen Täter, den er auf frischer Tat bis in die Zuständigkeit eines anderen Staates hinein verfolgt, in jedem der anderen 33 Staaten verhaften. Er hat allerdings ohne Versäumnis den Verhafteten einem Richter vorzuführen, der über die Rechtmäßigkeit der Verhaftung zu entscheiden hat. Der Verhaftete muß dann entweder in Haft behalten werden, bis der Gouverneur einen Auslieferungsantrag stellt, oder er darf gegen Kaution entlassen werden, bis ein Auslieferungsbefehl vorliegt. Bei der Verfolgung auf frischer Tat innerhalb der Staatsgrenzen ermöglichen diese Gesetze es dem folgenden Polizeibeamten über die Bezirks- oder Stadtgrenzen hinweg, eine Verhaftung mit oder ohne Verhaftungsbefehl vorzunehmen mit der Maßgebe, daß der Verhaftete einem Richter vorgeführt wird, der die Rechtmäßigkeit der Verhaftung zu überprüfen hat.

Bis 1942 hatten 31 Staaten ziemlich einheitliche Gesetze über die Auslieferung angenommen, die sowohl die Auslieferung Flüchtiger regeln wie auch solcher Straffälliger, die bei einer Verfolgung auf frischer Tat verhaftet wurden. Schließlich können auch Straf- und Untersuchungsgefangene auf Grund dieser Gesetze ausgeliefert werden. Ein Staat kann auf Grund dieser Gesetze sogar die Auslieferung von Personen verlangen, die weder nach der Tatausführung aus dem die Auslieferung begehrenden Staat geflohen sind noch sich überhaupt bei der Tatausführung dort aufgehalten haben (gewöhnlich organisierte Kriminelle). Das Auslieferungsverfahren wird eingeleitet durch ein Ersuchen des Gouverneurs des die Auslieferung begehrenden Staates an den Gouverneur des ausliefernden Staates. Bis 1942 hatten außerdem 37 Staaten Gesetze angenommen, die die Herbeischaffung von Zeugen über die staatlichen Grenzen und über die Grenzen örtlicher Zuständigkeiten hinweg regeln.

[8] The Interstate Commission on Crime, *The Handbook on Interstate Crime Control*, 4th printing (Newark. N. J., 1942), p. 12.

Das zwischenstaatliche Probation- und Paroleabkommen, das die Übertragung der Bewährungsaufsicht auf die Behörden eines anderen Staates ermöglicht, ist ein echtes zwischenstaatliches Abkommen. Der Kongreß der Vereinigten Staaten hat mit dem „Crime Compact Act" von 1934 den Weg freigemacht für alle Arten von zwischenstaatlichen Abkommen zur Bekämpfung von Verbrechen, denn dieses Gesetz sichert den Einzelstaaten „Zustimmung im voraus" für Abmachungen dieser Art zu. Bis 1942 waren in 37 Staaten Gesetze erlassen worden, die zum Abschluß solcher Abkommen ermächtigen, und 36 Staaten hatten die Abkommen signiert. Der Grund zu diesen Abkommen lag darin, daß viele Straffällige in einem Staat verurteilt werden, in dem sie nicht zu Hause sind und es keinen Sinn hatte, sie nach einer Strafaussetzung in einem Staat überwachen zu lassen, wo sie nicht ihren Wohnsitz haben. Die Abmachung schließt mit ein, daß kein Auslieferungsverfahren stattfindet, wenn die Bedingungen der Strafaussetzung verletzt wurden[9].

18. KAPITEL

Polizei- und Bezirksgefängnisse

Von keinem der verschiedenen Staaten der USA wird eine Untersuchungshaftanstalt unterhalten. Aus historischen Gründen ist die Unterhaltung der Untersuchungsgefängnisse in die Zuständigkeit der Gemeinden und Bezirke gelangt, ohne daß hierfür eine rechtliche Notwendigkeit besteht. Ein Untersuchungsgefangener wird entweder im Polizeigefängnis (lockup) oder im Bezirksgefängnis (jail) inhaftiert; das eine ist eine städtische, das andere eine Einrichtung der Bezirke (counties). In ähnlicher Weise werden auch die Strafgefangenen entweder in den Gefängnissen der Bezirke (jail), in den Arbeitshäusern der Städte (workhouse) oder in den staatlichen Zuchthäusern und Besserungsanstalten (prisons and reformatories) untergebracht. Die kurzen Strafen bis zu einem Jahr werden gewöhnlich in den Bezirksgefängnissen und Arbeitshäusern verbüßt, längere Strafen dagegen in den staatlichen Zuchthäusern oder Besserungsanstalten.

Die Funktion der Polizei- und Bezirksgefängnisse

Nachdem die Polizei einen erwachsenen Straffälligen verhaftet und die erforderlichen Eintragungen in die Polizeiakten vorgenommen hat, sind Vorkehrungen zu treffen, daß der Verhaftete am nächsten Morgen

---

[9] Frederick L. Zimmermann and Mitchell Wendell, *The Interstate Compact since 1925* (Chicago, The Council of State Governments, 1951), p. 6, N. 25, and pp. 91—92.

oder, falls er am Wochenende verhaftet wurde, am folgenden Montag vor dem Untersuchungsrichter (magistrate) erscheint. Wenn der Straffällige keine Kaution stellen kann, bleibt er im Polizeigefängnis inhaftiert. Das Polizeigefängnis dient in der Regel nur für die Inhaftierung über Nacht oder für kurze Zeit. Es wird in den Vereinigten Staaten von den Städten unterhalten. In einer kleinen Stadt ist es unter Umständen im Rathaus oder in der Feuerwache untergebracht. In den Großstädten wird es in Zusammenarbeit mit der Polizeibehörde verwaltet. Hat die Polizei außer einer Zentrale auch Außenstellen in den Vororten, so wird, wenn möglich, ein Polizeigewahrsam bei jeder einzelnen Polizeistation unterhalten.

Die Verwaltung des Bezirksgefängnisses obliegt in den Vereinigten Staaten dem jeweiligen Sheriff des Bezirkes. Er hat unter anderem die Aufgabe, gerichtliche Urkunden zuzustellen, für die Ausführung der Gesetze in Ortschaften ohne Selbstverwaltung zu sorgen und das Gefängnis zu verwalten. In den Vereinigten Staaten wird der Sheriff gewählt. Er ernennt Vertreter (deputies) zur Erledigung der oben erwähnten Aufgaben.

Das Bezirksgefängnis hat mehrere Funktionen: 1. Es dient gelegentlich als Polizeigefängnis für Straffällige, die nicht in den städtischen Polizeigefängnissen untergebracht sind; 2. es dient als Untersuchungshaft für diejenigen, die auf die Verhandlung vor dem Großen Schwurgericht, auf die Anklageerhebung durch den Staatsanwalt, oder auf die Verhandlung vor dem Strafgericht warten (letzteres ist wohl die wichtigste Funktion des amerikanischen Bezirksgefängnisses); 3. es dient zur Verbüßung kurzer Strafen bis zu einem Jahr; 4. und es dient als vorübergehender Gewahrsam für Probationierte und Parolierte, die die Bedingungen ihrer Strafaussetzung verletzt haben, sowie für aggressive Geistesgestörte, die noch nicht in eine Nervenheilanstalt eingewiesen werden konnten.

Wenn von einer Großstadt des Bezirkes ein Arbeitshaus unterhalten wird, dann werden häufig Abmachungen getroffen, nach denen die Vollstreckung kurzer Strafen im Arbeitshaus vollzogen wird gegen Berechnung der täglichen Kosten. Wo diese Trennung durchgeführt werden kann, wird das Bezirksgefängnis in der Hauptsache zu einer Einrichtung der Untersuchungshaft und des Gewahrsams (siehe oben, Funktion Nr. 2).

Strafprozeß und Untersuchungshaft

Wenn die Polizei eine Person eines Verbrechens beschuldigt, hat bei der unverzüglich vorzunehmenden richterlichen Vernehmung der Polizeirichter (magistrate) darüber zu entscheiden, ob Gründe für die Eröffnung eines strafrichterlichen Verfahrens bestehen. Verweist der Polizeirichter den Fall an das Große Schwurgericht (grand jury) oder an die Anklagebehörde, dann stellen sich als nächstes die Fragen, ob dem Gefangenen gestattet werden soll, gegen Kaution aus der Haft entlassen zu werden, und ob der Gefangene zur Stellung einer Kaution in der Lage ist. Wenn er die Kaution stellen kann, wird er aus der Haft des Bezirksgefängnisses entlassen; wenn ihm das nicht möglich ist, muß er inhaftiert bleiben. In den Vereinigten Staaten stellen die meisten Straffälligen keine Kaution und bleiben so inhaftiert.

Für Gefangene, die keine Kaution stellen können, kann die Untersuchungshaft lange dauern, unter Umständen zwei bis drei Monate oder sogar noch länger. Der Angeklagte kommt in der Regel zunächst vor das Große Schwurgericht, das auf Grund der vorhandenen Beweise entscheidet, ob Anklage erhoben werden soll oder nicht. Wenn in einem Staat oder Bezirk die Einrichtung des Großen Schwurgerichts nicht besteht, treten an seine Stelle die Ermittlungen und die Einreichung einer Anklageschrift durch die Anklagebehörde. Nach der Erhebung der Anklage (indictment) durch das Große Schwurgericht oder nach Einreichung der Anklageschrift (information) durch die Anklagebehörde muß der Angeklagte die Verhandlung vor dem Strafgericht abwarten. Nach der Verhandlung hat er auf die Urteilsverkündung durch den Richter zu warten, wenn man ihn für schuldig befunden oder er sich selbst für schuldig bekannt hat. All diese Vorgänge dauern ihre Zeit und verlängern die Untersuchungshaft in den Bezirksgefängnissen.

Ergebnisse der Statistik

Am 1. April 1950, dem Tag der Volkszählung in den Vereinigten Staaten, befanden sich 86492 Gefangene in den örtlich verwalteten Strafanstalten, hauptsächlich in Gefängnissen und Arbeitshäusern, und 178065 Gefangene befanden sich in den Strafanstalten des Bundes und der einzelnen Staaten[1]. Obgleich die Zahl der Insassen in den staatlichen Anstalten die Zahl der in den örtlichen Gefängnissen und Arbeitshäusern inhaftierten Personen an einem bestimmten Stichtag erheblich übersteigt, so werden doch im Laufe jedes Jahres beträchtlich mehr in die örtlichen Anstalten eingewiesen als in die staatlichen. Die örtlichen Einrichtungen nahmen zum Beispiel im Jahre 1933 schätzungsweise 608484 Personen auf, während in die staatlichen Einrichtungen im gleichen Zeitraum etwa 67537 Personen eingewiesen wurden. Das entspricht einem

---

[1] US Census of Population 1950, Vol. IV, Special Reports, Part 2, Chapter C, *Institutional Population* (Washington, D. C., Government Printing Office, 1953), p. 16.

Verhältnis von ungefähr zehn zu eins[2]. Ohne Zweifel hat ein großer Teil der von den örtlichen Anstalten betreuten Fälle sich nur geringfügige Vergehen oder Übertretungen zuschulden kommen lassen. Die Anzahl dieser Fälle ist, wie aus den obigen Zahlen ersichtlich, um ein Mehrfaches größer als die der schwereren Vergehen oder Verbrechen. Trotz dieser viel größeren Belastung sind die örtlichen Einrichtungen sehr viel schlechter ausgestattet hinsichtlich der baulichen Anlagen, der Programme und der Einrichtungen zur Resozialisierung und auch der personellen Besetzung, wenn man sie mit den Anstalten für die Schwerverbrecher vergleicht, bei deren Ausstattung in Amerika ein großer Fortschritt erzielt worden ist.

Um das Bild abzurunden, müssen wir uns außerdem noch vor Augen halten, daß nach den Zahlen des Jahres 1933 zwar die Einweisungen in die örtlichen Anstalten das Zehnfache der Einweisungen in die staatlichen Anstalten betrug, daß aber aus den Polizeigefängnissen ungefähr fünfzigmal so viele Einweisungen gemeldet wurden wie aus den staatlichen Einrichtungen.

Es ist nicht genau bekannt, wie viele Kurzhaftanstalten es in den Vereinigten Staaten gibt. Aber selbst wenn die Arbeitslager mitgezählt werden, liegt ihre Zahl doch wohl unter 4000. 1948 gab es 183 staatliche und bundesstaatliche Strafanstalten. Bei der letzten Schätzung gab es ungefähr 11000 Polizeigefängnisse (lockups). Auch wenn die Kurzhaftanstalten nicht so zahlreich sind wie die Polizeigefängnisse, so gibt es von ihnen doch mindestens zwanzigmal so viele wie es Dauerhaftanstalten, insbesondere „prisons" und „reformatories", gibt.

Die größte Anzahl der Gefangenen, die von den örtlichen Strafanstalten aufgenommen werden, verbüßt eine Strafe wegen Trunkenheit oder groben Unfugs (disorderly conduct). Während der ersten sechs Monate des Jahres 1933 fielen 44,1 % der Zugänge in diese Kategorie. Die nächstgroße Gruppe der Häftlinge in den örtlichen Strafanstalten verbüßte Strafen wegen kleinerer Diebstähle (Autodiebstähle fallen nicht hierunter). Im gleichen Zeitraum des Jahres 1933 waren dies 9,9% aller Fälle. Hiernach folgte Landstreicherei mit 8,5 %[3].

Es kann angenommen werden, daß ein großer Teil der Personen, die wegen dieser geringfügigen Delikte eine Gefängnisstrafe verbüßen, verwahrlost ist und von Zeit zu Zeit in der gleichen örtlichen Strafanstalt seine Strafen verbüßt hat.

---

[2] US Bureau of the Census, *Prisoners in State and Federal Prisons and Reformatories: 1933* (Washington, 1935), p. 1. Hereafter cited as *Prisons and Reformatories*.

[3] US Bureau of the Census, *County and City Jails: 1933* (Washington, 1935), p. 9. This is the last special census on jails in the US.

Von den Gefangenen, die in den ersten sechs Monaten des Jahres 1933 in die örtlichen Gefängnisse und Arbeitshäuser eingewiesen wurden, waren 41,5% nicht vorbestraft, während das bei den Verurteilten, die im gleichen Jahre in die Zuchthäuser eingewiesen wurden, bei 49% der Fall war. Es kann also wohl gesagt werden, daß die Häftlinge der örtlichen Gefängnisse und Arbeitshäuser eine rückfälligere Gruppe darstellen, als die Häftlinge der staatlichen Strafanstalten, besonders in Anbetracht der Tatsache, daß die Vorstrafen der Gefangenen der örtlichen Gefängnisse und Arbeitshäuser weniger vollständig berichtet werden als die der staatlichen Strafanstalten.

Wie zu erwarten ist, befinden sich wesentlich mehr Männer als Frauen in den örtlichen Gefängnissen und Arbeitshäusern. In den ersten sechs Monaten des Jahres 1933 betrug das Verhältnis Einweisungen männlicher zu den Einweisungen weiblicher Gefangener in den örtlichen Gefängnissen und Arbeitshäusern 13,7 zu 1. Im ganzen Jahre 1933 verhielt sich die Anzahl der in Zuchthäuser eingewiesenen männlichen zu den weiblichen Häftlingen wie 21,7 zu 1[4].

Es ist wohl bekannt, daß sich in den örtlichen Gefängnissen und Arbeitshäusern eine ungewöhnlich große Zahl an Psychopathen und geistig abnormen Personen aufhält, aber die zugänglichen Unterlagen lassen keine genaue Schätzung über die Belegung der örtlichen Gefängnisse und Arbeitshäuser wie der staatlichen Gefängnisse und Zuchthäuser mit geistig Abnormen zu. Die Annahme scheint berechtigt, daß in den Vereinigten Staaten die Gefangenen, die wegen kleinerer Vergehen zu kurzen Strafen verurteilt worden sind, stärker geistig gestört sind, als die zu Zuchthausstrafen verurteilten Verbrecher[5].

Einige Verbesserungen sind in den vergangenen Jahren in den Polizeigefängnissen und Bezirksgefängnissen vorgenommen worden. Sie sind nicht mehr jene schrecklichen menschlichen zoologischen Gärten, wie noch vor 150 Jahren. Im Verhältnis zu anderen Strafanstalten in den Vereinigten Staaten sind sie aber immer noch in ihrer Entwicklung zurückgeblieben und sind von allen Strafanstalten am wenigsten verbessert worden. Es scheint fast, als widersetzten sie sich jeder Änderung, die eine Besserung herbeiführen könnte. Der Grund liegt darin, daß die Öffentlichkeit die Bedürfnisse des Polizeigefängnisses und Bezirksgefängnisses als nur sehr nebensächlich ansieht[6].

---

[4] *Ibid.*, pp. 94, 33; also *Prisoners in State and Federal Prisons and Reformatories, op. cit.*, pp. 21, 2.

[5] Louis N. Robinson, *Jails: Care and Treatment of Misdemenant Prisoners in the United States* (Philadelphia, John C. Winston Co., 1944), pp. 47—58.

[6] Myrl E. Alexander, *Jail Administration* (Springfield, Illinois, Thomas, 1957).

Kriterien einer angemessenen Haft

Ein zweckdienliches Polizeigefängnis sollte nach folgenden Gesichtspunkten beurteilt werden: Ein guter Gesundheitsdienst sollte ermöglichen, die Gefangenen sofort bei der Einlieferung oder bald danach zu untersuchen, damit die Kranken von den Gesunden geschieden werden können. Gefangene mit ansteckenden Krankheiten sind in das örtliche Krankenhaus (evtl. Gefängniskrankenhaus) einzuweisen. Die Gefangenen sind außerdem nach Geschlecht, Alter, feststellbaren Perversionen und strafrechtlicher Einstufung zu trennen. Einzelzellen müssen in hinreichender Anzahl vorhanden sein, ebenso angemessene Verpflegung und Lesestoff sowie Sozialfürsorge für diejenigen, die bei ihren persönlichen oder Familienproblemen Hilfe suchen. Es müssen Vorkehrungen getroffen werden, daß die Gefangenen ihren Rechtsanwalt oder Besuch empfangen können. Ein Minimum an disziplinären Maßnahmen muß eine Atmosphäre sicherstellen, die sich von der einer Strafanstalt unterscheidet, obwohl auch ein Polizeigefängnis hinreichend vor Entweichungen gesichert sein muß wie auch vor dem Einschmuggeln verbotener Gegenstände und Verbrauchsgüter. Das Personal muß beruflich qualifiziert sein, damit es seinen Aufgaben genügen kann. Diese Forderungen beziehen sich vor allem auf Gefangene, die nur über Nacht oder höchstens einige Tage in Haft gehalten werden. Für diejenigen, die schon unter Anklage gestellt sind, müssen die gleichen Bedingungen gefordert werden, wie sie für eine gute Strafanstalt gelten, in der kurze Freiheitsstrafen verbüßt werden. Müssen Gefangene drei, vier oder fünf Monate in Haft gehalten werden, dann sollte für sie die Möglichkeit bestehen, sich an Veranstaltungen zur Erholung, Ausbildung oder Arbeit zu beteiligen, genauso wie das für die Gefangenen, die eine kurze Strafe verbüßen, eingerichtet ist.

Zu bedenken bleibt, daß selbstverständlich ein Polizeigefängnis, selbst wenn es alle obigen Bedingungen erfüllt, eben doch ein vorübergehender Gewahrsam bleibt, und in keinem Falle eine Einrichtung ist, in der der Gefangene zur Rückkehr in die Gesellschaft vorbereitet wird. Bestenfalls kann ein Polizeigefängnis, wenn es gut eingerichtet ist, und von gut geschultem Personal betreut wird, so etwas wie eine Station für erste Hilfe sein. Der Gefangene kann dort anständig untergebracht werden, und es kann ihm Schutz gegen wahllose Herdenbehandlung gewährt werden. Hilfsbereites Personal könnte ihn beraten und seine Fragen beantworten. Falls benötigt, kann er ärztliche Hilfe erhalten und von einem Rechtsanwalt beraten werden. Er kann eine soziale Fürsorgestelle um Hilfe anrufen. All dies kann sich bestenfalls zu einem Erste-Hilfe-Dienst ausbilden, ist aber nicht Wiedergewinnung für die Gesellschaft oder Behandlung, was beides viel mehr Zeit und eine umfassende Planung benötigt. Hinreichende Möglichkeiten für die Leistung einer „ersten Hilfe" ist alles, was von einem Polizeigefängnis für Erwachsene unter idealen Bedingungen erwartet werden sollte. Über diese Beschränkungen in der Zielsetzung und im Aufgabenbereich des Polizeigefängnisses sollte man sich klar sein.

Ersatz für die Inhaftierung

Die Bemühungen um eine Verbesserung der Haft in den Polizeigefängnissen sollten Hand in Hand mit dem Bestreben gehen, die Zahl der Inhaftierten möglichst gering zu halten. Eines der geeigneten Mittel hierfür ist eine häufigere Verwendung der Möglichkeit, einen Beschuldigten gegen Sicherheitsleistung von der Untersuchungshaft zu verschonen. Hierbei wird durch Hinterlegung von Bargeld oder anderen Vermögenswerten oder auch durch Bürgschaft gewährleistet, daß der Beschuldigte vor Gericht erscheint. Wenn bei kleineren Vergehen der Verhaftete genügend Bargeld mit sich führt, oder wenn er einen Freund oder Verwandten zur Zahlung einer Kaution veranlassen kann, könnte er sofort wieder auf freien Fuß gesetzt werden. Gewöhnlich wird die Kaution in einer Höhe festgesetzt, die annähernd eine erwartete Geldstrafe und die Gerichtskosten in den unteren Instanzen deckt.

Die oberen wie auch die unteren Gerichte haben außerdem die Möglichkeit, einen Beschuldigten auf sein Ehrenwort hin aus der Haft zu entlassen und seine Versicherung als Garantie dafür zu nehmen, daß er zur Verhandlung vor Gericht erscheinen wird (recognizance). Im allgemeinen herrscht die Ansicht, daß bei der Anwendung dieses Verfahrens mit größerer Vorsicht vorgegangen werden muß als bei Entlassung gegen Sicherheit und daß dieses Verfahren demnach einen beschränkteren Anwendungsbereich hat. Obgleich diese Ansicht im wesentlichen zutrifft, so besteht doch kein Zweifel, daß die Gerichte mit gutem Erfolg die Freilassung gegen persönliche Zusicherung öfter anwenden könnten, als es heutzutage geschieht.

Die Gelegenheitsalkoholiker stellen für die Polizeigefängnisse eine stärkere Belastung dar als die chronischen Alkoholiker sie für die örtlichen Gefängnisse und Arbeitshäuser darstellen. Wenn in den städtischen oder in den Bezirkskrankenhäusern entsprechende Einrichtungen für die vorübergehende Aufnahme von Gelegenheitsalkoholikern vorhanden wären, könnten die Polizeigefängnisse erheblich entlastet werden. Obgleich öffentliche Trunkenheit technisch eine Verletzung des Gesetzes darstellt, so wäre es wohl gerechtfertigt, wenn nur diejenigen Betrunkenen in polizeilicher Haft verblieben, die zugleich ein öffentliches Ärgernis erregen. Die in ein Krankenhaus eingewiesenen Gelegenheitsalkoholiker könnten auch ohne weitere polizeiliche oder gerichtliche Maßnahmen wieder freigelassen werden, wenn sie nicht in zu grober Weise gegen die öffentliche Ordnung verstoßen haben. Auf diese Weise könnten die Polizeigefängnisse von der Mehrheit ihrer Gelegenheitsalkoholikerfälle befreit werden und damit würde die Übernachtbelastung der Polizeigefängnisse erheblich herabgesetzt werden.

Die unteren Gerichte, die für die Aburteilung kleinerer Vergehen zuständig sind und in Strafverfahren wegen schwerer Verbrechen als Untersuchungsgerichte fungieren, halten ihre Sitzungen gewöhnlich ohne längere Unterbrechungen ab, das heißt, sie tagen in Permanenz. Die höheren Strafgerichte tagen dagegen nur zu bestimmten Zeiten, und dies bedeutet, daß manche Gefangene lange Zeit in Untersuchungshaft auf eine neue Sitzungsperiode warten müssen. Dieser Mißstand könnte leicht behoben werden, wenn auch vor den höheren Gerichten fortlaufend ohne große zeitliche Abstände Verhandlungen stattfinden würden. Auch ein in Permanenz tagendes Großes Schwurgericht und eine schnelle und in gebührender Reihenfolge erfolgende Abwicklung der einzelnen Fälle könnte dazu beitragen, die Untersuchungshaft um Wochen oder Monate zu verkürzen.

Wege zur Verbesserung der Haft

Das Problem, dem sich die Polizeigefängnisse gegenübergestellt sehen, besteht nicht nur in der Lösung der Frage, wie sie ihre Schutzaufgaben zufriedenstellend lösen können, sondern auch darin, wie dafür gesorgt werden kann, daß die Gefangenen während ihrer Haft nicht körperlichen oder seelischen Schaden erleiden. Es muß das Interesse der Öffentlichkeit an diesen Problemen geweckt und erhalten werden, damit einflußreiche Kreise sich für die richtige Gestaltung der Hafteinrichtungen einsetzen; ebenso müssen auch die entscheidenden Beamten der öffentlichen Verwaltung für eine aktive Mitarbeit an der Verbesserung der Polizeigefängnisse gewonnen werden. Qualifiziertes Verwaltungs- und Aufsichtspersonal muß ausgebildet und eingestellt werden. Nicht zuletzt sollte die Bezahlung der Gehälter für das Personal und die laufenden Unkosten aus Mitteln des Haushaltsplanes bestritten werden, damit die Finanzierung der Anstalten aus den Gebühren beseitigt werden kann. Der Staat sollte auch einen Beitrag zu den Unkosten leisten. Auch sollte er eine Inspektion über diese Einrichtungen ausüben. Wir wissen, in welcher Weise eine Besserung erreicht werden kann. Es ist nur eine Frage der Ausführung.

Solange die Gemeinden selbst die Hauptverantwortung für die Polizeigefängnisse tragen, kann wenig Fortschritt erwartet werden. Es gibt verhältnismäßig wenig Gemeinden in den Vereinigten Staaten, die ein gutes Erwachsenenhaftsystem unterhalten können. Sogar die überwältigende Mehrheit der Bezirke kann nicht einmal ein zweckdienliches Gefängnis unterhalten. Es scheint jedoch keine Möglichkeit für die Gemeinden zu geben, sich der Aufgabe zu entziehen, ein Polizeigefängnis unterhalten zu müssen. Die meisten Gefangenen werden für ihr Erscheinen vor dem Gericht am nächsten Morgen benötigt. Allerdings könnten Entlassung gegen Sicherheit oder Ehrenwort weitergehend angewendet werden. Diejenigen Gefangenen, die auf eine Verhandlung vor einem oberen Gericht warten, und deren Haft aller Voraussicht nach mehrere Wochen dauert, könnten besser auf einer Tagesgebührenbasis in das Gefängnis einer benachbarten größeren Stadt oder in ein Bezirksgefängnis überführt werden. Wir kommen später bei der Besprechung der Behandlung kleinerer Vergehen noch auf eine mögliche Lösung zurück, die im Zusammenhang mit der Einrichtung von Haftanstalten für größere Gebiete steht. In diesen Fällen wäre es gerechtfertigt, wenn vom Staat Gefängnisfarmen, Arbeitslager oder Gebietsgefängnisse eingerichtet oder die Gefangenen in besser organisierte Gefängnisse oder Arbeitshäuser der Nachbargemeinden überführt würden. In Anbetracht der Sonderprobleme der Übernacht- oder Kurzhaft besteht keine Möglichkeit, regionale Polizeigefängnisse zu entwickeln, wenn nicht gleichzeitig auch das Gerichtswesen auf eine regionale Grundlage gestellt wird. Möglicherweise wird es in der Zukunft einmal nötig werden, daß die meisten Bezirke und Gemeinden auf ihre örtlichen Gerichte zugunsten von Landes- oder Regionalgerichten verzichten, einfach weil sie ihre örtlichen Gerichte nicht mehr unterhalten können.

Eine Kritik

In eine Besprechung der Bezirksgefängnisse sollten auch die Arbeitshäuser, die eine Reihe größerer Städte in den Vereinigten Staaten unterhalten, einbezogen werden. Sie dienen als Institutionen zur Verbüßung kurzer Freiheitsstrafen, insbesondere nach der Verurteilung wegen geringfügiger Vergehen. Die Arbeitshäuser haben dieselben Mängel wie die Polizeigefängnisse und Bezirksgefängnisse.

Nur wenige Bezirksgefängnisse und Arbeitshäuser in den Vereinigten Staaten verfügen heute über die Einrichtungen, Programme und die personelle Besetzung, die für eine Resozialisierung der Gefangenen erforderlich sind. Die meisten unserer Bezirksgefängnisse haben überhaupt kein Programm für die Beschäftigung der Gefangenen mit konstruktiver Arbeit und praktisch kein Bezirksgefängnis betreibt eine geplante berufliche Ertüchtigung der Gefangenen. Die Arbeitshäuser verfügen gewöhnlich über irgendeine Art von Arbeitsprogramm, ebenso die Straßenbaulager. Jedoch besteht der größte Teil dieser Arbeiten aus nichts anderem als Zwangsarbeit, ohne irgendwelche konstruktive Züge. Es gibt allerdings einige bemerkenswerte Ausnahmen.

Ein konstruktives Programm bedarf guter Einweisungs- und Klassifikationsmethoden. Außerdem setzt es eine vernünftige Unterbringung, Erziehungspläne, konstruktive Arbeitsaufgaben, gute ärztliche Betreuung, Erholungsmaßnahmen, Entlassungsplanung und Fürsorgedienst im Gefängnis und außerhalb voraus. Die Einrichtungen und das Personal in den Kurzhafteinrichtungen sollten denselben hohen Anforderungen genügen, die an das Personal und die Institutionen des Staates und des Bundes gestellt werden. Es scheint jedoch wenig wahrscheinlich, daß die erheblichen Unterschiede, die heute zwischen den beiden Anstaltssystemen in den Vereinigten Staaten bestehen, in naher Zukunft beseitigt werden. Die Bezirksgefängnisse und die Arbeitshäuser sind überholte Einrichtungen. Es besteht wenig organisiertes öffentliches Interesse an einer Verbesserung dieser Situation. Nur wenige tatkräftige Leiter von Bezirksgefängnissen oder Arbeitshäusern sind in der Lage, Regierungsstellen oder die Öffentlichkeit für Verbesserungen zu interessieren. Es läßt sich mit einiger Sicherheit voraussagen, daß die Bezirks- und Polizeigefängnisse noch viele Jahre hinter der Entwicklung der staatlichen Strafanstalten zurückbleiben werden.

Die Mängel der Bezirksgefängnisse

Die Mängel der Strafanstalten für kurze Haft sind im Grunde die gleichen wie die der Polizeigefängnisse. Es gibt allerdings auch noch Mängel, die ihnen im besonderen Maße zu eigen sind. Die Beschäftigungslosigkeit ist in den Kurzhaftanstalten ein ernstes Problem, während es in den Übernachthaftanstalten keine Rolle spielt. Auch das Fehlen von Möglichkeiten, sich sinnvoll zu Erziehungs-, Ausbildungs- und Erholungszwecken zu betätigen, ist ein großer Mangel der Kurzhafteinrichtungen, während dieses in den Polizeigefängnissen nicht als Mangel empfunden werden kann. Oft bestehen in den Kurzhaftanstalten Känguruhgerichte (das sind eigene Gerichte der Gefangenen, die sich beim Herannahen der Aufsichtsbeamten zerstreuen, um an anderer Stelle wieder zusammenzutreten), oder Gefangenenorganisationen, die gewöhnlich unter der Leitung eines anstaltserfahrenen Gefangenen stehend, ihren „Schutz“ an die anderen Gefangenen unter Drohung oder Zwang verkaufen (racketeering). Auch diese Erscheinung gibt es in den Polizeigefängnissen kaum. Der Mangel an Fürsorgedienst, der den Gefangenen bei der Klärung ihrer persönlichen und häuslichen Probleme Hilfe leisten kann, wird in der Kurzhaftanstalt ebenfalls stärker empfunden als im Polizeigefängnis[7].

---

[7] State of California, Special Study Commission on Correctional Facilities and Service, *The County Jails of California: An Evaluation* (Sacramento, California, 1957), pp. 11—16.

Drei Komponenten einer zweckmäßigen Anstalt

Die Komponenten eines wirkungsvollen Strafvollzuges in den Kurzhaftinstitutionen sind leicht aufgezählt, wenn die Grundvoraussetzungen herausgehoben werden: gutes Personal, zweckmäßige Programme und Resozialisierung. Das wichtigste hiervon ist die Eignung des Verwaltungs-, Fach- und Aufsichtspersonals. Bei einer idealen Lösung der Personalfrage müßte der Leiter der Anstalt von einer Kommission verantwortlicher Bürger ernannt werden, etwa in der gleichen Weise, wie der Rektor einer Universität in den Vereinigten Staaten gewählt wird. Auf diese Weise könnte die Anstaltsleitung dem Einfluß der Politik und der staatlichen Behörden (civil service) entzogen und zugleich eine bessere Auswahl und eine festere Anstellung gesichert werden. Die Gesichtspunkte für die Auswahl eines Strafanstaltsleiters müßten seine Erfahrung im Strafvollzug, seine Fähigkeiten, seine Persönlichkeit, seine Überzeugung, daß Gefangene für die Gesellschaft zurückgewonnen werden können und nicht zuletzt auch seine Absicht sein, im Beruf des Strafvollzugsbeamten eine Lebensaufgabe zu finden. Ist erst einmal eine Person an die Spitze des Gefängnisses gestellt, die diese persönlichen und beruflichen Bedingungen erfüllt, dann ist auch die zweckmäßige Auswahl des übrigen Personals gesichert, bei deren Anstellung die Kommission durch ihre Zustimmung mitwirken müßte. Das Fachpersonal, das mit der ärztlichen, beruflichen, erzieherischen und fürsorgerischen Betreuung der Gefangenen betraut werden soll, muß eine ihren speziellen Aufgaben entsprechende Berufsausbildung besitzen. Auch diese Beamten müssen beruflich an der Laufbahn des Strafvollzugsbeamten interessiert und davon überzeugt sein, daß ihre Hauptaufgabe darin besteht, den Gefangenen für seine Rückkehr in die Gesellschaft vorzubereiten. Die Aufsichtsbeamten müssen ausgesucht werden nach Gesichtspunkten der Unbestechlichkeit, Menschlichkeit und ihrem Interesse für die Wohlfahrt der Menschen, deren tägliche Versorgung ihnen anvertraut ist.

Die Auswahl guten Personals ist gleichbedeutend mit einem guten Programm. Das Programm kann nicht besser sein als das Personal, denn das Personal hat das Programm auszuführen und die Methoden der Gefangenenbehandlung in die Praxis umzusetzen. Von ihm ist auch der entscheidende Beitrag zur Resozialisierung zu leisten. Es soll daran erinnert werden, daß allzu häufig Bedienstete der Strafanstalten bestechlich, sadistisch, träge, ohne besondere Kenntnisse und gegenüber dem Schicksal der Gefangenen gleichgültig sind und daß eine derartige Haltung und Einstellung immer eine schlechte Durchführung der Programme zur Folge hat. Das alles erhärtet den Grundsatz, daß befähigtes Personal die erste und die Hauptbedingung für ein gutes Anstaltsprogramm ist.

Für die Kurzhaftanstalten gilt genauso wie für die Dauerhaftanstalten, daß eine möglichst weitgehende Resozialisierung der Gefangenen sich nur erzielen läßt, wenn befähigtes Personal und geeignete Programme zur Verfügung stehen. Die personelle Ausstattung einer idealen Kurzhaftanstalt sollte vernünftigerweise beratende, führende, bewachende und helfende Dienste umfassen. Zur Erfüllung dieser Funktionen muß das Personal aus ausgebildeten Kräften bestehen, die wohl ausgestattet sind für ihre Aufgaben bei der Aufnahme der Gefangenen und der Vorbereitung ihrer Entlassung, für Beratung und fürsorgerische Betreuung, für berufliche und erzieherische Ausbildung, für die Entwicklung und Vervollkommnung beruflicher Fähigkeiten, zur Leitung wirtschaftlicher und erzieherischer Vorhaben und für den sinnvollen Einsatz der Freizeitbeschäftigungen zu therapeutischen und resozialisierenden Zwecken. Außerdem sollten ein Seelsorger oder auch mehrere zur Verfügung stehen für die religiöse Betreuung und die Gottesdienste und schließlich Ärzte und Zahnärzte zur Erhaltung der Gesundheit.

Die Programme sollten mehr bewirken, als lediglich die Zeit zu vertreiben oder den Müßiggang zu bekämpfen, der in vielen Gefängnissen herrscht. Die Programme müssen stets auf Umerziehung und Resozialisierung ausgerichtet sein. Das Arbeitsprogramm kann außerdem als zusätzliche Funktion auch den Zweck verfolgen, die Unkosten des Gefängnisses durch die Herstellung von Gütern herabzusetzen. Von der größten Bedeutung wird in der Kurzhaftanstalt das ärztliche Programm sein, denn es ist häufig selbst in den wenigen zur Verfügung stehenden Wochen möglich, den gesundheitlichen Zustand des Gefangenen zu verbessern. Eine längere Zeitspanne ist dagegen erforderlich, um einen Gefangenen beruflich zu fördern, obgleich auch eine vielseitige und gut organisierte Berufsertüchtigung in einer kurzen Zeitspanne viel leisten kann. Eine Resozialisierung des einzelnen auf der Grundlage eines Erziehungsplanes würde eine viel längere Haft erfordern, als sie im allgemeinen in einer Kurzhaftanstalt verbüßt wird. Trotzdem sollten sowohl Erholungs- wie Ausbildungsprogramme so konstruktiv wie möglich sein, um bei den Gefangenen Interessen zu wecken, die auch für das Leben nach der Haftentlassung Bedeutung haben.

Ein Vorschlag für die Einrichtung regionaler Gefängnisse

Nur sehr wenig Städte und Bezirke in den USA können eine Kurzhaftanstalt, in der alle oben beschriebenen Funktionen ausgeübt werden, finanziell tragen. Einige der großen Städte und Bezirke wären vielleicht hierzu in der Lage, aber die überwiegende Mehrheit der Gemeinden und

Bezirke sind weder groß noch reich genug, um Kurzhaftanstalten der oben beschriebenen Art für ihre Delinquenten unterhalten zu können.

Die wirtschaftlichen Schwierigkeiten, die in den gewöhnlich kleinen Bezirken oder in der üblichen Kleinstadt der Unterhaltung einer guten Kurzhaftanstalt oder auch nur eines guten Polizeigefängnisses entgegenstehen, sind sehr groß. Von diesen Körperschaften ist die lokale Selbstverwaltung zu finanzieren, außerdem auch der öffentliche Gesundheitsdienst, der Schutz der öffentlichen Sicherheit und Ordnung, die Schulen und die soziale Fürsorge. Selbst diese Aufgaben können häufig aus Geldmangel nicht hinreichend erfüllt werden. Das Gesamteinkommen der Kleinstädte und der kleinen Bezirke ist so niedrig, daß es ihnen fast unmöglich ist, für mehr als ein Minimum ihrer Verwaltungsaufgaben aufzukommen.

Viele Bezirke haben einen gemeinschaftlichen Gesundheitsdienst entwickelt. Es wäre im Sinne dieser Entwicklung, wenn in der gleichen Weise auch überregionale Gefängnisse und Arbeitslager für die Verbüßung der kurzen für Vergehen verhängten Strafen gemeinschaftlich von mehreren Städten oder Bezirken eingerichtet würden.

Eine Verbesserung der gegenwärtigen Verhältnisse kann auch dadurch erreicht werden, daß ein schon im Betrieb befindliches System des Kurzstrafvollzuges einer Großstadt oder eines Bezirks von den angrenzenden kleineren Bezirken oder Städten die zu kurzen Strafen Verurteilten auf der Grundlage einer Tagesgebührenbasis übernimmt. Dieser Plan könnte in ähnlicher Weise funktionieren, wie ein regionales System. Der Staat selbst könnte auch die Errichtung und den Unterhalt eines Kurzhaftsystems übernehmen, wie das einige Staaten auch schon getan haben, besonders in der Form von Einrichtungen für die Behandlung von abnormen Sittlichkeitsverbrechern, Prostituierten, Alkoholikern und Rauschgiftsüchtigen, deren Behandlung die Kräfte der vereinten örtlichen Einrichtungen und der kleinen Bezirke übersteigen würde. Auch eine staatliche Beihilfe für bestimmte örtliche oder regionale Einrichtungen könnte die örtlichen Behörden in die Lage versetzen, ihre Kurzhaftanstalten mit ausreichenden Mitteln zu betreiben.

Staatliche Inspektion

Bevor der Einzelstaat sich jedoch an der Aufgabe der Einrichtung und Unterhaltung von Kurzhaftanstalten beteiligt, kann schon eine zweckgerichtete, staatliche Kontrolle zu einer Verbesserung der örtlichen Strafanstalten beitragen. Mehrere Staaten beschäftigen bereits hauptberufliche Gefängnisinspektoren, gewöhnlich auf der Grundlage besonderer Gesetze, die den Staat zur Beaufsichtigung der örtlichen Einrichtungen ermächtigen. Zusätzlich zu seinen regelmäßigen Berichten kann der Gefängnisinspektor eine Verbesserung der Unterbringung und Abtrennung der Gefangenen sowie der personellen Ausstattung und der Programme anregen. Er kann auch das Interesse der Gefängnisleiter an der Verbesserung ihrer Anstalt wecken und ihnen bei der Erlangung höherer Unterhaltungsbeiträge von den örtlichen Behörden behilflich sein.

Das Inspektionsprogramm, das das Bundesgefängnisamt (Federal Bureau of Prisons) durchzuführen hat wegen der Unterbringung von Bundesgefangenen in örtlichen Gefängnissen, ist ein wichtiger Faktor in der Verbesserung der Kurzhaftanstalten im ganzen Lande. Der Kongreß der Vereinigten Staaten hat dem Bundesgefängnisamt durch Gesetz vom 14. Mai 1930 die Verantwortung dafür übertragen, daß alle Personen, die wegen Straftaten gegen die Vereinigten Staaten verurteilt wurden, wegen solcher Delikte angeklagt oder als Zeugen festgehalten werden, angemessen untergebracht werden. „Die Raten, die in solchen Fällen gezahlt werden, können von einer Höhe sein, daß sie die zuständigen Behörden dazu ermuntern, den Personen, die als Gefangene der Vereinigten Staaten in Haft gehalten werden, angemessene, ordentliche, gesunde und hygienische Unterbringung zu gewähren.“ Da es nötig war, daß die Bundesregierung örtliche Gefängnisse für die Unterbringung der Gefangenen benutzte, stellte sich das Bundesgefängnisamt die Aufgabe, diese örtlichen Einrichtungen durch ein gut entwickeltes Inspektionssystem zu verbessern. Die Anzahl der Gefängnisinspektoren wurde erhöht. Ein eingehendes Inspektionsformular wurde entwickelt, mit dem die örtlichen Haftanstalten entsprechend ihrer Eignung nach einem Punktsystem mit bis zu 100 Punkten als ausgezeichnet eingestuft werden können.

Der Virginia Plan

Der Staat Virginia hat im Bereich der Vereinigten Staaten eines der umfassendsten Programme für die Kontrolle und Beaufsichtigung der Gefängnisse und den Aufbau staatlicher Gefängnisfarmen entwickelt. Dieses gesetzlich fundierte Programm schafft nicht nur eine Möglichkeit für die Überwachung örtlicher Haftanstalten, bei der den örtlichen Behörden lediglich Vorschläge vorgelegt und sie ermuntert werden, Verbesserungen durchzuführen. Das Gesetz des Staates Virginia ermächtigt die staatlichen Behörden, in jeder Weise über die örtlichen Hafteinrichtungen zu verfügen. Es sind monatliche Berichte vorzulegen. Pläne für den Bau neuer Haftanstalten müssen genehmigt werden. Andererseits übernimmt der Staat auch einen Teil der Gehälter und Erhaltungskosten der örtlichen Anstalten. Das Gesetz bildet außerdem eine Rechtsgrundlage für die Zusammenlegung mehrerer Haftanstalten und für die Einrichtung staatlicher Gefängnisfarmen[8].

Durch sein Programm der staatlichen Gefängnisüberwachung hat Virginia eine erhebliche Verbesserung seines Gefängnissystems durchgesetzt. Der Staatsinspektor für das Gefängniswesen von Virginia sagt in einem Brief an den Verfasser: „Ich glaube, daß wir die Gefängnisse gesäubert, anständige Betten besorgt, einen guten Verpflegungsdienst und richtige persönliche Hygiene eingerichtet, daß wir die Anzahl der Entweichungen herabgemindert, die Gefängnisse feuersicher gemacht und daß wir dafür gesorgt haben, daß die Gefangenen aus den Gefängnissen heraus in eine gesundere Umgebung und zu einer nützlichen Tätigkeit gekommen sind.“

19. KAPITEL
Die Strafaussetzung zur Bewährung

Im angloamerikanischen Rechtskreis bedeutet die Strafaussetzung zur Bewährung (probation) für erwachsene Straffällige in der Regel die Aussetzung der Strafverhängung. Nach den gesetzlichen Vorschriften kann die Verhängung einer Strafe über den für schuldig befundenen Angeklagten durch richterliche Entscheidung zur Bewährung ausgesetzt werden. Der Anwendungsbereich der Strafaussetzung ist aber eingeschränkt worden. Straffällige, die eines schweren Verbrechens wie Mord, Raub, Brandstiftung, Einbruch in ein bewohntes Gebäude bei Nacht oder Notzucht für schuldig befunden wurden, sind gewöhnlich von der Möglichkeit der Probation ausgeschlossen. Dadurch soll nach der Intention des Gesetzgebers vermieden werden, daß die Rechtswohltat einer Strafaussetzung bestimmten Tätergruppen gewährt wird, die wegen der Abscheulichkeit ihres Verbrechens ihrer nicht würdig sind oder die wegen ihrer Gefährlichkeit zum Schutze der Gesellschaft inhaftiert werden müssen. Wie wir sehen werden, kann der Richter, der über Strafverhängung oder Strafaussetzung zu entscheiden hat, alle wichtigen Umstände eines Falles nur dann richtig in Erwägung ziehen, wenn ihm ein ausführlicher Bericht über den Angeklagten vorliegt, in dem auch die Vergangenheit und die Persönlichkeit voll erfaßt sind. Ein guter Bericht vermag zusammen mit den Tatsachen, die während der Hauptverhandlung ans Licht kommen,

[8] Chapter 217 of the 1942 Acts of Assembly as amended by Chapter 220 of the 1944 Acts of Assembly and Chapter 386 of the 1942 Acts of Assembly as amended by Chapter 226 of the 1944 Acts of Assembly. Consolidation of Acts prepared and printed by the State Board of Corrections of the Commonwealth of Virginia. Also see Rice M. Youell, „Virginia Jails“, *The Prison World*, Vol. 6, No. 4 (1944), pp. 10, 24—26.

dem Richter die Möglichkeit zu geben, die Zukunftsaussichten eines Falles richtig einzuschätzen.

Die Gesetze über die Strafaussetzung bei Erwachsenen stellen in den Vereinigten Staaten in der Hauptsache lediglich eine Rechtsgrundlage für die wahlweise Gewährung der Strafaussetzung dar. Sie bieten dem Gericht die Möglichkeit, die Strafverhängung auszusetzen und ermächtigen die örtlichen Justizbehörden, Probationsämter einzurichten und Bewährungshelfer (probation officers) einzustellen, die mit der Betreuung der probationierten Straffälligen betraut werden.

Die Organisation der Bewährungshilfe

Einer umfassenden Darstellung der Organisationsformen der Bewährungshilfe kann die Einteilung in folgende drei Grundtypen zugrunde gelegt werden: Der erste Typ ist durch das Fehlen hauptamtlicher Bewährungshelfer gekennzeichnet; wenn der Richter in einem Bezirk, für den keine amtlichen Bewährungshelfer zur Verfügung stehen, eine Strafe zur Bewährung aussetzen will, wird er in der Regel anordnen, daß der Straffällige sich in bestimmten Abständen bei der Polizei oder einer anderen Behörde oder auch bei einer bestimmten Person zu melden hat. Bei dem zweiten Typ wird die Betreuung von öffentlichen oder privaten Stellen übernommen, die nicht dem Gericht unterstellt sind, wie Wohlfahrtsverbände, Fürsorgeämter oder die staatliche Paroleaufsicht. Nur bei dem dritten Typ wird die Bewährungsaufsicht von hauptamtlichen Bewährungshelfern ausgeübt, die entweder von dem betreffenden Gericht selbst oder auf Bezirks- (county) ebene von besonderen Probationsämtern angestellt werden. Bei allen drei Möglichkeiten der Bewährungshilfe können jedoch zusätzlich freiwillige oder nebenberufliche Helfer tätig werden.

Wenn die Bewährungshelfer dem örtlichen Gericht unterstellt sind und ihr Gehalt aus Justizmitteln beziehen, werden sie auch von den Richtern ernannt, und zwar nach den Auswahlgesichtspunkten, die von diesen für richtig gehalten werden. In einigen Fällen sind auf Bezirksebene Ämter für Bewährungshilfe errichtet worden, die in ihrer Organisation den übrigen Ämtern des Bezirks angeglichen sind. Diese Ämter erledigen im allgemeinen die Bewährungsangelegenheiten aller Gerichte ihres Bezirks. Die Ernennung der Bewährungshelfer erfolgt bei ihnen nach den allgemeinen Grundsätzen des öffentlichen Dienstes. In den letzten Jahren haben einige Staaten Dienststellen eingerichtet, in denen die Bewährungshilfe für Probationierte und Parolierte zusammengefaßt wurde. Diese Dienststellen könnten von den Gerichten, die über keinen eigenen Bewährungshelfer verfügen, um Übernahme von Ermittlungen und nachgehenden Betreuungen ersucht werden. Die Schaffung von Einrichtungen der Bewährungshilfe auf der Ebene des Staates erscheint überhaupt als eine praktische Lösung des Problems, da sich in den meisten Bezirken die Errichtung eigener Bewährungshilfedienststellen aus finanziellen oder anderen Gründen nicht rechtfertigt.

Sobald eine örtliche Dienststelle der Bewährungshilfe eine bestimmte Größe überschreitet, bedarf die innere Organisation besonderer Beachtung. In diesen Fällen trägt ein leitender Bewährungshelfer als Chef der Verwaltung die Verantwortung für den gesamten Dienstbereich. Wenn die Dienststelle etwa nur zwei, drei oder vier Beamte umfaßt, wird der Leiter gewöhnlich neben seiner Verwaltungsarbeit auch einen Teil der Fälle übernehmen. Außerdem muß er in der Fallarbeit seiner Dienststelle etwa die Funktion eines „supervisor“ ausüben und als Ausbilder fungieren. Wenn eine Dienststelle auf über sieben oder acht Bewährungshelfer anwächst, wird es für die Fallarbeit sehr nützlich sein, die Dienste eines „supervisor“ zur Verfügung zu haben, der seine Aufmerksamkeit der Fallarbeit der einzelnen Bewährungshelfer widmet und mit ihnen ihre Ermittlungen und Betreuungspläne erörtert.

Häufig lassen sich auch noch andere Spezialisierungen in den Probationsämtern finden. Ein großes Probationsamt hat meistens ein Abteilung für Ermittlungen und eine für Überwachung und Betreuung. Der Vorteil der Trennung besteht darin, daß es viel wirtschaftlicher ist, wenn sich einige Beamte auf fürsorgerische Ermittlungen spezialisieren und andere auf die Überwachung und Betreuung. Wenn die Anzahl weiblicher Strafaussetzungsfälle groß genug ist, sollten auch weibliche Bewährungshelfer vorhanden sein. In der Arbeit der Jugendgerichte sind weibliche Beamte mit guten Ergebnissen bei Jungen unter vierzehn Jahren eingesetzt worden.

Ermittlungsberichte

Wie bereits erwähnt, kann die Arbeit der Bewährungshilfe in zwei Bereiche geteilt werden: Ermittlung und Betreuung. Ein schriftlicher Ermittlungsbericht ist die Grundlage des Gerichts für die Entscheidung, ob Strafaussetzung zur Bewährung gewährt werden soll oder nicht. An einigen Gerichten verlangen die Richter außerdem eine gutachtliche Äußerung, in der die Bewährungshelfer für oder gegen die Aussetzung der Strafe zur Bewährung Stellung zu nehmen haben, an anderen Gerichten sind dagegen Stellungnahmen zum Bewährungsrisiko nicht erwünscht. Dort legen die Richter größeren Wert auf die Darstellung der Fakten, um mit ihrer Hilfe zu einer eigenen Beurteilung der Eignung des Angeklagten zur Strafaussetzung kommen zu können. Gründliche Ermittlungen vor der Entscheidung über die Strafaussetzung vermögen nicht nur die Eignung des Angeklagten für das Probationsverfahren zu klären, sie geben außerdem Anhaltspunkte für die Ursachen des kriminellen Verhaltens, stellen die besonderen Verhältnisse des Falles dar und ergeben so die Grundlagen für einen konstruktiven Bewährungsplan. Wichtig ist, daß die Ermittlungen vor der Entscheidung in einer verhältnismäßig kurzen Zeit abgeschlossen werden.

Eine angemessene Untersuchung setzt mindestens eine Fühlungnahme mit dem Angeklagten voraus, entweder in der Dienststelle, wenn der Angeklagte sich auf freiem Fuß befindet, oder im Gefängnis, wenn er in Haft ist. Bei der Aufklärung der Hintergründe sollten die Unterlagen der Polizei, der sozialen Einrichtungen wie auch der Personenstandsregister berücksichtigt werden. Es muß Kontakt aufgenommen werden mit den Stellen, die sich früher mit diesem Fall befaßt haben; außerdem sollten der Arbeitgeber, die Frau, die Mutter oder andere nahe Verwandte befragt werden.

Ein Bericht über diese Ermittlungen sollte dem Gericht schriftlich eingereicht werden und in Schlagworten etwa folgenden Inhalt haben: die Straftat (einschließlich der Einstellung des Angeklagten dazu und seiner Rolle bei der Tatausführung), Strafregisterauszüge, die familiären Verhältnisse (einschließlich Spannungen und Unstimmigkeiten und der Faktoren, die das Wohlbefinden des Angeklagten beeinflussen); die nachbarliche Umgebung, schulische und erzieherische Entwicklung, berufliche Entwicklung (insbesondere technische Fähigkeiten, Beständigkeit und Tüchtigkeit im Beruf), Freunde und Bekanntschaften, Gewohnheiten (einschließlich Alkoholismus, Glücksspiel, Ausschweifungen usw.), körperliche und geistige Gesundheit (auf Grund verschiedener Quellen und besonderer Untersuchungen darzustellen); Zusammenfassung und Vorschläge.

Überwachung und Betreuung

Das zweite Stadium in der Arbeit der Bewährungshilfe, nämlich die Betreuung während der Bewährungszeit, ist von zwei Seiten zu betrachten. Zunächst gibt es einen genau umschriebenen Rahmen von Richtlinien, die der Probationierte zu befolgen hat und deren Befolgung kontrolliert werden muß. Es wird von ihm erwartet und verlangt, daß er in dem Bezirk wohnt, der ihm zugewiesen wurde, und daß er seinen Wohnsitz nur mit Erlaubnis wechselt. Er darf ohne besondere Erlaubnis nicht Auto fahren; es wird außerdem von ihm erwartet, daß er regelmäßig arbeitet, sich in bestimmten Abständen im Amt meldet, seine Familie unterhält, sich von schlechtem Umgang fernhält und Spielhöllen, Kneipen und Orte zweifelhafter Natur meidet.

Für die Länge der Bewährungszeit bestehen ebenfalls gesetzliche Regeln. Sie kann die Länge der ausgesetzten Strafe haben, sie kann aber auch eigens festgesetzt sein, etwa für zwei oder fünf Jahre. Die Praxis zeigt, daß es ungünstig ist, die Bewährungszeit zu lange auszudehnen, da eine zu lange Überwachung und Kontrolle ungünstige Einflüsse haben und zu einem sozialen Hemmnis werden kann. Der Bewährungshelfer hat die Pflicht, Gefahrensignale im Verhalten des Probanden zu beobachten. Im äußersten Falle muß er bei Gericht den Widerruf anregen. Wieviel Bewegungsfreiheit einem Probanden verbleiben soll, ist angesichts der widerstreitenden Grundsätze des Schutzes der Gesellschaft und der Resozialisierung des Straffälligen schwer zu entscheiden. Wenn ein Fall sich über die Kraft des Bewährungshelfers und der anderen örtlichen Stellen, die mit der Betreuung befaßt sind, zu verschlechtern droht, dann ist der Bewährungshelfer verpflichtet, dem Gericht von der Verletzung der Auflagen Mitteilung zu machen. Der Richter hat nun zu entscheiden, ob die Strafaussetzung aufrechterhalten bleiben oder widerrufen werden soll.

Neben der autoritären Rolle, die der Bewährungshelfer als Beschützer der Gesellschaft zu spielen hat, gibt ihm die Betreuung die Möglichkeit, fruchtbare Beziehungen zu dem Probanden zu knüpfen und mit ihm einen Plan für eine zufriedenstellendere Anpassung des Probanden zu entwickeln. In dieser Eigenschaft spielt der Bewährungshelfer die Rolle eines freundlichen Beraters. Durch die Überwachung des Probanden wird der Bewährungshelfer beständig über das Tun, Lassen und Befinden seines Probanden unterrichtet und kann eingreifen, sobald sich die Notwendigkeit hierfür herausstellt. Er kann dann soziale Hilfe leisten, indem er dem Probanden hilft, Arbeit zu finden, seiner Schulden Herr zu werden, ärztliche Behandlung in einem Krankenhaus zu finden und ähnliches. Er kann auch durch Belehrung und Ratschläge dem Probanden helfen, seinen Lebensplan neu zu ordnen. Es ist selbstverständlich, daß die Erfüllung dieser Aufgaben beträchtliche Übung und Geschicklichkeit des Bewährungshelfers voraussetzt. Er kann nur eine geringe Anzahl von Fällen bearbeiten, wenn er sich sehr eingehend in dieser Weise mit jedem Klienten befaßt. Es ist zu hoffen, daß die Bewährungshelfer mehr erreichen als lediglich die Überwachung ihres Probanden, die hauptsächlich nur darin besteht, eine gewisse Ordnung aufrechtzuhalten. Sehr wünschenswert wäre außerdem, daß der Bewährungshelfer in der Lage ist, eine therapeutische Wirksamkeit bei emotional gestörten Probanden zu entfalten, um ihnen bei ihren Frustrationen, Schwierigkeiten und feindlichen Einstellungen helfen zu können.

Die Voraussetzungen einer wirksamen Bewährungshilfe

Wenn die Bewährungshilfe sowohl für einen angemessenen Schutz der Gesellschaft sorgen soll, wie auch für einen fruchtbaren Einfluß auf die Lebensauffassung und Lebensgestaltung des Probanden, dann dürfen gewisse Mindestvoraussetzungen nicht unterschritten werden. Erstens muß dafür gesorgt werden, daß die Arbeit in der Bewährungshilfe von qualifizierten Kräften geleistet wird. Ob die Beamten durch Richter ernannt oder nach den allgemeinen Bedingungen des öffentlichen Dienstes ausgewählt werden, ist für die Frage ihrer Qualifikation ohne Bedeutung. Die Hauptsache ist, Bewährungshelfer zu finden, die durch ihre Persönlichkeit, Ausbildung und Erfahrung gute Arbeit in der Bewährungshilfe gewährleisten. Die Persönlichkeit ist ein bedeutsamer Faktor, der jedoch nur sehr schwer zu messen ist. Ein wichtiger Komplex von Persönlichkeitsmerkmalen, die einem Bewerber für den Beruf des Bewährungshelfers geeignet erscheinen lassen, ist sein Interesse an der Wohlfahrt der Menschen. Er muß wendig und einfallsreich sein, bedächtig und geduldig, vollkommen unparteiisch, ehrlich und aufrichtig. Er muß stärker von der Wirksamkeit wohlwollender Maßnahmen überzeugt sein als von der Wirksamkeit vergeltender oder strafender Eingriffe.

Zweitens sollte es eine aussichtsreiche Laufbahn für Bewährungshelfer geben. Diese Forderung umfaßt günstige Möglichkeiten für Gehaltserhöhungen, für berufliches und rangmäßiges Weiterkommen, Dauerstellung und gute Arbeitsbedingungen.

Drittens sollte das Amt für Bewährungshilfe für die Weiterbildung seiner Kräfte sorgen. Dies kann geschehen, indem die Reisekosten zu Kongressen und Tagungen übernommen werden, Fachzeitschriften abonniert werden und für außerberufliche Weiterbildung durch Gewährung von Sonderurlaub Sorge getragen wird.

Viertens setzt eine wirkungsvolle Bewährungshilfe voraus, daß die Anzahl der zu bearbeitenden Fälle für den einzelnen Bewährungshelfer nicht zu groß ist. Die Ermittlungen vor der Entscheidung über die Gewährung der Strafaussetzung sind, wie angedeutet, ziemlich zeitraubend.

Fünftens sollte in den Ämtern für Bewährungshilfe jeder Größe die Fallarbeit von sechs bis acht Bewährungshelfern durch einen Supervisor geleitet und unterstützt werden. Auf diese Weise kann die größtmögliche Wirksamkeit in der Behandlung der einzelnen Fälle durch die Bewährungshelfer erzielt werden. In den größeren Ämtern wird ein besonderer Beamter mit dieser Aufgabe betraut werden können, während in den kleinen Ämtern der Dienstellenleiter neben seinen vielen anderen Verpflichtungen auch die Fallarbeit seiner Bewährungshelfer im Auge behalten muß.

Die helfende Beziehung

Der Bewährungshelfer sollte seine eigene Arbeitslast danach bestimmen, wieviel Zeit dem einzelnen Fall gewidmet werden muß. Einige Probanden benötigen nur sehr wenig Führung. Andere benötigen sehr viel Aufmerksamkeit und sind freundlichem Rat gegenüber sehr aufgeschlossen. Wieder andere möchten sich vielleicht nicht führen lassen, benötigen aber strenge Überwachung aus Sicherheitsgründen. Eine geeignete Klassifizierung der Fälle führt zu einer angemessenen Bewältigung der Arbeitslast.

Der Bewährungshelfer sollte in der Lage sein, die Situation eines bestimmten Bewährungsfalles zu interpretieren, die freiwillige Zusammenarbeit des Probanden zu gewinnen, und diesem darzulegen, welchen Gewinn er aus der Bewährungszeit ziehen kann. Gleichzeitig muß der Bewährungshelfer seine eigene Aufgabe dem Probanden erklären, daß er nämlich zugleich als Repräsentant des Staates und als Leiter und Berater tätig ist. Der Bewährungshelfer sollte gleich von den ersten Kontakten an eine wirkungsvolle Beziehung zwischen ihm und dem Probanden entwickeln, eine Beziehung, die auf freundlicher Anteilnahme, Hilfsbereitschaft, Unparteilichkeit und Feingefühl beruht. Er sollte dem Probanden so viel eigene Verantwortlichkeit zu Erledigung seiner Angelegenheiten überlassen, wie es mit einem guten Bewährungsplan in Übereinstimmung gebracht werden kann. Ziel dieses Planes sollte eine annehmbare und befriedigende Lebensgestaltung des Probanden sein, die so weit wie möglich auf seinen eigenen Bemühungen beruht. Der Bewährungshelfer sollte in der Lage sein, gleichsam die Fieberkurve des Falles zu beurteilen, mit dem Probanden von Zeit zu Zeit den erreichten Fortschritt zu erörtern und, wenn erforderlich, zusammen mit ihm die gesteckten Ziele zu revidieren.

Neben seiner Rolle als Leiter und Berater muß der Bewährungshelfer möglicherweise mehrere Nebenrollen spielen: die des Vertrauten, „seines Bruders Hüter“, Pfeiler und Krücke, Resonanzboden, Pflanzer und Gärtner guter Vorschläge, Dolmetscher der verschiedenen Situationen, Mentor, Ersatzvater und viele andere. Es ist wesentlich, herauszufinden, in welcher Rolle oder in welchen Rollen der Bewährungshelfer am wirkungsvollsten mit einem Probanden umgehen kann.

Die Vorteile der Strafaussetzung zur Bewährung

Auf normalerweise 15 bis 20% schätzt man die Anzahl der Mißerfolge bei der Aussetzung der Strafverhängung; 10 bis 15% wäre ein ausgezeichnetes Ergebnis. Der Grund ist darin zu sehen, daß Probationierte im allgemeinen leichter beeinflußbar sind als parolierte Sträflinge. Mißerfolge bei den Probanden lassen sich in zwei Gruppen einteilen: Verübung einer neuen Straftat und Verletzung der Bewährungsauflagen. Mißerfolge während der Bewährungszeit können durch bessere Auswahl der Angeklagten durch das Gericht vermindert werden, dessen Beurteilung auf eine gründliche, dem Urteil vorausgehende Untersuchung gegründet sein sollte. Jedoch sollte die Gesellschaft willens sein, die Richter zu einer weitgehenden Anwendung der Strafaussetzung tendieren zu lassen. Eine sehr strenge und enge Begrenzung der Auswahl läßt die Möglichkeiten der Wiederanpassung außer acht, die durch gute Planung der Überwachung während der Bewährungszeit bestehen, da sie nur diejenigen zur Probationierung zuläßt, die eine erfolgreiche Anpassung vornehmen können, ohne daß sie einer Anleitung bedürfen. Mißerfolge können auch durch geringere Arbeitsbelastung und bessere Ausbildung der Bewährungshelfer vermindert werden, deren Anleitung und Feingefühl in kritischen Augenblicken dem Probanden bei der Anpassung hilft.

Nach einer Schätzung aus den dreißiger Jahren betragen die Kosten einer Betreuung durch die Bewährungshilfe nur ein Zehntel der Kosten, die im Strafvollzug für einen Verurteilten aufgebracht werden müssen. Es ist nicht anzunehmen, daß dieses Verhältnis sich inzwischen zuungunsten der Bewährungshilfe geändert hat. In den letzten Jahren sind zudem die Anstaltskosten viel stärker angewachsen als die Kosten der Bewährungshilfe. Einige der besten Besserungsanstalten für erwachsene Gesetzesübertreter nähern sich einer Ausgabe von 2000 Dollar jährlich pro Kopf für die laufenden Kosten der Unterbringung. Dieser Betrag schließt noch nicht die laufenden Ausgaben für die Amortisation des angelegten Baukapitals ein. Ein Erwachsener, der probationiert ist, könnte sehr gut für 200 Dollar bei einer Bewährungszeit von einem Jahr überwacht werden. 250 Dollar pro Jahr würden ein ausgezeichnetes Ergebnis ermöglichen, wobei für geringere Arbeitslast, Fahrkosten, Supervisor, ärztliche Überwachung und einen großen Bürostab Rechnung getragen wäre. Sehr wahrscheinlich erhöhen sich die Kosten für eine erstklassige Anstaltsversorgung viel stärker als die Kosten einer erstklassigen Bewährungshilfe.

Der Hauptgrund, weshalb das Anwendungsgebiet der Bewährungshilfe ausgedehnt werden sollte, besteht darin, daß sehr viele erwachsene Straffällige die Kontrolle einer Anstalt nicht benötigen. Sie stehen dem Leben draußen unter bestimmten Beschränkungen aufgeschlossen gegenüber. Solch einen Menschen in eine Anstaltsumgebung zu schicken, wäre eine reine Strafmaßnahme und würde weder dem Schutzbedürfnis der Gesellschaft gegenüber aggressiven Elementen noch der Resozialisierung des einzelnen dienen. Außerdem liegen verborgene, aber sehr reale soziale Vorteile in einer erweiterten Anwendung der Probationierung. Während der Familienvater unter Aufsicht der Bewährungshilfe steht, kann er sich und seine Familie selber unterhalten und mit ihr zusammenleben. Wenn er in einer Anstalt untergebracht ist, muß seine Familie in den meisten Fällen von der Wohlfahrt oder von Verwandten unterhalten werden, oder die Ehefrau muß außerhalb der Wohnung Arbeit annehmen. Eine nicht weniger ungünstige Nebenfolge der Inhaftierung ist auch, daß häufig eine Scheidung der Ehe im Gefolge eines Gefängnisaufenthaltes betrieben wird.

Die ungünstige Haltung der Polizei

Von der Polizei wird oft wenig Verständnis für die Lage der Probationierten aufgebracht. Die polizeilichen Kontrollen bringen nicht selten empfindliche Störungen in das Leben der Probationierten, die sich auch bei geordneter Lebensführung ungünstig auswirken können. Die Polizei rechtfertigt ihre Unternehmungen gewöhnlich mit Schlagworten von der „Pflicht" und dem „Schutze der Gesellschaft". Wo die Bewährungshilfe sehr gut eingeführt ist und ihre Zweckmäßigkeit bewiesen hat, wird häufig zwischen Polizei und Bewährungshilfe ein Übereinkommen über die Behandlung der Probationierten getroffen. Wenn die Polizei Informationen über einen Probationierten benötigt, setzt sie sich zunächst mit dem Bewährungshelfer in Verbindung und bekommt von ihm einen Bericht über die augenblickliche Situation. Wenn der Bewährungshelfer Gefahren fürchtet und Grund hat für die Annahme, daß der Probationierte wieder in eine Straftat verwickelt ist, benachrichtigt er die Polizei. Auf diese Weise kann den Schutzinteressen gedient werden, ohne daß die Resozialisierung gefährdet wird.

Bibliographie

Attorney General's Survey of Release Procedures, *Probation*, Vol. 2 (Washington, 1939), Chs. 2, 4, 7, 8, 9, covering administrative organization, eligibility, control, supervision and revocation. Although the facts regarding state laws are not up to date, the material herein is very good.

Cooley, Edwin J., *Probation and Delinquency* (New York, Catholic Charities of the Archdiocese of New York, 1927), Ch. 13, „Standards of Probation"; Ch. 2, „Critical Evaluation of Probation". This is the classic treatise on modern probation work.

Dressler, David, *Practice and Theory of Probation and Parole* (New York, Columbia University Press, 1959). Technique and Philosophy of doing probation and parole work.

Halpern, Irving W., *A Decade of Probation* (New York, Court of General Sessions, 1936), pp. 117—255. Manual for probation officers — undoubtedly one of the finest statements of the treatment aspect of pro-

bation, including investigation, supervision, channels of treatment, and case recording.
King, Joan F. S. (ed.), *The Probation Service* (London, Butterworth, 1958). Probation service in England.
National Commission of Observance and Enforcement, *Report on Penal Institutions, Probation, and Parole* (Washington, 1931), pp. 184—207. Although old, this overview of probation work in the United States is still very excellent.
Newman, Charles L., *Sourcebook on Probation, Parole, and Pardons* (Springfield, III., Thomas, 1958).
United Nations, *Probation and Related Measures* (New York, document E, CN. 5/230, 1951). A world survey.
See pertinent articles in National Probation and Parole Association *Yearbook*, published annually at 1790 Broadway, New York 19, N. Y., and also the quarterly *N. P. P. A. Journal.*
See current issues and back numbers of *Federal Probation*, published by The Administrative Office of US Courts, Supreme Court Building, Washington 13, D. C.

20. KAPITEL

Die staatlichen Strafanstalten

Strafen, die wegen eines Verbrechens (felony) verhängt werden, müssen in den Vereinigten Staaten gewöhnlich in den staatlich verwalteten Strafanstalten (prison, reformatory) verbüßt werden. Es kommt jedoch bei einer entsprechenden Strafe auch vor, daß ein Verurteilter wegen eines Vergehens eine Strafe in einer staatlichen Strafanstalt zu verbüßen hat. Andererseits kann auch in einigen Fällen vom Gericht bei der Verurteilung wegen eines Verbrechens die Einweisung in ein Arbeitshaus oder ein Bezirksgefängnis angeordnet werden. Die staatlichen Strafanstalten in den Vereinigten Staaten werden gewöhnlich als Dauerhaftanstalten (long-term institutions) bezeichnet, während die von den Städten und Bezirken verwalteten Anstalten als Kurzhaftanstalten (short-term institutions) gelten. Die Grenze zwischen Kurzhaft und langer Haft liegt gewöhnlich bei einem Jahr.

Es ist vornehmlich dem historischen Zufall zu verdanken, daß einige Strafanstalten (prisons, reformatories) vom Staat, andere von den Städten (workhouses) und wieder andere von den Bezirken (jails) verwaltet werden. Es gibt eigentlich keinen gesetzlichen oder verfassungsmäßigen Grund, warum nicht alle Strafanstalten vom Staat getragen werden sollten. Der Grund für die Mehrspurigkeit liegt darin, daß in der Frühzeit der amerikanischen Geschichte gegenüber der Zentralregierung erhebliches Mißtrauen bestand und man bestrebt war, die Zuständigkeit der lokalen Selbstverwaltung möglichst weit auszudehnen.

Die Typen der staatlichen Strafanstalten

Die Grundform der staatlichen Strafanstalt in den Vereinigten Staaten ist das Zuchthaus. Es wird gewöhnlich „prison", manchmal auch „penitentiary" genannt und im Slang auch wohl als „big house" bezeichnet. Wie in England und im übrigen Europa hat sich das Zuchthaus am Ende des achtzehnten und zu Beginn des neunzehnten Jahrhunderts entwickelt, vor allem als Ergebnis der damaligen Strafrechtsreformen. Die damals in den Vereinigten Staaten gebauten Zuchthäuser wurden vorwiegend im Auburn-Stil (nach dem alten Zuchthaus in Auburn, N. Y.) errichtet. Sie stellten einen ummauerten Komplex mit inneren Zellenblocks innerhalb abgesonderter Zellenhäuser dar, mit Wachttürmen, Werkstätten und den anderen erforderlichen Einrichtungen, wie Krankenhäuser, Schulgebäude, Hörsaal und ähnlichen Gebäuden, die sich alle innerhalb der Mauern befinden. Einen Gegensatz hierzu bilden etwa die alten deutschen Zuchthäuser, die im sogenannten Pennsylvanienstil erbaut sind und die keine inneren Zellenblocks in den abgesonderten Zellenhäusern haben, sondern statt dessen Flügel, die von einer zentralen Rotunde ausgehen. Diese Flügel enthalten innen keine Zellenblocks, sondern nach außen gerichtete Zellen an beiden Seiten der Korridore. In den USA errichtete jeder Staat eine solche ummauerte Anstalt oder auch mehrere, wie es der Bedarf bei der wachsenden Bevölkerung verlangte.

Die Besserungsanstalten (reformatories) sind anfänglich in den Vereinigten Staaten als Strafanstalten für junge Männer errichtet worden. Die ersten Anstalten dieser Art, die in den beiden letzten Jahrzehnten des neunzehnten Jahrhunderts und vor dem ersten Weltkrieg errichtet wurden, waren im Grunde nicht viel anders als ihre Vorläufer, das ummauerte Zuchthaus des Auburn-Typs. Nur die großen Staaten der USA haben Besserungsanstalten errichtet (die allerdings nicht mit den Erziehungsanstalten für jugendliche Straffällige verwechselt werden dürfen). Noch weniger Staaten besaßen auch abgesonderte Frauengefängnisse oder Frauenbesserungsanstalten. Die Besserungsanstalten für Frauen sind gewöhnlich offene Anstalten ohne Mauern oder Zäune. Sie bestehen aus einer aufgelockerten Gruppe von Gebäuden und haben Wohnhäuser statt Zellenblocks.

Um 1930 bahnte sich eine neue Entwicklung im Strafvollzug an. An Stelle der bis dahin herrschenden Vorstellung einer Haft mit maximaler Sicherheit setzte sich langsam in der Gefängnisverwaltung die Auffassung durch, daß nicht alle Gefangenen Mauern, Zellenhäuser und bewaffnete Wachen benötigen. Auf Grund der Einsicht, daß für viele Fälle eine Haft mittlerer Sicherheit genügt, wurden mehrere Anstalten mit umzäunter, aufgelockerter Bauweise errichtet, die aber an den strategisch geeigneten Stellen noch von Wachttürmen umgeben wurden. Nach dem zweiten Weltkrieg errichteten viele Staaten Gefangenenlager als vollkommen offene Einrichtungen ohne Zäune, Schlösser, Gitter und Wachttürme. Es zeigte sich, daß ein großer Teil der männlichen Strafgefangenen für eine Einweisung in solche offenen Einrichtungen geeignet war, daß man also diesen Strafgefangenen das Vertrauen entgegenbringen konnte, sie würden trotz der minimalen Sicherungen nicht entfliehen. Schon vor der Entwicklung der Einrichtungen mittlerer Sicherheit hatten einige Staaten große Strafgefangenenfarmen eingerichtet, bei denen es sich um eine Verbindung von Einrichtungen mittlerer und geringster Sicherung handelte.

Die staatlichen Strafanstalten werden in den Vereinigten Staaten als umfangreiche Einrichtungen betrieben, die zu groß sind, um in ihnen eine gute Resozialisierung durchführen zu können. In den großen Staaten haben die Strafanstalten zweitausend bis fünftausend Gefangene. Fortschrittliche amerikanische Strafvollzugsbeamte haben sich energisch gegen die große Anstalt ausgesprochen. Nach ihren Vorschlägen sollen Anstalten mit maximaler Sicherung nicht mehr als zweitausend Gefangene aufnehmen und solche mit mittlerer Sicherheit höchstens eintausendzweihundert Gefangene. Es wird behauptet, daß in den großen Zuchthäusern alle Haftprobleme sich vervielfältigen, während viele dieser Schwierigkeiten in den kleineren Anstalten überhaupt nicht oder nur in erheblich geringerem Umfange aufträten. Die offenen Strafgefangenenlager werden gewöhnlich für sechzig bis hundert Gefangene eingerichtet.

Architektur der Strafanstalten

Die Architektur der im Auburn-Stil erbauten Zuchthäuser ist ziemlich genormt. Ihre charakteristischen Züge sind eine hohe Sandsteinmauer als umfassender Wall, die Zellenhäuser, die manchmal an die Mauer angebaut, manchmal auch hier und da auf dem Gelände innerhalb der Mauer verteilt sind und ebenfalls innerhalb der Mauern die Werkstätten und die anderen Gebäude, vielleicht sogar ein Gewächshaus. Eine Änderung dieses Grundrisses hat sich im Bereich der Auburn-Architektur nicht durchgesetzt. Mehrere moderne Strafanstalten mit maximaler Sicherung, wie auch solche mit mittlerer Sicherung sind nach dem sogenannten Telephonmaststil (entlehnt aus Fresne, Frankreich) gebaut worden. Diese Strafanstalten sind an einem Korridor entlang gebaut. Die Zellenhäuser, Schlafsäle, der Eßsaal und die Werkstätten zweigen von dem Hauptkorridor ab, wie die Arme eines Telephonmastes. Der Hauptvorteil dieser Bauweise besteht darin, daß der Gefangene durch den Korridor zu dem Eßsaal, zu seiner Werkstatt und zu seinem Schlafsaal gelangen kann, ohne daß er den Gefängnishof zu betreten hat, wie das beim Auburn-Zuchthaus der Fall ist. Einige der Anstalten mittlerer Sicherung haben eine gestreute, aufgelockerte Bauweise innerhalb einer Umzäunung. Die Besserungsanstalten für Frauen, die nicht von einer Mauer umgeben sind, werden in ähnlich aufgelockerter Bauweise angelegt. Die offenen Lager bestehen gewöhnlich aus einer Anhäufung von einigen kasernenartigen Gebäuden ohne Umzäunung.

Verwaltungsorganisation

Für das große amerikanische Zuchthaus hat sich eine Verwaltungsorganisation entwickelt, die sich der Form annähert, die die amerikanische Strafvollzugsvereinigung (American Correctional Association) vorgeschlagen hat. Dem Zuchthaus soll hiernach ein einziger Verwaltungsbeamter vorstehen. Dieser Beamte soll unmittelbar dem zuständigen Ministerium (Department) unterstellt sein. Alle Beamten des Strafvollzuges sollen nach einer staatlichen Prüfung ernannt werden, die unter Berücksichtigung ihrer Aufgaben durchgeführt werden soll. Dem Gefängnisvorstand soll in dem organisatorischen Aufbau ein Vertreter untergeordnet sein, der für die Behandlung der Gefangenen zuständig ist, ein anderer für die Sicherheit; außerdem soll ein Beamter eingesetzt werden für die ärztliche Betreuung, ein Geschäftsführer und ein Leiter für das Wirtschaftswesen. Der Behandlungsleiter ist verantwortlich für die Resozialisierung, Berufsausbildung, Gefangenenangelegenheiten, Erholung und Freizeitgestaltung, Einstufung, Orientierung und Entlassungsvorbereitung der Gefangenen, die Bibliothek und ähnliches. Für die Sicherheit und Ordnung zu sorgen, ist Angelegenheit des Sicherheitsbeamten. Der ärztliche Beamte ist zuständig für die gesundheitliche Betreuung, das Krankenhaus, die psychiatrische Betreuung, zahnärztliche Behandlung, Apotheke, Hygiene, Lebensmittelkontrolle und die täglichen Krankmeldungen. Der Geschäftsführer befaßt sich mit dem Gefangenenarchiv, der Lohnbuchhaltung und dem Einkauf. Der Leiter des Wirtschaftswesens verwaltet die Gefängniswerkstätten und die anderen Produktionsanlagen, im Einvernehmen mit dem staatlich und zwischenstaatlich verwalteten Büro für Gefängnisindustrie (Office of Prison Industries). Einzelne Anstalten haben außerdem noch einen Beamten, der für die Ausbildung der Vollzugsbeamten zuständig ist. Er ist gewöhnlich unmittelbar dem Gefängnisvorstand unterstellt und nicht einem der unteren Leiter. Der verantwortliche Beamte für die Instandhaltung der Gebäude ist entweder dem Sicherheitsbeamten oder dem Geschäftsleiter untergeordnet, er kann aber auch diesen Beamten auf gleicher Stufe beigeordnet werden.

Für eine Strafanstalt mit etwa 250 weiblichen Strafgefangenen müßte diese Organisation entsprechend abgewandelt werden. Ein Gefangenenlager mit sechzig oder achtzig männlichen Gefangenen wird meistens als Filiale einer Mutteranstalt betrieben. Es hat höchstens einen stellvertretenden Leiter, einen wachthabenden Beamten und einen Koch.

Das bundesstaatliche Gefängnissystem

Außer dem Gefängnissystem der einzelnen Staaten der USA gibt es auch noch ein bundesstaatliches Gefängnissystem, das dem Gefängnisamt der Vereinigten Staaten (US Bureau of Prisons) untersteht. Das bundesstaatliche Gefängnissystem hat sich besonders seit den dreißiger Jahren entwickelt. Vor diesem Zeitpunkt besaß die Bundesregierung nur vier Anstalten. Bundesgefangene wurden damals meistens in den örtlichen oder staatlichen Anstalten untergebracht. Straf- oder Untersuchungsgefangene des Bundes sind die Personen, die wegen der Verletzung von Bundesstrafrecht verfolgt werden oder verurteilt worden sind. Die Bundesregierung unterhält eigene Bezirksgerichte mit strafrechtlicher und zivilrechtlicher Abteilung. Die meisten bundesstaatlichen Untersuchungsgefangenen sind in Bezirks- oder Polizeigefängnissen untergebracht, die für die Unterbringung von Bundesgefangenen durch das Bundesgefängnisaufsichtsamt zugelassen worden sind. Das bundesstaatliche Gefängnisamt unterhält selbst 6 Zuchthäuser (penitentiaries), 4 Besserungsanstalten (reformatories), 4 Anstalten für jugendliche Straffällige, 7 Resozialisierungsanstalten (correctional institutions), 4 Gefangenenlager und ein ärztliches Betreuungszentrum. Der Distrikt von Columbia hat sein eigenes Gefängnisamt, das ein Gefängnis, ein Arbeitshaus, eine Besserungsanstalt für Männer und eine Besserungsanstalt für Frauen verwaltet.

Ein statistischer Bericht

Wenn man die Filialanstalten außer acht läßt, dann werden von den Staaten der USA und der Bundesregierung zusammen etwa 200 Strafanstalten unterhalten (nicht eingeschlossen sind hierin die Strafanstalten der zwei neu zugelassenen Staaten Alaska und Hawai). Am 31. Dezember 1958 hielten sich in diesen 200 Anstalten 205643 Gefangene auf, davon waren 198208 Männer und 7301 Frauen. Zu diesem Zeitpunkt waren in den bundesstaatlichen Anstalten 21549 Gefangene, davon 20774 Männer und 775 Frauen und in den einzelstaatlichen Einrichtungen 184094 Gefangene, davon 177434 Männer, 6600 Frauen untergebracht. An Einweisungen waren in die bundesstaatlichen und staatlichen Anstalten insgesamt 1958 163000 erfolgt, an Entlassungen aus den gleichen Anstalten 153000. Von den Gerichtshöfen wurden an neu Verurteilten nur 13803

Fälle in die bundesstaatlichen Anstalten und 74988 in die staatlichen Anstalten eingewiesen[1]. Die restlichen Einweisungen umfassen die aus anderen Anstalten Überführten sowie wieder aufgegriffene flüchtige Gefangene und Parolierte nach dem Widerruf der bedingten Entlassung. Die größte Zahl der Entlassungen erfolgt auf Parole (Entlassung zur Bewährung). Die Gesamtentlassungen während des Jahres waren niedriger als die Gesamteinweisungen; das bedeutet, daß sich die Belegung in diesem Jahr vergrößert hat.

Die letzte Analyse der Länge der in den Strafanstalten der Vereinigten Staaten verbrachten Zeit wurde 1953 vorgenommen. Die durchschnittliche Dauer der Strafzeit der Strafgefangenen, die wegen eines Verbrechens verurteilt und im Jahre 1953 aus den staatlichen Anstalten entlassen wurden, betrug zweiundzwanzig Monate, die durchschnittliche Dauer der in den bundesstaalichen Anstalten verbrachten Zeit 13 Monate[2].

Die Strafzeit für Verbrecher ist offensichtlich nicht lang, wenn man die Durchschnittslänge der Strafzeit betrachtet. Tatsächlich ist die Anzahl der Verbrecher, die in einer amerikanischen Strafanstalt eine Strafe von fünf oder mehr Jahren verbüßen, recht klein: 2,3 beziehungsweise 10,8% der aus den bundesstaatlichen und staatlichen Strafanstalten Entlassenen hatten im Jahre 1953 eine Strafe von fünf oder mehr Jahren verbüßt. Die Gefangenen, die wegen Mordes verurteilt wurden, haben, wie zu erwarten, die längste durchschnittliche Zeit. Die nächst hohe Zeit wird wegen Raubes, wegen Vergewaltigung und wegen Totschlag verbüßt, dann folgen Fälschung, Autodiebstahl, Diebstahl, Unterschlagung und Betrug mit den geringsten Zeiten[3].

Gewahrsam und Disziplin

Die meisten Strafanstalten in den Vereinigten Staaten legen Wert auf sicheren Gewahrsam und Disziplin, aber wahrscheinlich nicht in dem Maße, wie die Gefängnisse in anderen Teilen der Welt. Die Anstalten sind eingeteilt nach der Art des Gewahrsams: allergrößte Sicherheit, größte Sicherheit, mittelmäßige Sicherheit und geringste Sicherheit. Aber auch innerhalb dieser vier Stufen wird der Grad der Bewachung abgestuft.

---

[1] „Prisoners in State and Federal Institutions 1958", *National Prisoner Statistics*, No. 21 (Washington, D. C., Federal Bureau of Prisons, July 1959), Table 2.

[2] „Prisoners Released from State and Federal Institutions 1952 and 1953", *National Prisoner Statistics* (Washington, D. C., Federal Bureau of Prisons, no date imprinted, c. 1959), Table 4 B, p. 21.

[3] *Ibid.*, p. 21.

Manchen Gefangenen werden Passierscheine bewilligt, mit denen sie sich ohne Aufsicht bewegen können; andere, besonders die in festem Gewahrsam, werden ständig unter Aufsicht gehalten, selbst wenn sie vom Zellenhaus zur Eßhalle oder zur Arbeitsstelle gehen. Die Einweisung von Gefangenen in die verschiedenen Schlafsäle oder Zellenhäuser wird nach Sicherheitsgesichtspunkten durchgeführt, ebenfalls die Einweisung in die höchste Stufe, die „honor Group" genannt wird.

Zur Feststellung von Entweichungen werden täglich Anwesenheitskontrollen durchgeführt. Regelmäßige Umgruppierungen („shakedowns") dienen der Eindämmung des Schmuggels. Werkzeuge und Geschirr werden täglich nachgesehen. Besucher und Pakete für Gefangene werden überprüft, ebenso die ankommende und ausgehende Post. Fast alle Gefängnisse haben eine Waffenkammer für den Fall von Aufständen. Die meisten haben einen besonderen Plan für die Maßnahmen, die im Falle eines Aufstandes zu treffen sind und mehrere haben auch Pläne, die der Suche nach entwichenen Gefangenen zugrunde gelegt werden können.

Das Handbuch des Gefängniswesens, herausgegeben von der amerikanischen Strafvollzugsvereinigung, zählt dreizehn Punkte auf, die in den amerikanischen Gefängnissen als Voraussetzungen einer sicheren Haft zu beachten sind: ein angemessenes System der Klassifizierung, Inspizierung der Sicherheitsmaßnahmen, angemessene Kontrollen der Gefangenen, Feuerschutzkontrolle, Tränengaskontrolle, Schmuggelkontrolle, Schlüsselkontrolle, Werkzeug- und Gerätekontrolle, Kontrolle der Sicherheitsposten im Gefängnis, Inspizierung von Schlössern und abschließbaren Vorrichtungen, angemessene Zellengeräte, Notausgänge, Pläne für Notfälle wie Ausbrüche, Aufstände und Brand[4].

Unter Disziplin werden in den amerikanischen Zuchthäusern die Mittel und Methoden zusammengefaßt, die dazu dienen, die Gefangenen in der Hand zu halten. In ihren besten Formen stellt sie ein System dar, das Selbstkontrolle und Verantwortlichkeit der Gefangenen aufs höchste entwickelt und das den Gebrauch von negativen disziplinären Maßnahmen wie Hausstrafen für die Übertretung der Anstaltsordnung überflüssig macht. Aber an dieses Ideal kommt selten ein Gefängnis heran, höchstens ein offenes Gefangenenlager mit gut ausgewählten Insassen.

Das Handbuch verzeichnet außerdem zehn charakteristische Eigenschaften für ein wirksames Disziplinarsystem: Esprit de corps, angemessene Bewachung, Individualisierung der Disziplin, Handexemplare der Gefängnisregeln für die Insassen, Handexemplare der Anstaltsregeln

---

[4] American Correctional Association, *A Manual of Correctional Standards* (New York, American Correctional Association, 1954), Chap. 14.

für das Personal, ein angemessenes System bei der Berichterstattung, bei Verhandlungen und Protokollaufnahmen, ein gut eingerichtetes Disziplinarkomitee oder -gericht, sinnvolle Anwendung von Einzelhaft und Abschließung von den Mitgefangenen (gewöhnlich als Disziplinarmaßnahme), klare Richtlinien der Verantwortlichkeit unter Aufsehern und dem Personal, Pläne für unerwartete Ereignisse[5].

Die fortschrittlicheren amerikanischen Zuchthäuser haben die körperliche Züchtigung der Gefangenen als Strafe bei Verletzungen der Anstaltsordnung abgeschafft. Einige Strafanstaltsordnungen sehen sogar vor, daß der Leiter einen Aufsichtsbeamten entlassen kann, der einen Gefangenen körperlich gezüchtigt oder mißhandelt hat. Viele amerikanische Zuchthäuser haben auch den Gebrauch der Einzelhaft auf ein Minimum beschränkt. Disziplinar-Komitees und Ausschüsse erteilen statt dessen in ihnen Verweise, entziehen Vergünstigungen und verringern die Aussicht auf vorzeitige Entlassung.

Die Einführung der Vergünstigungen hat viel zur Entwicklung positiverer Formen der Disziplin beigetragen. Spannungen und Unruhen sind herabgemindert und schlechte Disziplin ist gehoben worden. In den meisten Zuchthäusern werden heutzutage folgende Arten von Vergünstigungen gewährt: Radio- und Fernsehempfang, Filmbesuch, Beschäftigung mit Hobbies, Empfang von Besuchen, Verbesserung der Verpflegung durch Einkauf in den Kantinen, Übertragung von Ehrenposten und Teilnahme am Postverkehr. Eine gewährte Vergünstigung stellt für den Gefangenen einen Vorteil dar und hilft, ihm die Haft zu erleichtern. Die Vergünstigung kann andererseits bei disziplinwidrigem Verhalten für bestimmte Zeit entzogen werden und dient dann als Mittel zur Hebung der Disziplin. Ohne Zweifel unterstützen die Vergünstigungen die Disziplin der Gefangenen und reduzieren die Spannungen, die dem Gefangenen Unannehmlichkeiten bringen, wenn sie zum Ausbruch kommen. Darum sollten die Vergünstigungen als Mittel betrachtet und angewendet werden, das geeignet ist, die Anwendung von Hausstrafen einzuschränken.

Noch ein letzter Punkt, der mit dem Disziplin-System zusammenhängt, sei hier erwähnt. Wenn in einem Gefängnis ein Gefangenen-Komitee besteht, das die Möglichkeit hat, der Verwaltung Vorschläge zu unterbreiten und Beschwerden vorzubringen, so darf dieses Komitee als ein Organ der Mitbeteiligung der Gefangenen an der Regelung ihrer Angelegenheiten angesehen werden, und dies kommt einer Demokratie im Gefängnis sehr nahe. Ab und zu kommt es in sehr fortschrittlichen Gefängnissen in den Vereinigten Staaten vor, daß Gefangene Abgeordnete

[5] *Ibid.*, Chapter 24.

zu einer Insassenversammlung wählen, die dann an der Verwaltung der Anstalt teilnimmt.

Das Gesundheitswesen

In den meisten Zuchthäusern der Vereinigten Staaten ist das Kranken- und Gesundheitswesen ausreichend oder sogar gut entwickelt. Der medizinische Dienst der Zuchthäuser besteht darauf, eine Art von Quarantäne von einer Woche oder zehn Tagen für neu eingelieferte Gefangene einzuhalten. Gewöhnlich werden die neuen Gefangenen auch ärztlich untersucht. Der Gesundheitsdienst überwacht alle sanitären Einrichtungen und überprüft bei Gelegenheit Zubereitung und Verteilung der Nahrungsmittel. In fast allen größeren Zuchthäusern gibt es Krankenabteilungen. Die Gefängnisärzte halten ihre Sprechstunden im Gefängnis selbst. In den meisten Zuchthäusern der Vereinigten Staaten wird einem Gefangenen auch eine erste Brille oder eine Brille anderer Sehstärke bewilligt. Die Kosten werden manchmal einem besonderen Wohltätigkeitsfond entnommen oder vom Konto des Gefangenen abgebucht. Ebenso wird zahnärztliche Behandlung im Gefängnis geboten. Die Kosten für das Material werden gleichfalls in der oben angegebenen Weise bestritten. Die Krankenpfleger des Gefängnishospitals werden gewöhnlich aus den Gefangenen ausgewählt. Manchmal wird eine chirurgische Behandlung von größerem Ausmaß in den Krankenhäusern der Zuchthäuser vorgenommen, gelegentlich auch in den zivilen Krankenhäusern, die in der näheren Umgebung der Anstalt liegen. Der psychiatrische Dienst in den amerikanischen Zuchthäusern ist ziemlich dürftig. Es ist für das durchschnittliche Zuchthaus zu kostspielig, einen psychiatrischen Dienst zu unterhalten. Außerdem ist es sehr schwer, Psychiater zu finden, die bereit sind, haupt- oder nebenberuflich eine Behandlung oder Therapie in der Haftanstalt durchzuführen.

Der Unterricht

Die schulische Ausbildung in den Zuchthäusern umfaßt Kurse für Analphabeten, Kurse im Niveau höherer Schulen und Kurse auf Universitätsebene. Viele Zuchthäuser haben eine Gefängnisschule mit einem Direktor als Leiter. Fernkurse, sowohl beruflicher wie allgemeinbildender Art, werden als Zellenstudium fast immer erlaubt. Die meisten Zuchthäuser haben keine oder nur geringe Klassenräume und Lehrmittel und sehr wenige haben zivile Lehrer. Gebildete Gefangene übernehmen oft den Unterricht. Daß das nicht immer sehr vorteilhaft ist, bedarf keiner Frage, denn ein Päckchen Zigaretten für den Lehrer oder den Protokollführer kann leicht eine bessere Note bedeuten. In den Jahren zwischen 1930 und

1940 wurde versuchsweise ein Programm der sozialen Erziehung — Anpassung an die Außenwelt — in den Zuchthäusern des Staates New York durchgeführt. Dieser Versuch erbrachte den Nachweis, daß durch besondere Arten der Unterrichtung bei erwachsenen Gefangenen wertvolle Hilfe bei der Neugestaltung der Beziehungen und Anschauungen geleistet werden kann. Es gibt aber in den Zuchthäusern nur sehr wenige Erziehungspläne, die eine Umstellung des normalen Unterrichts auf die soziale Erziehung ermöglichen.

Fast alle Zuchthäuser haben eine Bibliothek. Gewöhnlich sind im Haushaltsplan keine Gelder für den Kauf von Büchern vorgesehen, so daß die Gefangenenbüchereien auf Stiftungen von außerhalb angewiesen sind. Daneben gibt es aber auch ausgezeichnete Gefängnisbibliotheken, und es besteht berechtigte Hoffnung, daß sich der Gefängnisbibliothekar als neuer Beruf entwickeln wird. Wenn diese Hoffnung nicht trügt, werden in Zukunft Bibliothekare zur Verfügung stehen, die wissen, welche Bücher und was für eine Bibliothek Gefangene benötigen. Als Wärter und Helfer sind gewöhnlich Gefangene in der Bibliothek beschäftigt. In den einzelnen Anstalten ist es sehr verschieden, wie oft die Gefangenen die Bibliothek benutzen und wie oft sie Bücher entleihen dürfen. In den meisten wenig entwickelten Gefängnissen mit unzureichenden Bibliotheken dürfen die Gefangenen etwa einmal wöchentlich Bücher entleihen. In Gefängnissen mit einem gut entwickelten Bibliotheksprogramm können dagegen die Gefangenen in ihrer Freizeit immer zur Bibliothek gehen, soweit ihre Sicherheitseinstufung das erlaubt.

Die Berufsausbildung

Viele der Zuchthäuser in den Vereinigten Staaten haben jetzt eigene Ausbildungswerkstätten und legen großen Wert auf die berufliche Ausbildung der Gefangenen. Werkstätten für Autoreparatur, für Radio- und Fernsehinstandsetzung und Pflege, für Schweißarbeiten, Blecharbeiten und Holzarbeiten werden häufig betrieben. Die gut organisierten Werkstätten haben hauptberufliches ziviles Ausbildungspersonal, verfügen über Werkraum und für die Unterrichtung in der Theorie auch über einen Unterrichtsraum. Einige der Gefängnisse haben auch ein oder mehrere Gebäude für die verschiedenen beruflichen Schulungskurse. Ein großer Teil der im Zuchthaus erreichten Berufsausbildung kann allerdings im freien Berufsleben nicht ausgenutzt werden, weil es schwierig für den früheren Gefangenen ist, in eine Gewerkschaft aufgenommen zu werden. Zum Beispiel ist es nicht leicht für einen als Maurer ausgebildeten früheren Gefangenen, Arbeit im Bauhandwerk zu finden und seine Ausbildung von der Gewerkschaft anerkannt zu bekommen. Viel leichter findet ein

Entlassener Arbeit als Radiotechniker in einem kleinen Geschäft. Es ist beinahe unmöglich für einen Entlassenen, als Klempner Arbeit zu bekommen. Die Schwierigkeit, eine Stelle zu finden und von der Gewerkschaft anerkannt zu werden, ist einfach zu groß.

Die Beschränkungen der Produktion des Strafvollzuges

In den Vereinigten Staaten ist die wirtschaftliche Produktion der Strafanstalten, die einen wesentlichen Teil des Wirtschaftssystems im Strafvollzug bildet, der Regelung durch Staats- und Bundesgesetze unterworfen. Nach diesen Gesetzen können seit etwa einer Generation Gefangene nur noch Waren für den Staatsgebrauch und nicht mehr für den öffentlichen Markt produzieren. Vor dieser Zeit konnte im Strafvollzug auch für den freien Markt produziert werden: der Staat selbst konnte im Strafvollzug hergestellte Waren auf dem Markt verkaufen, er konnte auch Verträge mit privaten Firmen schließen und ihnen Gefangene für die Ausführung von Arbeiten zur Verfügung stellen. Dieses System brachte allerdings viele Probleme mit sich. Unter dem gegenwärtigen System, nach dem im Strafvollzug nur für den Bedarf des Staates Gegenstände hergestellt werden dürfen, sind die Produktionseinrichtungen des Strafvollzuges darauf eingeschränkt, Arbeitsanzüge und Schuhe für den Gebrauch in staatlichen Institutionen, Möbel für öffentliche Schulen, stählerne Schränke für verschiedene Verwaltungen des Staates und der lokalen Behörden und ähnliche Gegenstände herzustellen. Oft gibt es noch besondere einzelstaatliche Gesetze, die der Gefängnisproduktion auch noch Beschränkungen in der Art der Gegenstände auferlegen, die für staatliche Zwecke hergestellt werden dürfen.

Eine Entlohnung der Gefangenen in den amerikanischen Strafanstalten besteht nur dem Namen nach. Ein verheirateter Gefangener kann 8 Cent pro Stunde (bei einer 40-Stunden-Woche) verdienen. Die Hälfte hiervon wird seiner Familie geschickt, die andere Hälfte wird seinem Konto gutgeschrieben. Hiervon kann er die Hälfte im Gefängnisladen ausgeben, die andere Hälfte wird aufbewahrt als Entlassungsgeld („going-home money"). Unverheiratete Insassen bekommen einen noch geringeren Stundenlohn. In vielen Gefängnissen ist nur ein Teil der Insassen mit produktiver Arbeit beschäftigt. Viele Gefangene sind mit Instandhaltung der Gefängniseinrichtungen oder mit Küchenarbeiten beschäftigt. Einige Strafanstalten haben große Farmen, auf denen die Gefangenen die verschiedenen Arbeiten in der Land- und Milchwirtschaft verrichten. Die Beschäftigung in einer anstaltseigenen Konservenfabrik, in der etwa Gemüse in 4-Liter-Dosen eingemacht wird, fällt dagegen unter die Gefängnisproduktion. Einige Gefängnisse gehen dazu über, eine standardisierte Entlohnung für alle Gefangenen, die mit irgendeiner Arbeit beschäftigt sind, zu zahlen.

Freizeitgestaltung

In fast allen amerikanischen Strafanstalten bestehen Unterhaltungs- und Freizeitprogramme für die Gefangenen. Man findet Baseball, Fußball und Korbball für aktive Teilnehmer und Zuschauer auf den anstaltseigenen Sportfeldern oder in der ebenfalls zur Anstalt gehörenden Turnhalle. Neben den Tätigkeiten, die die Muskeln in Anspruch nehmen und an denen nur ein kleiner Teil der Insassen aktiv teilnehmen kann, sollte mehr Gelegenheit geboten werden für weniger aktive Spiele und Sport, so daß die meisten nicht lediglich als Zuschauer beteiligt sind. In den meisten Strafanstalten bestehen Musikgruppen; einige haben auch Theatergruppen. Häufig werden sportliche Ereignisse, insbesondere Boxkämpfe, für die Gefangenen arrangiert. Der Radioempfang durch Kopfhörer wird oft gestattet, wobei die Auswahl des Programmes von einer zentralen Kontrollstelle aus erfolgt. In bestimmten Räumen wird auch Möglichkeit zum Fernsehen gewährt. Hobbies werden üblicherweise ausgeübt, obwohl bestimmt nur einige Zuchthäuser besondere Räume für die Ausübung der verschiedenen Liebhabereien haben.

Die religiöse Betreuung beschränkt sich gewöhnlich auf die Gottesdienste, die in Strafanstaltskapellen abgehalten werden. Große Zuchthäuser haben einen katholischen und einen protestantischen Pfarrer. Einige der Pfarrer sind besonders für ihre seelsorgerische Funktion unter den Gefangenen ausgebildet worden. Sie sind fähig, auch als Ratgeber der Gefangenen Hilfe bei ihren persönlichen Angelegenheiten zu leisten.

Die Bedeutung der Programme

Die Programme der medizinischen, allgemein bildenden, beruflichen und religiösen Betreuung sowie die Freizeitgestaltung dienen der Resozialisierung. Durch diese Maßnahmen wird die Gesundheit des Gefangenen, seine Geschicklichkeit und sein Interesse gefördert. Aber es ist zweifelhaft, ob sie wirklich eine eingehende resozialisierende Wirkung haben, denn der einzelne Gefangene geht in der Masse der großen, unpersönlichen Anstalt unter. Einige Gefangene lehnen auch die Hilfe einer konstruktiven Betreuung ab. Bei vielen kommt es nicht zu einer persönlichen Fühlungnahme. Trotzdem müssen in einer Anstalt alle diese Möglichkeiten für diejenigen geboten werden, die Gebrauch davon machen wollen.

Auch sollte man nicht übersehen, daß die Beschäftigung mit konstruktiver Tätigkeit Zeit in Anspruch nimmt. Sie hilft die Zeit zu verbringen, und Zeit ist das, was der Gefangene reichlich hat. In diesem Zusammenhang kann man sagen, daß Beschäftigungen, die Zeit in Anspruch nehmen, die Unruhe vermindern und es erleichtern, die Disziplin aufrechtzuerhalten. Sie heben das Gewicht der Zeit von den Schultern der Gefangenen.

Außerdem halten die verschiedenen Beschäftigungen das Dschungelleben in der Strafanstalt nieder. Die Insassen sind dann nicht so sehr dem körperlichen und geistigen Verfall preisgegeben. Bis zu einem gewissen Ausmaß läßt sich mit Hilfe dieser Maßnahmen auch die schädliche Wirkung der Insassengemeinschaft auf den einzelnen Gefangenen bekämpfen, die man oft in der Weitergabe der Gefängnislaster und krimineller Sophisterei beobachten kann. Man macht sich selten klar, daß eine ganze Reihe verschiedener Programme benötigt werden, um in einem großen Gefängnis den Gefangenen davor zu bewahren, sich während seiner Gefangenschaft zu verschlimmern und daß noch mehr Programme erforderlich sind, um eine konstruktive Einwirkung auf wenigstens einige Gefangene zu erreichen.

Drei Verfahren

Mehrere fortschrittliche Strafanstalten benutzen heutzutage drei Verfahren bei ihrem Bemühen, die konstruktive Einwirkung der Haft auf einen Gefangenen zu verstärken. Das erste Verfahren ist die Orientierung, die in der Zeit der Quarantäne und der Einweisungsmaßnahmen vorgenommen wird. Die neuen Insassen werden, gewöhnlich zu Gruppen zusammengefaßt, über ihre Rechte und die zu erreichenden Vergünstigungen unterrichtet. Es wird ihnen mitgeteilt, wie das Gefängnis organisiert ist und welche Möglichkeiten bestehen, sich zu verbessern. In seinen idealen Formen bietet das Orientierungsverfahren die Möglichkeit einer gründlichen Informierung des Gefangenen. Es kann falsche Informierung „(scuttle butt)" verhindern, Spannungen herabmindern, die beim Eintritt in ein Gefängnis entstehen und den überall zu findenden ungünstigen Einfluß der Gefängnisgemeinschaft auf den einzelnen beseitigen.

Das zweite Verfahren ist ebenfalls Bestandteil des Einweisungsvorganges. Es besteht in der Beobachtung des einzelnen Gefangenen zum Zwecke der Feststellung, welcher Grad der Bewachung erforderlich ist und welche Eignung zu bestimmten häuslichen, erzieherischen oder beruflichen Beschäftigungen besteht. In den Strafanstalten, die ein Klassifizierungssystem haben, erfolgt die Entscheidung durch ein Klassifizierungskomitee. Der Anstaltsarzt, der Erziehungsleiter oder der Leiter der beruflichen Ausbildung, der Gefängnisgeistliche, der Beamte für die Sicherheit, der Fürsorger und der Psychologe bereiten einen Bericht über den neu eingewiesenen Gefangenen vor. Nach einer Zeit von etwa ein bis zwei Monaten erscheint der Gefangene dann vor dem Klassifizierungskomitee und erhält seine Zuweisung.

Ein gutes Beispiel für den zweckmäßigen Einsatz von Empfangsstellen gibt Kalifornien. Die Empfangsstellen werden dort „guidance centers" genannt. Der Gefangene wird vom Gericht in die nächste Empfangsstelle eingewiesen und dort zunächst zwei Monate lang gründlich untersucht und beobachtet. Danach wird entschieden, in welche Einrichtung im Gefängnissystem er eingewiesen werden soll. Nach der Einweisung in die Strafanstalt hat das dortige Klassifizierungskomitee Gelegenheit, an Hand der detaillierten Ergebnisse der Untersuchungen in der Empfangsstelle den neu eingewiesenen Strafgefangenen in den geeigneten Bereich der eigenen Anstalt einzuordnen. New York hat ein ausgezeichnetes Empfangszentrum für heranwachsende Straffällige, die für das Jugendgerichtsverfahren zu alt sind, in einem abgeschlossenen Flügel des Elmira Reformatory eingerichtet.

Das dritte Verfahren findet am Ende des Aufenthalts in der Strafanstalt statt und dient der Vorbereitung des Gefangenen auf die Entlassung. Diesem Verfahren liegt der Gedanke zugrunde, daß das Gefängnis dem Gefangenen Hilfe geben soll bei seiner Anpassung an die Außenwelt, in die er bei seiner Entlassung hinaustritt. Die wenigen Gefängnisse in den Vereinigten Staaten, die eine geplante Entlassungsvorbereitung durchführen, legen das Gewicht auf die Erteilung bestimmter Auskünfte und Ratschläge, die den Gefangenen etwa damit vertraut machen, was man von ihm erwartet, welche Parole-Vorschriften er zu beachten hat, welche Stellen ihm helfen können, welche Gründe leicht zu einem Widerruf führen und ähnliches. Der Parole-Beamte der Anstalt hält Gruppenzusammenkünfte, engagiert Redner und versucht Diskussionen und Fragen anzuregen. Theoretisch haben Zusammenkünfte von Gruppen der Gefangenen, die vor der Entlassung stehen, große Möglichkeiten, die Gefangenen auf Krisen und Schwierigkeiten aufmerksam zu machen, mit denen sie sich nach ihrer Entlassung befassen müssen.

Mängel und Schwierigkeiten

Die Architektur des durchschnittlichen Zuchthauses, besonders von der Art des Auburn-Typs, erschwert die Durchführung einer geplanten Resozialisierung beträchtlich. Die Schwierigkeiten sind in den alten europäischen Gefängnissen des Pennsylvania-Typs noch größer.

Es ist auch sehr schwer, gutes Aufsichtspersonal zu finden und die Haushaltsmittel zu erhalten, die erforderlich sind, um geeignetes Fachpersonal anstellen zu können. Die Aufsichtsbeamten haben den engsten

Kontakt mit den Gefangenen, und es ist nicht leicht für sie, auf die Gefangenen in einem günstigen Sinne einzuwirken. Viele haben eine unbewußt feindliche Einstellung zu den Gefangenen und trachten danach, ihnen die Zeit der Inhaftierung möglichst zu erschweren. Es ist genauso schwer gute Aufsichtsbeamte zu finden wie gutes Fachpersonal und Verwaltungsbeamte.

Die zerstörende und schädliche Wirkung der Insassengemeinschaft ist nicht leicht zu bekämpfen. In kleinen Anstalten kann unter guter Leitung und mit gutem Personal manches in dieser Hinsicht erreicht werden. In einer schlecht geleiteten Strafanstalt mit sehr begrenztem Resozialisierungsprogramm und ungeeignetem Personal ist der ungünstige Einfluß der Insassengemeinschaft am größten.

Es ist schwierig, die Atmosphäre in einer Strafanstalt zu entspannen und sie so zu gestalten, daß eine gute Moral entstehen und eine möglichst günstige Wirkung auf die Gefangenen erzielt werden kann, damit sie wenigstens etwas Konstruktives aus ihrem Aufenthalt für ihren weiteren Lebensweg mitnehmen. Die meisten Strafanstalten erwecken den Eindruck bewaffneter Festungen. Nicht zuletzt stößt auch die Beseitigung ungerechter und unnötiger Gefängnisregeln, von denen einige überhaupt keine Bedeutung mehr haben, immer wieder auf Schwierigkeiten.

Straflager

In der Verwaltung der amerikanischen Strafanstalten hat sich die Ansicht durchgesetzt, daß nur ein kleiner Prozentsatz der amerikanischen Gefangenen, vielleicht 20%, in strengstem Gewahrsam gehalten werden muß, das heißt in festen, mit Mauern umschlossenen Anstalten. Zugleich konnte festgestellt werden, daß ein großer Prozentsatz der Gefangenen in kleinen, offenen Gefängnislagern ohne Verschluß und Umzäunung hinreichend sicher untergebracht ist. In konsequenter Weiterentwicklung dieser Gedankengänge wurde das kleine, offene Gefängnislager in den Vereinigten Staaten in den vierziger Jahren und besonders nach dem zweiten Weltkrieg eingeführt. Inzwischen sind in mehreren Staaten bereits offene Gefängnislager entstanden, die gewöhnlich einer größeren Strafanstalt angegliedert sind. Der Grund für den Bau der offenen Gefängnislager war nicht allein die Annahme, daß viele Gefangene sich an das Leben in einem offenen Lager anpassen würden; man wurde außerdem von der Einsicht geleitet, daß der Bau von Zuchthäusern mit strengster und mittelstrenger Sicherung sehr teuer ist (man rechnet etwa 10000 Dollar pro Insassen), und daß durch ein Straflager ein überfülltes Zuchthaus ohne hohe Baukosten entlastet werden kann.

Das Straflager kann die Nachteile eines großen Zuchthauses leicht überwinden: die ungünstige Wirkung der Insassengemeinschaft, die Unpersönlichkeit und Bürokratie einer großen Anstalt, die „Gefängnis-Psychose" und die Atmosphäre der „bewaffneten Festung" sowie die kollektive Feindseligkeit des Bewachungspersonals. In einem Lager läßt sich aber ein organisiertes Erziehungs-, Berufsausbildungs- und Resozialisierungsprogramm kaum durchführen; doch kann man darüber streiten, ob diese Beschäftigungen nicht ebensogut in einer formlosen und unorganisierten Weise betrieben werden können. Vielleicht ist der wichtigste Gesichtspunkt, daß gereiften, zuverlässigen Gefangenen die Gelegenheit geboten wird, in einer Atmosphäre von minimalen Beschränkungen und minimalem Druck zu leben. In diesem Sinne kann daher das offene Lager als der zweitbeste Ersatz für eine Strafaussetzung zur Bewährung bezeichnet werden in den Fällen, die eine Beaufsichtigung oder besondere Behandlung nicht erfordern.

Das Problem

In Anbetracht der Tatsache, daß die meisten Strafanstalten der Welt nur die Rolle eines Gewahrsams spielen und daß sie unvermeidlich Bedingungen schaffen, die einem Dschungel menschlicher Gesellschaft nahekommen, erhebt sich die Frage, ob das Gefängnis abgeschafft werden kann. Die Antwort kann nur nein lauten. Unser Strafensystem erfordert die Beibehaltung der Freiheitsstrafen und damit auch der Strafanstalten. Anders steht es dagegen mit den Fragen, ob die Dauer der Inhaftierung herabgesetzt und ob für die Strafhaft ein Ersatz gefunden werden kann. Diese Fragen müssen bejaht werden. Der beste Ersatz ist die Strafaussetzung zur Bewährung. Obgleich dieses Rechtsinstitut seit über einhundertzwanzig Jahren bekannt ist, wurde in seiner Anwendung überall starke Zurückhaltung geübt. Die Sachkenner aller Länder stimmen jedoch darin überein, daß die Strafaussetzung zur Bewährung der beste Ersatz für die Strafhaft ist.

Die weitere Frage, ob eine Strafanstalt so strukturiert sein kann, daß es in ihr möglich ist, einen konstruktiven Einfluß auf die Gefangenen auszuüben, muß ebenfalls bejaht werden. Es ist aber äußerst schwer, diese Forderung in die Tat umzusetzen. Damit ein günstiger Einfluß wirksam werden kann, muß die Größe der Strafanstalten verringert werden. Die Strafanstalt muß zu einer kleinen übersichtlichen Institution werden. Eine neue Vorstellung von den Aufgaben einer Strafanstalt muß bei den Anstaltsleitungen, wie auch beim Personal und besonders beim Aufsichtsdienst, nicht zuletzt aber auch in der Öffentlichkeit Raum gewinnen: daß nämlich Strafanstalten Einrichtungen sind, in denen gestrauchelte

Menschen sich neu orientieren oder bessern. Die Vorstellungen und die Lebensanschauung des Personals müssen in geeignete Bahnen gelenkt werden, damit von ihnen ein konstruktiver Einfluß auf die Insassen ausgehen kann. Die Beamten des Aufsichtsdienstes müssen ihre Rolle hauptsächlich aus der Sicht der Hilfe und Unterstützung des Besserungsbestrebens der Gefangenen verstehen lernen. Unter diesem Gesichtspunkt müssen sie ausgewählt werden. Eine gründliche Ausbildung muß sie befähigen, ihren Aufgaben gerecht zu werden. Die Anzahl der Gefangenen, die ihnen anvertraut werden, darf nicht zu groß sein, so daß sie tatsächlich in der Lage sind, ihre Rolle als Helfer bei der Besserung der Gefangenen zu spielen. Nicht nur das Wachpersonal, sondern auch die Fachkräfte der verschiedenen Richtungen müssen neu orientiert werden, damit sie ebenfalls einen helfenden, konstruktiven Einfluß auf die Gefangenen ausüben können. Die Möglichkeiten für die Beschäftigungen der Gefangenen sollten reformiert werden, so daß sie nicht nur den Gefangenen die Zeit vertreiben, sondern darüber hinaus echte Ansatzpunkte für die Resozialisierung bieten.

Bibliographie

American Prison Association, Committee on Classification and Case Work, *Handbook on Classification in Correctional Institutions* (New York, 1947).

American Prison Association, Committee on Classification and Case Work, *Handbook on Pre-release Preparation in Correctional Institutions* (New York, 1950).

Clemmer, Donald, *The Prison Community* (Boston, The Christopher Publishing House, 1940).

Fenton, Norman, *An Introduction to Group Counselling in State Correctional Service* (Sacramento, Dept. of Corrections, State of California, 1957). Use of group approaches in prison.

Martin, John Bartlow, *Breakdown the Walls* (Ballantine Books, 1954).

Ohlin, Lloyd E., *Sociology and the Field of Corrections* (New York, Russell Sage Foundation, 1956), pp. 13—40 (prison inmate culture); pp. 49—58 („Correctional Career Opportunities for Sociologists").

Reckless, Walter C., *Jail Administration in India* (New York, Technical Assistance administration, United Nations, 1952).

Scudder, Kenyon J., *Prisoners are People* (New York, Garden City, 1952). The program at a very progessive prison in California.

Sellin, Johan Thorsten, *Pioneering in Penology; The Amsterdam Houses of Correction in the Sixteenth and Seventeenth Centuries* (Philadelphia, University of Pennsylvania Press, 1944).

— —, *Recent Penal Legislation in Sweden* (Stockholm, Strafflagberedningen, 1947).

Teeters, Negley K., *World Penal Systems* (Philadelphia, Pennsylvania Prison Society, 1944).

——, *Deliberations of the International Penal and Penitentiary Congresses; Questions and Answers*, 1872—1935 (Philadelphia, Temple University Book Store, 1949).

Twelfth International Penal and Penitentiary Congress: Aug. 14—19, 1950, *Proceedings: Administrations of Prisons*, Vols. 3—6, The Hague, 1951).

US Bureau of Prisons, *Handbook of Correctional Institutions Design and Construction* (Washington, 1949).

21. KAPITEL

Die Entlassung in die beschränkte Freiheit

Die Entlassung zur Bewährung (parole) ist in den Vereinigten Staaten ein besonderes Entlassungsverfahren. Der Verurteilte wird auf Grund besonderer gesetzlicher Vorschriften aus der Strafhaft entlassen, nachdem er einen Teil der verhängten Strafe in einer Strafanstalt (prison, reformatory) verbüßt hat. Der entscheidende Unterschied zur Aussetzung der Verhängung einer Strafe (probation) besteht darin, daß bei jenem Verfahren der Verurteilte seine Strafe erst gar nicht anzutreten hat und es ihm gestattet wird, bei guter Lebensführung unter Einschränkung seiner Freiheit in seiner bisherigen Umgebung zu bleiben. Bei der Entlassung zur Bewährung verbüßt der Verurteilte dagegen zunächst einen Teil der verhängten Strafe, bis er sich nach den gesetzlichen Vorschriften für die Entlassung qualifiziert und die Parolebehörde ihn für die Entlassung geeignet befindet. Erst dann wird er aus der Strafhaft entlassen und hat bei guter Führung in beschränkter Freiheit in dem für ihn bestimmten Bereich zu leben.

Das Paroleverfahren wird nicht in allen Staaten der USA im gleichen Ausmaß angewendet; in einigen Staaten werden nur 7 Prozent, in anderen dagegen bis zu 99 Prozent auf Parole entlassen. Im Gesamtgebiet der Vereinigten Staaten waren im Jahre 1958 58% der Entlassungen aus der Haft staatlicher Strafanstalten Entlassungen zur Bewährung[1].

Bei der Darstellung der Probation haben wir uns schon damit vertraut gemacht, daß ein Verurteilter außerhalb eines Gefängnisses häufig billiger und zufriedenstellender überwacht werden kann als in einem Gefängnis. Was für die Aussetzung der Strafverhängung zutrifft, kann auch von der bedingten Entlassung gesagt werden. Die Parolebehörde des Staates Pennsylvania stellte kürzlich einen Kostenvergleich an. Danach betragen die Kosten für einen parolierten Verurteilten 160.— Dollar im Jahr; ein

[1] „Prisoners in State and Federal Institutions 1958“, *National Prisoner Statistics*, No. 21 (Washington, D. C., Federal Bureau of Prisons, July 1949), Table 4.

Strafgefangener kostet den Staat dagegen jährlich 1460.— Dollar[2]. Diese Ausgaben schließen noch nicht einmal die Kosten ein, die der Staat unter Umständen für die Familie eines Strafgefangenen aufzubringen hat und ebenfalls nicht den Verdienstausfall des Inhaftierten selbst.

Die Voraussetzungen für die Entlassung zur Bewährung sind gesetzlich geregelt. Die Gesetze enthalten insbesondere spezielle Regelungen darüber, welche Gefangenen für eine bedingte Entlassung in Frage kommen und zu welchem Zeitpunkt ihrer Haft diese Möglichkeit besteht. In einigen Staaten sind die Täter bestimmter Verbrechen von der bedingten Entlassung ausgenommen, so zum Beispiel häufig bei Mord, Hochverrat, Sexualverbrechen und Kindesentführung. Das Recht anderer Staaten untersagt die Parolierung von Personen, die schon früher wegen eines Kapitalverbrechens verurteilt worden waren, und wieder andere schließen zu lebenslänglichem Zuchthaus Verurteilte von der Parolierung aus oder lassen erst nach zehn oder fünfzehn Jahren oder nach einem noch längeren Zeitraum eine Paroleverhandlung für diese Fälle zu.

Bedingte Entlassung und Strafausspruch

In den Staaten, die die Verurteilung zu einer unbestimmten Strafe nicht kennen, bestimmen die Parolegesetze, daß ein Strafgefangener vor der vollen Verbüßung seiner Strafe entlassen werden kann. Gewöhnlich wird in diesen Gesetzen auch das Mindestmaß der Strafzeit vorgeschrieben, das verbüßt sein muß, bevor eine bedingte Entlassung in Betracht kommt. In den meisten amerikanischen Staaten gelten sogenannte „good-time"-Gesetze, nach denen bei guter Führung die Haftzeit um bestimmte Zeitspannen verringert wird. Der Zeitpunkt, in dem im Geltungsbereich dieser Gesetze ein Gefangener für eine Parolierung in Frage kommt, wird durch die ursprünglich ausgesetzte Haftzeit, vermindert um eine Zeitpsanne als „Rabatt" für gute Führung, bestimmt. In den Staaten, in denen zeitlich unbestimmte Freiheitsstrafen verhängt werden, hängt der Zeitpunkt für die Parolierung gewöhnlich von dem im Urteil bestimmten Strafrahmen und der Zeitspanne ab, die dem Verurteilten für gute Führung gutgeschrieben wurde. Das unbestimmte Urteil legt für die Strafvollzugsbehörden lediglich Mindest- und Höchstdauer der Strafe fest: ein bis drei Jahre, fünf bis zehn Jahre, zehn bis fünfundzwanzig Jahre, ein Jahr bis lebenslänglich. Normalerweise ist durch die Legislative in den Strafgesetzen für jedes Verbrechen nur ein Strafrahmen festgesetzt, so daß auch der Strafausspruch im Urteil als Bestandteil eines abgestuften

---

[2] Board of Parole, *15th Annual Report of the Pennsylvania Board of Parole*, (Harrisburg, Commonwealth of Pennsylvania, 1958), p. 22.

Systems der im Strafgesetzbuch angedrohten Strafen angesehen werden kann, die sich in ihrem Ausmaß nur wenig von Staat zu Staat und beträchtlich von Verbrechen zu Verbrechen unterscheiden.

Ein Strafgefangener kommt im allgemeinen nach Verbüßung seiner Mindeststrafe, vermindert um den Zeitraum, der ihm für gute Führung gutgeschrieben wurde, für die Entlassung zur Bewährung in Betracht. Wenn jedoch die Strafvollzugsbehörde und die Parolebehörde der Ansicht sind, daß der Verurteilte zu diesem Zeitpunkt eine Entlassung noch nicht verdient hat, wird die Entlassung zurückgestellt für eine spätere Paroleverhandlung nach ein oder zwei Jahren.

Strafdauer und Bewährungszeit

In den Staaten mit genau festgelegter Strafzeit ist in den Parolegesetzen ein bestimmter Bruchteil der Strafe festgesetzt, der verbüßt sein muß, ehe der Strafgefangene für die Parolierung in Frage kommt (etwa ein Drittel oder ein Halb). In der großen Anzahl von Staaten, in denen Urteile mit unbestimmter Dauer der Strafzeit ausgesprochen werden, ist gewöhnlich Voraussetzung für die Parolierung, daß der Strafgefangene die im Urteil vorgesehene Mindestdauer verbüßt hat, obgleich auch die Möglichkeit vorgesehen ist, einen Gefangenen vor Verbüßung der Mindeststrafe bedingt zu entlassen. Ein gutes Parolegesetz sollte überhaupt keine Mindestdauer der Strafzeit als Voraussetzung einer vorzeitigen Entlassung festlegen, da in einem Gesetz die individuelle Eignung für eine Entlassung nicht genügend berücksichtigt werden kann. Ein fähiger Parolebeamter ist zusammen mit seinen Mitarbeitern am ehesten in der Lage, etwas über die Eignung des einzelnen Gefangenen zur Parolierung auszusagen. Er weiß, welches Risiko für den einzelnen Strafgefangenen bezüglich des Rückfalls besteht; er hat auch die meiste Erfahrung in der Beurteilung der Frage, ob für einen Gefangenen die Parolierungsüberwachung förderlich sein kann.

Die Bewährungszeit ist für den gesamten Bereich der Vereinigten Staaten nicht einheitlich festgesetzt. Für den Geltungsbereich der Parolegesetze des Bundes sowie im Distrikt von Columbia und in vierzehn Staaten fällt das Ende der Parolierungszeit mit dem Ende des Höchstmaßes der im Urteil festgesetzten Strafe zusammen. In einundzwanzig Staaten gibt es keine kodifizierten Bestimmungen über die Dauer der Bewährungszeit. In diesen Gebieten wird für jeden Parolierten die Parolierungszeit einzeln festgesetzt. In elf Staaten können die Parolebehörden einen Parolierten vor Ablauf der gesetzlich festgelegten Zeit aus der Parolierungskontrolle entlassen. Ideale gesetzliche Bestimmungen halten die Dauer der Parolierungsüberwachung möglichst elastisch; sie erlauben dem Parolebeamten, der Parolebehörde dann eine Aufhebung der Überwachung zu empfehlen, wenn der Verurteilte reif für eine endgültige Entlassung ist. Gewöhnlich ist eine kurze Parolierungsüberwachung am fruchtbarsten. Wird die Überwachung noch weitergeführt, wenn das Ziel der Betreuung schon erreicht ist, so bedeutet das eine überflüssige Härte für den Parolierten. Der Gedanke der Bewährung wird zudem verwässert und die Überwachung wird zu einer sinnlosen Formalität, wenn sie über sehr lange Zeiträume ausgedehnt wird. Ein Parolierter wird — wenn überhaupt — gewöhnlich schon bald nach seiner Entlassung rückfällig, etwa innerhalb der ersten sechs Monate. Lange Überwachungszeiten vermögen deshalb auch nicht den Rückfall in die Kriminalität zu verhindern.

Parolierungsbehörde

Die Parolierungsbehörden sind auf Grund gesetzlicher Vorschriften errichtet worden. In einigen Staaten stellen der Gouverneur oder durch ihn bestellte Berater die Parolebehörde dar. Weniger häufig bilden Ausschüsse bei den Anstalten die Parolebehörde. In den meisten Fällen gibt es einen hauptamtlichen, unabhängigen, zentralen Paroleausschuß (parole board), der als Parolebehörde handelt. Es gibt einen ganz neuen Typ der Parolebehörde, der aber bisher nur in Kalifornien existiert. Er wird „Adult Authority" genannt, man könnte ihn als Entlassungskommission bezeichnen. Er übt zugleich Aufsicht und Kontrolle über die Behandlung der Strafgefangenen aus, bestimmt Dauer der Strafhaft und Zeitpunkt der Entlassung und leitet die Paroleüberwachung.

Es gibt mehrere Arten von hauptamtlichen, unabhängigen Paroleausschüssen. Einige sind wirklich von allen anderen Behörden unabhängig, die mit erwachsenen Straffälligen zu tun haben. Manche dieser unabhängigen Ausschüsse haben die Aufgabe, den Gouverneur über Strafmilderung, Begnadigung und Amnestie zu beraten. Des öfteren ist der Paroleausschuß auch mit der Überwachung der Parolierten betraut, zusätzlich zu seiner parolegewährenden Tätigkeit.

Mitgliedern des Paroleausschusses sollte der Schutz der Gesellschaft und das Wohlergehen des einzelnen Parolierten zugleich am Herzen liegen. Bei den Entscheidungen über die bedingte Entlassung sollten sie eine Abwägung des Risikos der Gesellschaft (Schutzgedanke) und der Fähigkeit des Verurteilten zu einer geordneten Lebensführung (Resozialisierungsgedanke) treffen.

Die Ermittlungen

Ermittlung und Überwachung sind wie bei der Probation auch bei der Parolierung die beiden Hauptgesichtspunkte in der praktischen Vorbereitung und Durchführung eines Paroleverfahrens. Die Ermittlungen vor der bedingten Entlassung verfolgen zwei Ziele: einerseits die Entwicklung des einzelnen Falles zu erhellen und andererseits einen Parolierungsplan unter Berücksichtigung der Arbeits- und Wohnverhältnisse auszuarbeiten. In vielen Fällen haben sich die Familienverhältnisse eines Gefangenen während der Haft verändert. In vielen Fällen muß die Parolebehörde außerdem Gewißheit haben, daß ein Arbeitsverhältnis, in das der Parolierte entlassen werden soll, tatsächlich besteht und daß seine häuslichen Verhältnisse zuverlässig sind. Obgleich Arbeit und Wohnung bei weitem nicht die einzigen bedeutsamen Aspekte eines Parolierungsplanes sind, ist es doch notwendig, diese Umstände bereits vor der Entlassung festzulegen. Mit Hilfe der Ermittlungsergebnisse und der gesammelten Informationen über den Strafgefangenen muß die Parolebehörde entscheiden, ob ein Strafgefangener zur Bewährung entlassen werden soll oder nicht.

Überwachung

Die Überwachung der Parolierten kann von drei Gesichtspunkten aus betrachtet werden: Organisation, Bewährungsauflagen und praktische Durchführung und Betreuung. Im Hinblick auf die Organisation kann festgestellt werden, daß für die Überwachung der Parolierten meistens eine zentrale Dienststelle Sorge trägt, die entweder dem Paroleausschuß angegliedert ist oder selbständig arbeitet. In großen Staaten umfaßt der Paroledienst, wenn er in dieser Weise zentralisiert aufgebaut ist, außerdem Dienststellen in den einzelnen Bezirken, die aber alle dem zentralen Amt des einzelnen Staates unterstellt sind und von dort kontrolliert und finanziert werden.

Die Bewährungsauflagen

Die Auflagen werden zum Teil unmittelbar vom Gesetz vorgeschrieben. Zum größten Teil werden sie aber von der Parolebehörde auferlegt. Die Auflagen können sehr verschiedene Forderungen an den Parolierten stellen. Zunächst wird von dem Parolierten verlangt, daß er regelmäßig schriftlich über sich berichtet; den Bericht muß er selbst, und oft auch ein Bürge, unterzeichnen. Außerdem hat er sich persönlich bei einem Beamten oder seinem Beauftragten oder bei beiden in regelmäßigen Abständen zu melden. Eine Unterlassung der Meldung würde als Verletzung der Bewährungsauflagen zu behandeln sein. Der Parolierte muß regelmäßig arbeiten, er muß sogar in den meisten Fällen eine Arbeitsstelle nachweisen, bevor er zur Bewährung entlassen werden kann. Wenn er seine Arbeitsstelle verliert, muß er seinem Parolebeamten oder dessem Beauftragten davon berichten. Viele Staaten schreiben vor, daß der Parolierte in den monatlichen schriftlichen Berichten angibt, wieviel er verdient, wieviel er ausgegeben und wieviel er in diesem Monat gespart hat. Der Parolierte muß in einem bestimmten Bezirk bleiben. Er benötigt eine besondere Erlaubnis, wenn er das Gebiet der Parolebehörde verlassen will. Oft kann ein Parolierter ohne Einwilligung des Parolebeamten nicht heiraten oder Auto fahren. Wenn der Parolierte verheiratet ist, hat er seine Frau und seine Kinder zu unterhalten. Es wird auch von ihm erwartet, daß er ehemalige Sträflinge, Kneipen, Spielhöllen und Häuser zweifelhaften Rufes meidet. Die Bestimmungen, die der Parolierte zu befolgen hat, sind praktisch in den meisten Staaten die gleichen, die auch für den Probationierten gelten; nur mit der Einschränkung, daß die Gerichte oft in Probationsfällen noch zusätzlich besondere Forderungen als Auflagen festsetzen. Der Parolierte wird normalerweise über die von ihm zu beachtenden Vorschriften unterrichtet, bevor er die Anstalt verläßt.

Bei den Verletzungen der Auflagen werden technische Verletzungen von Primärverletzungen unterschieden. Die Verletzungen irgendeiner der oben angegebenen Vorschriften wird als technische Verletzung angesehen. Wird ein neues Verbrechen oder Vergehen begangen, so bedeutet das eine Primärverletzung. Gewöhnlich ist es der Entscheidung des Parolebeamten überlassen, nach seinem Ermessen über die Bedeutung einer lediglich technischen Verletzung zu entscheiden. Wenn das Parolesystem eines Staates über ein zentrales Amt verfügt, werden Auflagenverletzungen technischer oder primärer Art von den örtlichen Paroledienststellen nach dort berichtet, wo dann auch darüber entschieden wird, in welche Anstalt der Parolierte zurückzubringen ist. Gewöhnlich wird er in die Anstalt eingewiesen, aus der er entlassen worden war. Parolebeamte haben dem Gesetz nach die Befugnis, jeden Parolierten zu verhaften oder in Gewahrsam zu nehmen, sie können aber auch einen Polizeibeamten damit beauftragen. Wie bei der Probation ist es auch bei der Parolearbeit sehr wesentlich, mit Feingefühl an die Sache heranzugehen. Darum ist es wünschenswert, Verhaftungen anderen Behörden zu überlassen. Der Parolebeamte hat außerdem vor der endgültigen Entlassung aus der Paroleüberwachung ein Gutachten abzugeben. Die Gesellschaft sieht den Parolebeamten als den Hüter ihrer Interessen bei der Paroleüberwachung an.

Die Wirksamkeit von Überwachung und Betreuung

Für die praktische Durchführung der Paroleüberwachung ist die Qualität des Dienstes sehr wichtig. Es ist eine bekannte Tatsache, daß die meisten Parolebeamten viel zu viele Fälle zu betreuen haben, manchmal bis zu hundertfünfzig und sehr oft fünfundziebzig Fälle gleichzeitig. Wenn ein Parolebeamter wirklich mit seinen Fällen auf dem laufenden sein will, ist es unmöglich, bei einer hohen Arbeitsbelastung erfolgreich zu arbeiten. Große Arbeitsbelastung hält den Parolebeamten von der Routineüberwachung ab und macht es unmöglich, daß er seinen Parolierten mit Weisungen und Ratschlägen zur Seite stehen kann. Von fachkundiger Seite wird eine Belastung mit fünfzig Fällen pro Monat für Beamte in ländlichen Gegenden, und fünfundsechzig je Monat in konzentrierten städtischen Bezirken vorgeschlagen. Auch diese Zahlen können noch nicht als ideal angesehen werden; es gibt Stellen, die eine noch geringere Belastung anstreben. Nur bei einer verminderten Arbeitsbelastung ist ausreichend Zeit vorhanden für Besuche, Gespräche mit Arbeitgebern und Geistlichen, für Gespräche mit dem Parolierten im Büro, für Diktate von Briefen, Aufzeichnungen für die Akten, für die Teilnahme an öffentlichen Angelegenheiten, für die Pflege guter Beziehungen zur Polizei, zu Fürsorgestellen, Arbeitgebern und örtlichen Ämtern.

Ganz unabhängig davon, ob die Arbeitsbelastung groß oder klein ist, bedarf unter dem Gesichtspunkt der praktischen Durchführung der Paroleaufsicht ein rationeller Einsatz der vorhandenen Aufsichtskräfte besonderer Beachtung. Es ist eine bekannte Tatsache, daß manche Parolierte nicht sehr viel Aufmerksamkeit benötigen, wohingegen andere eine sehr starke und direkte Betreuung erfordern. Eine gut organisierte Paroledienststelle wird diese Unterschiede bei der Beaufsichtigung und Betreuung berücksichtigen. Die Qualität der Betreuung wird nicht zuletzt durch die Weise gekennzeichnet, in welcher der Parolebeamte die Situation des Parolierten interpretiert, sie von Zeit zu Zeit mit dem Parolierten überdenkt, gemeinsam mit ihm eine befriedigendere Lebensauffassung entwickelt, ein freundliches, beratendes Verhältnis zu dem Parolierten unterhält und unnützes Bestehen auf seiner Autorität vermeidet. Mit anderen Worten, der Parolebeamte sollte einen wesentlichen Einfluß auf das Leben, die Handlungen und die Haltung des ihm anvertrauten Parolierten haben. Diese Arbeitsweise ist die beste Sicherung gegen Rückfall, da wir keine Möglichkeit haben, die Umgebung des Parolierten zu reinigen und die Spannungen des Alltags aufzulösen.

Die Schwierigkeiten der Entlassenen

Eine der größten Schwierigkeiten, mit denen der Parolierte fertig zu werden hat, besteht darin, Arbeit zu finden und zu behalten und normale wirtschaftliche und gesellschaftliche Beziehungen anzuknüpfen und aufrechtzuerhalten. Die Öffentlichkeit brandmarkt ehemalige Strafgefangene noch immer und behandelt sie wie gesellschaftlich Aussätzige. Viele Arbeitgeber haben bereits zufriedenstellende Ergebnisse bei der Einstellung eines Entlassenen erzielt. Die Befragung eines repräsentativen Querschnitts von 122 Arbeitgebern in Columbus, Ohio, im Jahre 1954 zeigte, daß siebzig Prozent geneigt waren, einen Parolierten einzustellen, wenn auch bei der Einstellung zu körperlicher Arbeit die Bereitschaft am größten war. Kreditanstalten und Versicherungshäuser neigen dazu, eine Bewerbung um Anstellung zurückzuweisen, wenn sich die kriminelle Vergangenheit des Bewerbers herausstellt. Viele andere soziale Schwierigkeiten entstehen von Zeit zu Zeit, die einen außerordentlichen Druck auf den Parolierten ausüben und sehr oft zur Entmutigung führen. Es wächst eine günstigere Haltung der Öffentlichkeit gegenüber Parolierten und Probationierten heran. Einige zur Bewährung Entlassene wurden während des zweiten Weltkriegs sogar zur Armee zugelassen, was ein beträchtliches Zugeständnis von seiten der Behörden darstellt.

Außerdem ist es kein Geheimnis, daß die Polizei und die Presse dazu neigen, eine feindliche Haltung gegenüber Parolierten einzunehmen. Ordnungshüter sind von alters her in dem Glauben erzogen worden, daß der beste Aufenthaltsort für einen verurteilten Verbrecher das Gefängnis ist. Kein geringerer als J. Edgar Hoover, Direktor des FBI, hat bei mehreren Gelegenheiten die Aufmerksamkeit auf die Unzulänglichkeit der Parolierung gelenkt. Die Zeitungen neigen dazu, das Mißlingen von Parolierungsfällen zu stark zu betonen. Viele Journalisten haben in verschiedenen Bundesstaaten die Fehler des Parolesystems stark aufgebauscht, und sogar Leitartikler beschäftigen sich mit seinen schwachen Seiten.

Unglücklicherweise wird die Öffentlichkeit selten oder gar nicht über einen erfolgreichen Parolierungsfall unterrichtet; krasse Mißerfolge dagegen erfreuen sich dicker Überschriften. Dabei wird über gewöhnliche Mißerfolge noch nicht einmal viel geschrieben. Man sollte tatsächlich bei dem gegenwärtigen Parolesystem erwarten, daß 30% der auf Bewährung Entlassenen ihre Bewährungszeit nicht erfolgreich beenden. Der Prozentsatz der Mißerfolge kann durch bessere Auswahlmethoden der Parolebehörden und durch eine wirkungsvollere Betreuung mit qualifizierteren Parolebeamten und geringerer Arbeitslast vermindert werden.

Das amerikanische Parolesystem ist durch seine besondere Stellung innerhalb der Staatsverwaltung bestimmt. Der Paroledienst ist nicht Angelegenheit privater oder halbprivater Organisationen, obwohl solche Einrichtungen häufig zusätzlich herangezogen werden, sondern wird als staatliche Aufgabe wahrgenommen. Die Paroleofficer sind Beamte des Staates wie andere Beamte auch. Sie fassen ihren Beruf als Lebensaufgabe auf. Tagungen und Konferenzen auf regionaler und überregionaler Basis dienen der Weiterbildung und dem Erfahrungsaustausch, desgleichen die Fachzeitschriften. Der amerikanische Paroleofficer ist davon überzeugt, daß allein in den Vereinigten Staaten ein echtes Parolesystem besteht. Die Einrichtungen in anderen Ländern, die sich mit der Betreuung der Gefangenen nach der Entlassung befassen, wie etwa die Gefängnishilfsvereine, und die anderen Rechtssysteme vorzeitiger Entlassung, wie etwa die bedingte Entlassung in Deutschland, erscheinen ihnen als Vorstufen eines echten Parolesystems.

Bibliographie

Dressler, David, *Practice and Theory of Probation and Parole* (New York, Columbia University Press, 1959). Technique and philosophy of doing probation and parole work.

Keve, Paul W., *Prison, Probation or Parole?* (Minneapolis, University of Minnesota Press, 1954). Case histories.

The National Conference on Parole, Washington, D. C., April 9—11, 1956. *Parole in Principle and Practice* (New York, National Probation Association, 1957). Excellent statement on the parole system in the United States.

Newman, Charles L., *Sourcebook on Probation, Parole, and Pardons* (Springfield, Ill., Thomas, 1958).

United Nations, *Parole and After-Care* (New York, UN document ST/SOA/SD/4, 1954). A world survey.

US National Commission on Law Observance and Enforcement, *Report on Penal Institutions, Probation, and Parole*, Washington, D. C., 1931, pp. 297—326. Although now quite old, this statement is one of the best overviews of parole in available published form.

PERSONENREGISTER

(Die Zahlen hinter den Namen bezeichnen die entsprechende Seitenzahl)

SACHREGISTER

(Die Zahlen hinter den Stichworten bezeichnen die entsprechende Seitenzahl)

T

U

V

W

Z

Kolibri 360 GmbH
Ferdinand-Jühlke-Straße 7
99095 Erfurt, Deutschland
produktsicherheit@kolibri360.de